JN225471

公認心理師の基礎と実践 **23**

野島一彦・繁桝算男 監修

第3版

関 係 行 政 論

元永拓郎 編

（法律監修　黒川達雄）

遠見書房

巻頭言

心理学・臨床心理学を学ぶすべての方へ

　公認心理師法が 2015 年 9 月に公布され，2017 年 9 月に施行されました。そして，本年度より経過措置による国家資格試験が始まります。同時に，公認心理師の養成カリキュラムが新大学 1 年生から始まります。

　現代日本には，3 万人を割ったとは言えまだまだ高止まりの自殺，過労死，うつ病の増加，メンタルヘルス不調，ひきこもり，虐待，家庭内暴力，犯罪被害者・加害者への対応，認知症，学校における不登校，いじめ，発達障害，学級崩壊などの諸問題の複雑化，被災者への対応，人間関係の希薄化など，さまざまな問題が存在しております。それらの問題の解決のために，私たち心理学・臨床心理学に携わる者に対する社会的な期待と要請はますます強まっています。また，心理学・臨床心理学はそのような負の状況を改善するだけではなく，より健康な心と体を作るため，よりよい家庭や職場を作るため，あるいは，より公正な社会を作るため，ますます必要とされる時代になっています。

　こうした社会状況に鑑み，心理学・臨床心理学に関する専門的知識および技術をもって，国民の心の健康の保持増進に寄与する心理専門職の国家資格化がスタートします。この公認心理師の養成は喫緊の非常に大きな課題です。

　そこで，私たち監修者は，ここに『公認心理師の基礎と実践』という名を冠したテキストのシリーズを刊行し，公認心理師を育てる一助にしたいと念願しました。

　このシリーズは，大学（学部）における公認心理師養成に必要な 25 科目のうち，「心理演習」，「心理実習」を除く 23 科目に対応した 23 巻からなります。私たち心理学者・心理臨床家たちが長年にわたり蓄えた知識と経験を，新しい時代を作るであろう人々に伝えることは使命であると考えます。そのエッセンスがこのシリーズに凝縮しています。

　このシリーズを通して，読者の皆さんが，公認心理師に必要な知識と技術を学び，国民の心の健康の保持増進に貢献していかれるよう強く願っています。

　2018 年 3 月吉日

監修者　野島一彦・繁桝算男

はじめに

　この第 23 巻「関係行政論」は，公認心理師として社会において活動する上で必要となる施策や法律，制度，そしてその基盤となる考え方について理解を深めていくことを目的とする。行政や法律，制度というと，難しくて近寄りがたいとの印象を持つ者も多いと思う。しかしながら，そもそも法律や制度があるのは，国民の幸せのためである。その幸せのために私たちが大切にするべき価値とは何なのか，その議論の積み重ねが，法律の条文に反映されることになる。

　実際，21 世紀に入って，インターネット等によって国民からの立法や行政へのアクセスが格段に容易になった頃から，成立する法律の条文が，本質的な内容をわかりやすく表すようになってきた。特に心の支援に関する重要な法律群は，20世紀の最後の 10 年あたりから多彩さを増しているのであるが，これはもちろん心の健康に関する課題の複雑さを反映していることにもよるけれど，心の支援の深い部分を共有したいという国民の願いの高まりも背景にあるのだろう。

　そのような時代において，いよいよ公認心理師法という心の支援に関する専門家養成および質の保持を目的とした法律が成立し，臨床実践の心理学を熟知した公認心理師が，社会に位置づけられることとなった。これまでは臨床心理士等の資格者が，社会における心の支援に大きな貢献をしてきた。その豊かな実績も踏まえながら，いよいよ本格的に，心の支援を，さまざまな分野を横断的にとらえながら，未然防止や緊急の局面など，さまざまな段階に応じて活動できる，国家資格としての心理職が誕生することとなった。

　心の支援は公認心理師が行う活動のみではない。すでにさまざまな場で，多職種の専門家や，地方公共団体，国，そして国民一人ひとりの願いと活動によって，心の健康の保持，増進はなされてきている。この「関係行政論」では，そのような多様な人々の活動の基盤となる仕組みやルール，取り組みの歴史的経緯などを，科目名にある「行政」の活動にとどまらず，広く法律や制度の紹介を通して明らかにしていく。

　これらを整理すると，以下の 6 点が「関係行政論」科目の目指す到達点となる。

①心の支援に関する全体像を，法律や制度の観点から把握し，国民からの期待や社会的使命を自覚できる。
②公認心理師が活動する上で出会う，特に 5 分野における法律や制度を把握し，具体的な役割を認識できる。
③公認心理師が重要かつ難しい臨床判断をする上で，必要な法律や制度の知識や理念

を有効に活用できる。

④法律や制度の知識や制度を活用し，多職種の専門家や行政，国民と，意義深い協働をすることができる。

⑤リスク管理や安全配慮に関する法的考え方を通して，要支援者の安全や安心を確保し，かつ周囲の人や支援者自身のリスクを回避または軽減する。

⑥現状の法律や制度を熟知した上で，心理学的支援の本質である，要支援者への心情や自己決定への寄り添いを，支援のコアなものとして深く認識できる。

　これらの目標は，学部の「関係行政論」の授業のみで到達するのは不可能である。「関係行政論」の学部授業において①から⑥に関連する基本的知識を習得した上で，実践現場での応用や臨床に即した深い理解を，大学院（または実務経験）において深める必要がある。特に大学院の実習においては，目の前で起きる事象にのみ着目するのではなく，その事象を俯瞰する法律や制度，多職種連携の共通理解としての法的考え方，安全配慮に関する法律や制度の具体的運用などについて，実習担当教員や実習指導者，実習生が，相互に充分に議論し，授業で学んだ知識を，使えるものへと活性化させたい。そして，現状の法律や制度では不充分な課題を見出し，立法や行政への働きかけを行う方法についても，これからの実践活動の中で，自ら考え行動していく基盤を作っていってほしい。以上の理由から，本巻は大学院生や実務経験者にも手に取って参照してほしい。

　各執筆者は，法律の専門家ではなく，各分野で臨床実践を積み重ねてきた心の支援の専門家である。現場において法律や制度がどのように役立つか，そして法的考え方を通して支援をどう効果的に展開していくかについて，知り尽くしている実践家である。法律になじみのない初学者でもわかりやすく読めるよう，時には具体的な事例にもふれていただいている。諸先生の現場重視のそして支援の対象者や国民の幸せを考え抜く姿勢からも多くの学びを得ることができるであろう。

　法律に関する考え方や表現，解釈においては，弁護士の黒川達雄先生に法律監修として，原稿全てに目を通していただいた。しかしながら本書の内容に関する最終的な責任は，編者の私にあるのはもちろんである。

　この本が，公認心理師としての活動を意義深いものとし，国民の心の健康の保持増進，そして幸せの追求に少しでも貢献できれば幸いである。

2018年5月

元永拓郎

第3版刊行にあたって

　2018年5月に，第23巻「関係行政論」が刊行され，約6年が経過した。この間に6回の公認心理師試験が行われ，2023年10月末時点で71,732人が登録し公認心理師として活動を始めることとなった。

　国民の心の健康の保持増進に関係する法律や制度についても，この6年間にさまざまな変更や新たな動きがあった。公認心理師がさまざまな施策において少しずつではあるが着実に役割を担ってきている状況を，本書を通じて把握していただければ幸いである。

　本巻は，16章で構成している。まず日本国憲法から各種法律，司法や立法，行政の仕組みなどを第1章で概観し，公認心理師として活動することの基本的意義や社会全体での位置づけなどの考えを耕したいと思う。第2章では，公認心理師法の立法経緯やその後の行政の動きや社会全体へのインパクトを概観し，公認心理師の基本姿勢や倫理にふれるとともに，他職種との関係について述べる。第3章では，いわゆる5分野での法律的知識を横断的に概観する。第4章からは，分野ごとに制度や法律を説明する。まず保健医療分野については第4章において医療一般にふれ，第5章では精神科医療に関して論じる。第6章では，地域保健や地域医療に関して，近年の重要なトピックスも含めてふれていく。福祉分野については，福祉全体の外観と児童について第7章，障害児および障害者について第8章，高齢者関係を第9章とした。教育や学校分野に関する事柄は第10，11章にまとめた。

　司法・犯罪分野については，司法の全体像および刑事関係を第12章，家事関係を家族支援に関係する法律知識も含めて第13章，少年法関係を第14章とした。産業・労働分野については第15章にまとめた。そして各章では扱いきれなかったテーマや，分野を横断する施策，立法的対応が遅れている事項，法律自体が抱えている課題について，「法律がいのちの輝きをささえる」として第16章に整理した。

　新型コロナウイルス感染症や震災などは，健康の保持増進のための制度を大きく揺るがす事態が生じている。心理専門職である公認心理師もまた，その影響をさまざまな形で受けながら活動しているであろう。公認心理師がこの局面でどのような役割を担い，そして心の健康を保つ支援をどう展開するか，皆さまの日々の実践の中から見出していただければと願ってやまない。

　2024年3月

元永拓郎

■目　次

第1部
心理支援と関係行政論

第1章

法・制度の基本と公認心理師

元永拓郎

🔑 *Keywords*　自己決定，契約，基本的人権，公認心理師法施行令，公認心理師法施行規則，コミュニティ・チーム，民法，日本国憲法，司法，地方公共団体

Ⅰ　はじめに

　大学の心理相談センターで，カウンセラーＡさんが面接しているクライエントＢさんは，２歳になる子どもを保育園に預けながらパート勤務をしている。気分が落ち込み子育てに疲れているということで半年前に来談した。夫は仕事で忙しく家事や育児のことを相談できないという。実家の両親は遠くに住んでいて，心配させたくないので詳しくは話をできないでいるとのことである。３回目の面接で，子どもが泣いていてもしばらくほっといてしまい，時にはうるさいとどなって興奮して子どもを押さえつけている，このままだと叩いてしまうと怖くなってふと我に返っているが，自分でもあぶないと感じると語った。２カ月前からそのような状態が週に数回あるとのことである。医療については，３カ月前に診療所を数回受診したことがあるが，あまり話ができない雰囲気だったので通院はやめており，受診はもう考えていないとのことであった。カウンセラーＡさんは，このままの形で面接を継続することでよいのか判断に迷った。

〈次の意見について考えてみよう〉
①児童虐待（ネグレクト含め）に該当する事案なので，Ｂさんの同意の有無にかかわらず，児童相談所に通告する。
②受診していた医療機関の主治医がいるので，再度受診してもらい，公認心理師として主治医の指示を受けたいことと，それができなければ面接継続は難しいとＢさんに伝える。

③せっかくカウンセリングにつながったのだから，信頼関係を大切にして，Ｂさんが子どもに暴力をふるわないように約束してもらった上で，週1回の面接を継続する。

④暴力をふるいそうになった時には心理相談センターの受付に電話してよいことを伝え，カウンセラーが受付から急ぎで連絡をもらうようにする。

⑤夫に今の状況を伝えることを最優先に考え，夫への連絡の必要性をＢさんに強く伝え，夫に子育てについて支援を要請する。

　このようなリスクのあるケース（架空事例）に対して，どのようにかかわるとよいか，とても悩ましいところである。不充分な情報しかないので，正解はこれだと絞り込むことはできないであろう。しかし，このようなケースが教えてくれることはたくさんある。私たち公認心理師は，このようなケースに出会っても冷静にかつ適切に動いていけるように，児童虐待に関する法律や制度，市町村や児童相談所の役割，子育て支援に関する地域リソース（資源）についてよく知っておく必要がある。また，そもそもクライエントとカウンセラーの関係，契約とはどのようなものなのか，法律の観点からも熟知しておく必要がある。子育てにおいて，母親と父親の法的立場とはどのようなものなのかについても，把握しておかねばならない。また公認心理師法における主治の医師の指示とは何なのか？　受診数回で通院をやめた場合，主治の医師とみなすことができるのか？　そういったさまざまなことについて，充分な知識と通底する考え方を身につけ，現場の難しい判断をしていく必要がある。図1に，本人を囲むリソースを示した。それぞ

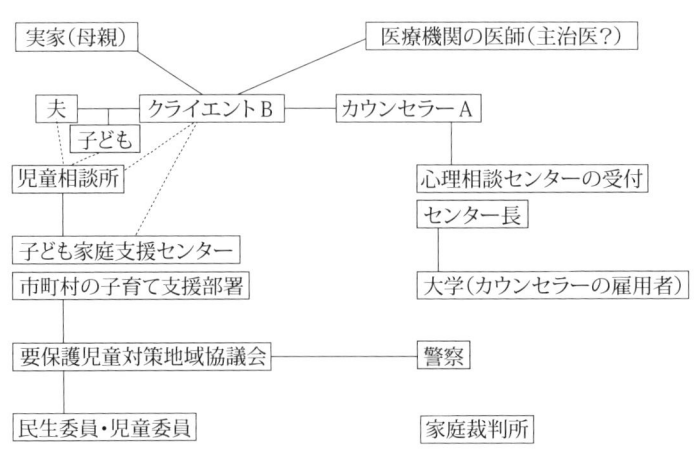

図1　カウンセラーＡさんとクライエントＢさんを取り巻くリソース（資源）

れの関係が法的にはどのような性質のものなのか，公認心理師であるＡさんはよく知っておく必要がある。

■ II　法律はどう私たちに関連するか？——公認心理師と法律との関係

　図1に示す通り，要支援者（支援の対象となる人；ここでは「クライエント」）が，さまざまなリソースまたは制度と関係しうることがわかる。要支援者を理解するためには，リソースの基盤に存在するさまざまな法律を理解することが重要となる。また，支援者である私たち自身（ここでは「カウンセラー」）が，法律の"海"の中にいることにも気づかされる。公認心理師法はもちろんのこと，カウンセラーを雇用している大学とカウンセラーとの雇用・被雇用関係，心理相談センターの長との間の関係なども重要である。

　そしてＢさんのような悩みを持つ人であっても安心して子育てしていけるような社会であるためにはどうすればよいのか，そのような社会を作るために，心理相談センターは地域の中でどのような役割を担っていけばよいのだろうか。国民の心の健康の保持増進に寄与するべき公認心理師としては（公認心理師法第1条），Ｂさんの支援に全力を尽くす一方で，相談センターを訪れないが存在する第2，第3のＢさんのことも想像しながら，支援サービスを考えていく必要があるだろう。専門職として社会的役割を広い視野で考え，そして社会の課題に継続して向き合うことが，公認心理師には求められる。

　ところで公認心理師ＡさんとＢさんとのカウンセリング関係は，法律ではどのように位置づけられるのだろう？　一般にクライエントとの間に面接に関する面接契約を結ぶことになる。面接契約は，面接を行うにあたって必要となるクライエントとカウンセラーとの間に交わされる権利義務に関する取り決めで，面接に関する時間や場所，料金，面接の頻度，キャンセル方法およびキャンセル料，守秘義務などが含まれる。これらは，契約書のような文書で結ばれる場合もあれば，カウンセラーが口頭で充分に説明しクライエントが充分に理解し納得し，同意することで成立とする場合もある。

　面接契約は，民法において定められている契約に該当し，有償双務契約としての性質を有する無名契約と考えることが妥当であろう。ここでいう有償双務契約とは，「契約の各当事者が互いに対価的な意味をもつ債務を負担する契約」であるが，ようするに，これを行いますのでこれを支払いますといったお互いが行為や支払いの責任を持つ契約のことである。無名契約というのは，民法が示す類型に

は当てはまらない契約のことである。

　公認心理師はクライエントとの間で面接契約を結ぶことで，民法上の拘束力が発生することとなり，その契約で定めた事項について行為を行わなければならないが，専門家が契約によって行為を行う場合，一般に「業務を委任された人の職業や専門家としての能力，社会的地位などから考えて通常期待される注意義務」（大辞泉）が発生する。

　ここで言う「通常期待される注意」とは，公認心理師という職業に対して，その時代において国民から求められている知識や技術を持って，当然行うべき注意ということである。通常，保健医療分野では「通常期待される注意」について，学会等が定める治療に関するガイドライン等が基準となることが多い。「通常期待される注意」は，専門家として国民から期待されている水準と考えるならば，公認心理師が日頃より資質向上のために不断の努力をすることが重要となろう。

　このような法的義務が導かれる基本的な考え方や原則の基底にあるのが倫理である。公認心理師の職業倫理については，日本公認心理師協会（2020）の倫理綱領がある。種々の倫理上の事柄の中で，重要であるものや忘れてはならない機能が明文化され，法律の中で法的義務として規定されることとなる。よって公認心理師含め専門職は，法的義務を守ることは最低限のことであり，その法的義務が導かれた基となる法的理念を自覚し，専門職としての倫理について熟慮し，遵守することが必要なことは言うまでもない。

　ところで，カウンセラーAさんとクライエントBさんの面接契約という観点で考えた時，上記の〈意見①〜⑤〉は，次のように修正することが可能である。どの選択肢も，法律の知識もふまえながら，多職種連携について検討し，面接契約が継続する上で，安全の確保をどう進めるかという実務上の工夫を行おうとしている。

①カウンセラーAは児童虐待のリスクは大きいと判断し，市町村の子育て相談の窓口または児童相談所との連携をしながらでないと，面接契約を継続することが難しいことをBさんに伝え，市町村担当者とチームを組んでBさんを支援する体制を作ることの同意をBさんから得て，カウンセラーAから市町村の子育て相談の窓口に連絡し，その上でBさんが市町村の窓口に行って相談することをセッティングする。このような支援チームを作ることを前提に，面接契約を継続する。

②カウンセラーAは，Bさんが暴力をふるいそうになった時にただちに医療的に

対応できる場を確保することが子の安全確保の上で重要と考え，通院が中断している診療所を再受診し継続して通院することが有効かどうかを，Ｂさんと充分に話し合い，Ｂさんの受診を最優先する。Ｂさんの受診にあたっては，カウンセラーＡからの情報提供の手紙をＢさんに診療所に持参しもらい，その上ですみやかに主治医との話し合いを行い，面接契約を継続できるかどうか判断する。

③カウンセラーＡは，Ｂさんがネグレクトや暴力をしないという約束をすることで，確実に次の面接までの１週間を子どもが安全に過ごせるかを，Ｂさんと話し合うことにする。特にどのような時にＢさんが暴力等を行いそうになるかを特定し，そのような時に暴力等を回避して別な対処をＢさんができるかを検討する。しかしＢさんのみでは暴力等が回避できない可能性があれば，その回避方法を考えるための緊急的支援を優先し，通常の面接契約は継続できないことを，Ｂさんに伝えることとなる。そして緊急的支援として，Ａは心理相談センターのセンター長や受付とも情報共有し，児童相談所や市町村への通告も視野に置き，Ｂさんの暴力等回避のために必要な措置についてチームで検討する。

④カウンセラーＡは，Ｂさんが暴力等を行いそうになった時に，緊急で助けを求められる場が必要と思ったが，その場は自分の携帯電話や心理相談センターの受付ではないと考える。そしてＢさんに緊急に助けを求められるところはないか確認し，実家の親への電話，そして仕事中ではあるが夫へのメールなどはあり得るかどうか検討する。Ａは日中であれば児童相談所はもちろん，子ども家庭センターや市の子育て支援部署もあることをＢさんに伝え，いくつかの相談先への具体的な連絡方法についてに考えていくことにする。そのようにして子の安全を確保した上で，面接契約の継続が可能かどうかを話し合う。

⑤カウンセラーＡは，Ｂさんおよび子どもの安全確保においては，夫の協力が不可欠であると判断し，夫の了解と協力が，面接契約を結ぶ前提であることを話し合う。Ｂさんが夫の協力に難色を示す場合は，その理由を聞きどのようなアプローチをすれば夫の協力が得られ子どもの安全が確保されるかについて，充分に検討する。

　このように，カウンセラーがクライエントとどのような面接契約を結ぶか，そこにどのような地域機関と連携し支援チームを作るかが，重要であることがわかるであろう。ここで契約という視点で事例を眺め検討することで，要支援者本人の意向を充分に尊重しながら，充分に説明し納得してもらいながら面接のルールを決めインフォームド・コンセントを丁寧に得ながら進めていくことや，本人の

自己決定権を最大限に尊重することなどがみえてくる（第2章参照）。また虐待に関しての地域連携をスムーズに行うために，「要保護児童対策地域協議会」（第7章参照）と日頃から連絡を取り合い，児童虐待がハイリスクと考えられる場合にすみやかに協働する仕組みを作っておくことが重要である。また大学の心理相談センターがクライエントと交わす契約書において，緊急時や安全がおびやかされる事態が生じた際は，適切な機関と情報を共有することを，あらかじめ明記しておくとよいであろう。こういった実務上の工夫を行うための法律上・制度上の基礎知識を，大学（学部）の関係行政論で学び，大学院での講義や実習において，その実際を深めて学修することとなる。

III　法の基本的な関係

　このように公認心理師の出会う要支援者や，要支援者と公認心理師との関係，公認心理師自体が，さまざまな法律や制度に囲まれて活動していることがわかる。それらの法律や制度をどのように学んでいけばよいのであろうか。この章では，すべての法律の基盤として存在している日本国憲法からみていきたいと思う。日本国憲法第98条に「この憲法は，国の最高法規であって，その条規に反する法律，命令，詔勅及び国務に関するその他の行為の全部または一部は，その効力を有しない」とある通り，日本国憲法の下に各法律があることがわかる。それをわかりやすく示したのが図2である。

　法律以外にも，内閣が制定する命令としての政令，内閣府の長が発する府令，各省の大臣が発する省令，各省の長以外が発する規則があり，上にある法律やそ

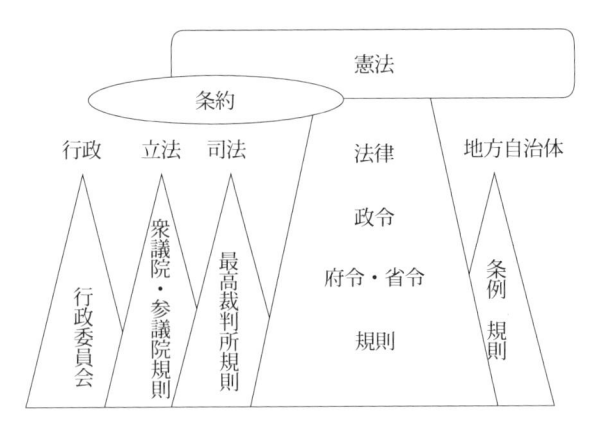

図2　憲法と条約，法律，政令などの関係（高瀬［2018］を一部改変）

の上の憲法に拘束されることとなる。また憲法によって司法，立法，行政の三権分立が定められているので，行政の法律－政令－府令・省令の流れとは別に，司法機関である最高裁判所規則，立法機関である国会の衆議院・参議院規則，会計検査院・人事院等の行政委員会規則は，内閣からの独立性を有している。科目名は「関係行政論」であるが，司法分野での公認心理師の活動も対象とすることから，行政のみならず司法や立法にもふれることとなる。また，都道府県といった地方公共団体は，その地域に限って効力を持つ「条例」を制定できる。ただし条例は，国で定める法律よりも下位に当たる。

　なお図2における条約の位置に注目してほしい。条約とは国際法に基づき国と国の間や国際機関内で締結される約束事である。日本が他国と条約を結ぶ場合は，憲法に違反していないことが優先されるので，憲法の下に条約が位置づけられると考えてよいであろう。またある条約を批准（国が受け入れたとの表明）するためには，法律を改正したり新たに制定したりする。そのため条約は法律より上位にあるとみなすことができる。しかしながら，条約が存在しても日本が受け入れないとすれば，憲法以下の法体系には入らないため，図のように外に楕円が広がっているように記した。「障害者権利条約」や「ハーグ条約」のように，公認心理師がその理念や影響の範囲を熟知しておくべき条約もある（ふじい，2015）。

■ Ⅳ　日本国憲法と公認心理師が関係する法律

　心の支援に関連する日本国憲法の大原則は，基本的人権の保障であろう。基本的人権については，第11条に「国民は，すべての基本的人権の享有を妨げられない。この憲法が国民に保障する基本的人権は，侵すことのできない永久の権利として，現在及び将来の国民に与へられる」，第13条には，「すべて国民は，個人として尊重される。生命，自由および幸福追求に対する国民の権利については，公共の福祉に反しない限り，立法その他の国政の上で，最大の尊重を必要とする」となっている。表1に，基本的人権と心の支援と関連する法律・制度について示した。本巻での章も関連するものを示している。

　このように，日本国憲法で示された基本的人権の尊重を実現するために，さまざまな法律が制定されていることがわかる。もちろんこの表で示した法律はあくまで一部であり，各分野の法律や制度の詳細は，表中に示した章で説明されることとなる。憲法の理念の実現のために，各法律が何を目的に定めたかが，法律の第1条（目的）に記されている。憲法の条文と法律の条文とを読みながら，何が

表1　基本的人権と心の支援に関連する法律・制度と本書の章（岡田［2016］を一部改変）

基本的人権（憲法）	関連法律・制度	関連する章
幸福追求権（第13条）	プライバシー権 インフォームド・コンセント 個人情報保護法	第2章 第16章
法の下の平等（第14条）	民法（親族法）	第13章
国および公共団体の賠償責任（第17条）	国家賠償法	第16章
奴隷的拘束および苦役からの自由（第18条）	労働基準法	第15章
思想および良心の自由（第19条）	教育基本法	第10章
居住・移転・職業選択の自由（第22条）	労働基準法 精神保健福祉法 麻薬及び向精神薬取締法	第14章 第5章 第5章
学問の自由（第23条）	教育基本法	第10章
両性の平等（第24条）	男女共同参画	第15章
生存権（第25条）	医療法 地域保健法・健康増進法 児童福祉法・児童虐待防止法 障害者基本法・障害者虐待防止法 介護保険法 精神保健福祉法 公認心理師法	第4章 第6章 第7章 第8章 第9章 第5章 第2章
教育を受ける権利（第26条）	教育基本法・学校教育法	第10章
勤労の権利・義務，児童酷使の禁止（第27条）	労働基準法 児童福祉法	第15章 第7章
法定手続の保障（第31条）	刑法・刑事訴訟法 少年法	第12章 第14章
裁判を受ける権利（第32条）	刑事訴訟法 家事事件手続法	第12章 第13章

本質的に大切なものとされているのかを把握したい。

　ところで，これらの法律は，国会の場で審議され法律として成立することとなる。国会は，選挙で選ばれた国会議員によって構成される（日本国憲法第43条）。選挙は成年による普通選挙で行われなければならないが（第15条），2015年に公職選挙法が改正され，選挙権のある年齢が，「20歳以上」から「18歳以上」に引き下げられた。しかし民法4条に「年齢二十歳をもって，成年とする」と規定されており，20歳未満は，さまざまな行為が制限されている。2018（平成30）

年には，18歳以上を成人として定める民法改正が行われ，2022（令和4）年4月1日から18歳以上の人は成年となった。

　心の支援に関して問題となるのは，18歳未満の未成年者と面接契約を結び面接を行っていたところ，面接をしていることを知った未成年者の母親が，「親に秘密に面接をするのは納得できない，面接内容を親権のある親にカウンセラーは知らせるべきだ」と申し出た場合などである。面接契約を未成年者と結ぶ場合，厳密には法定代理人（親権を持つ親）の同意も必要となると考えられる。しかし親と子の葛藤が面接内容の主題であり，子が面接をしていることを親には秘密にしてほしいと希望した場合，カウンセラーはどのような判断をするべきであろうか。

　このあたりはさまざまな議論がなされるべきであろうが，未成年者との面接契約を結ぶ場合，そこに料金が発生する場合は特に，親権者の同意を前提とすることを未成年者に伝えることが原則となろう。もし本人が親権者に秘密で面接を受けたいと申し出た場合で，親権者の同意を得ることが必ずしも本人の安全を確保することにならず，虐待などがあり親に連絡をとることで逆に本人の安全が脅かされることが予想される場合は，本人の安全確保の観点から，親権者の同意が得られない状態で，本人への支援を行う判断もあり得る。しかしその際には，親権者への同意を得る作業を延期している理由をしっかりと記録し，学校であれば教員，福祉領域であれば福祉関係者など，他のスタッフと充分に連携しチームで支援する体制を作る必要があろう。第2章でふれる公認心理師法第42条第1項の連携が重視されることとなる。

■ V　立法そして行政，司法の関係

　国会という立法府で作られた法律に基づき，さまざまな政策や施策が実行される。法律がどのように実行されていくかを，公認心理師法を例にとってみてみよう。2015（平成27）年9月9日に成立した公認心理師法は，同9月16日に公布された。この法律は，文部科学大臣および厚生労働大臣が共管している。実際には，文部科学省の初等中等教育局健康教育・食育課と，厚生労働省の社会・援護局障害保健福祉部精神・障害保健課が担当となり，精神・障害保健課内に設置された公認心理師制度推進室が，法律に基づいた諸業務を行っている。

　実際，公認心理師法の全面施行は，公布後2年以内に行うこととなっていたが，2017（平成29）年9月15日に施行された。政令である「公認心理師法施行令（2017）」および「公認心理師法施行規則（2017）」が省令（文部科学省令・厚生

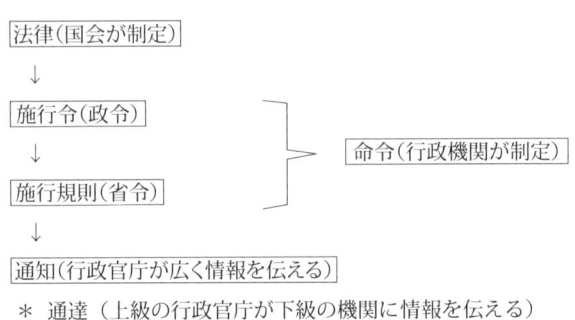

＊　通達（上級の行政官庁が下級の機関に情報を伝える）

図3　公認心理師法が制定されてからの流れ

科学省令）として，同日に発せられた。そしてこの施行令と施行規則を，都道府県知事を通して，都道府県教育委員会，管内市区町村，関係機関等に対する周知を行うよう，文部科学省初等中等教育局長と厚生労働省社会・援護局障害保健福祉部長の連名の通知が出された。これらの流れを図3にまとめた。

　政令や省令が定められるにあたって，事前に有識者や関係者による検討がなされたり，通知が行われる前に内容についてパブリックコメントを求めるなど，政策遂行において，その意思決定が随分と公開されるようになった。たとえば，公認心理師の受験資格を得るための学部と大学院の科目を決めるにあたっては，公認心理師カリキュラム等検討会が招集され，心理職や医師，大学関係者などが意見を述べ，科目等が決定されていった（厚生労働省，2017）。また主治の医師の指示に関する運用基準は，運用基準案が公開され一定の期間にパブリックコメントが募集され，その意見も踏まえた上で，「公認心理師法第42条第2項に係る主治の医師の指示に関する運用基準について」の局長通知が，2018（平成30）年1月31日付でなされた（文部科学省・厚生労働省，2018）。

　このように法律の実際の運用においては，関係省庁が関係者や国民の意見を聞きながら，進めていることがわかる。ここで大切なのは，国民の心の健康の保持増進という公認心理師法の目的である。このような法律の目的は，他の法律もそうなのだが，法律の第1条に記されている。政策が法律の目的に資する形で進められているかについて，関係者による充分な評価は必要である。行政の意思決定は，時に一部の発言力のある団体の意向に影響されることもある。それらを充分に見極めながら，真に国民のためになる法律運用がなされるようアプローチをすることが，公認心理師にとって必要となろう。

　ところで国の行政組織についてであるが，国家行政組織法によって省庁の大枠

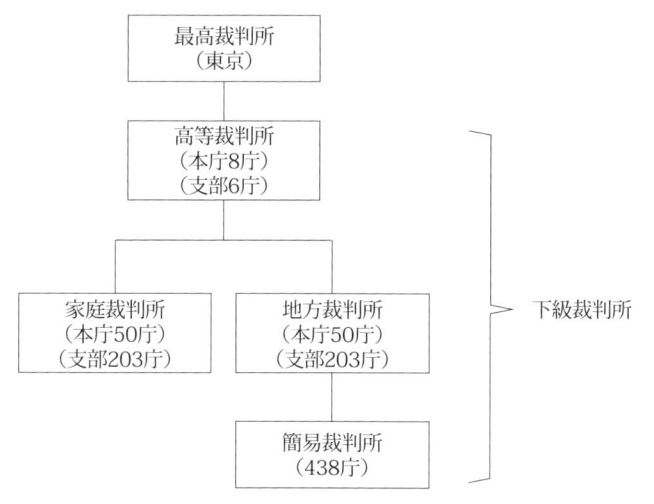

図4　裁判所の組織（初宿ら［2018］を一部改変）

が，そして文部科学省設置法によって文部科学省，厚生労働省設置法によって厚生労働省の，組織や業務等が定められている。また，心の支援が関係する法律によっては，国（省庁），都道府県，市町村といった，各組織の役割が定められている場合がある。たとえば2013（平成25）年に施行されたいじめ防止対策推進法では，国の責務（第5条），地方公共団体の責務（第6条），学校の設置者の責務（第7条）を規定し，文部科学大臣が「いじめ防止基本方針」を定め（第11条），地方公共団体が「地方いじめ防止基本方針」を定め（第12条），学校は「学校いじめ防止基本方針」を策定することを規定している（第13条）。このように国の方針をもとに地方公共団体の方針が定められ，それらもふまえ国民生活に身近な組織（本法律では学校）において，対策のための方針が具体的に定められている。また，地方自治体が独自に「いじめ防止条例」を定めているところもある。公認心理師は，行政を中心としたこれらの法律の運用について熟知した上で専門的判断をしなければならない。

　一方，三権分立のひとつである司法について図4に示す。司法は，最高裁判所と下級裁判所がある。下級裁判所には，高等裁判所，地方裁判所，家庭裁判所，簡易裁判所がある。下級裁判所には支部や出張所があり，国民が利用しやすいようになっている。家庭裁判所は，家庭事件や少年事件を専門に扱うところで，家庭裁判所調査官など，公認心理師の活躍が期待されている（第13章）。また，国民が司法に参加する裁判員制度が2009年に導入された（裁判員法は2004［平

成 16] 年に成立）。裁判員への精神的負担に対する心理的ケアも重要な課題となっている。

　法律による紛争解決を行うのが裁判制度であるが，法による紛争解決のための制度利用をより容易にするとともに，弁護士等の法律事務の取り扱い業とする者のサービスをより身近に受けられることを目指した総合法律支援法が 2004（平成 16）年に成立した。そして 2006（平成 18）年には，日本司法支援センター（法テラス）が設立され，窓口相談，民事法律扶助（無料法律相談や弁護士・司法書士費用の立て替え等），司法過疎対策，犯罪被害者支援などを開始し，心の支援を行う上での連携先として期待されている（金子，2016）。また，裁判によらない紛争解決のための方法もあり，これを裁判外紛争解決手続（ADR）という。

■ VI　法律条文の基本構造

　ここでは法律の形式について概説したい。まず日本の法律は 1,900 件を超えているが（高瀬，2018），それらは「六法」という法令集や総務省の「電子政府の総合窓口（e-Gov）」検索することができる（総務省，2018）。なおこの e-Gov では施行令や施行規則も検索することができるので便利である。法律名は，正式名称のほかに略称があるものがある。たとえば「児童虐待防止法」は「児童虐待の防止等に関する法律」の略称である。法律には「成立年＋番号」という形の法令番号が付く。ちなみに児童虐待防止法は，「平成十二年法律第八十二号」が法令番号である。法律の第 1 条は，多くは法律の目的が記される。この目的を憲法との関係で理解することが重要である。目的が大きく改正される時は重要な政策変更として注目したい。関連法律の改正との関係をみることで，重要な理念や法律の背景にある目指すべき目標（および困難さ）が見えてくることもある。

　第 2 条には，その法律の対象となる事象の定義などが示されることが多い。多職種連携における共有理解のもととなるので，この部分は熟知しておきたい。一方で，法律で言われている定義と専門領域で使われている定義に，若干の相違が生じている場合もある。たとえば，発達障害は，医学領域では知的障害も含む概念であるが，発達障害者支援法第 2 条では，「この法律において『発達障害』とは，自閉症，アスペルガー症候群その他の広汎性発達障害，学習障害，注意欠陥多動性障害その他これに類する脳機能の障害であってその症状が通常低年齢において発現するものとして政令で定めるものをいう」となっており，知的障害の名称が登場しない。

　個別の条文の運用にあたっては，法律的な解釈が重要となる。法律の条文の意味するところを解説した書籍が，「コンメンタール」といった名称で発刊されており，法律の解釈時に参照できる。また裁判の判例集も多数発刊され，「裁判例情報」はネット上での検索が可能となっている（裁判所，2018）。

VII　まとめ

　本章では，法律および制度を理解する上で必要となる，憲法を中心とした法律の基本的仕組みや，立法，司法，行政の国の役割，法律条文の基本構造などを紹介した。次章では，それらをふまえた上で，公認心理師法について，その成立までの経過や成立後の動きと，他職種との関係について概観することとしよう。

◆学習チェック表
□　面接契約が法的効力を持つことを理解した。
□　すべての法律の基盤に日本国憲法があることを理解した。
□　公認心理法の施行令や施行規則などについて理解した。
□　心の支援に関する施策について国と地方公共団体との関係について理解した。
□　司法の仕組みについて理解した。

より深めるための推薦図書
　伊原千晶（2012）心理臨床の法と倫理．日本評論社．
　早田幸政（2016）教育制度論．ミネルヴァ書房．
　藤内修二ら（2017）標準保健師講座・別巻1　保健医療福祉行政論．医学書院．
　日本心理研修センター監修（2019）公認心理師―現任者講習会テキスト［改訂版］．
　　　金剛出版．
　金子和夫監修，津川律子・元永拓郎編著（2016）心の専門家が出会う法律［新版］．
　　　誠信書房．
　津川律子・元永拓郎編著（2017）心理臨床における法と倫理．放送大学教育振興会．
　島井哲志監修，山崎久美子・津田彰・島井哲志編著（2016）保健医療・福祉領域で働く心理職のための法律と倫理．ナカニシヤ出版．

　　文　　　献
ふじいかつのり（2015）えほん障害者権利条約．汐文社．
初宿正典・大沢秀介・高橋正俊ら（2018）目で見る憲法［第5版］．有斐閣．
金子和夫（2016）国民の不安と法律支援―総合法律支援法等．In：金子和夫監修，津川律子・元永拓郎編著：心の専門家が出会う法律［新版］．誠信書房，pp.31-38.
厚生労働省（2017）公認心理師カリキュラム等検討会．http://www.mhlw.go.jp/stf/shingi/other-

　　syougai.html?tid=380707

公認心理師法施行規則（2017）http://www.mhlw.go.jp/file/06-Seisakujouhou-12200000-
　　Shakaiengokyokushougaihokenfukushibu/0000177409.pdf

公認心理師法施行令（2017）http://www.mhlw.go.jp/file/06-Seisakujouhou-12200000-
　　Shakaiengokyokushougaihokenfukushibu/0000177408.pdf

文部科学省・厚生労働省（2018）公認心理師法第42条第2項に係る主治の医師の指示に
　　関する運用基準について．http://www.mhlw.go.jp/file/06-Seisakujouhou-12200000-
　　Shakaiengokyokushougaihokenfukushibu/0000192943.pdf

日本公認心理師協会（2020）倫理綱領．https://www.jacpp.or.jp/pdf/jacpp_rinrikoryo20210225.
　　pdf

岡田裕子（2016）心の臨床実践に関連する法律の全体像．In：金子和夫監修，津川律子・元永
　　拓郎編著：心の専門家が出会う法律［新版］．誠信書房，pp.2-15.

裁判所（2018）裁判所情報．http://www.courts.go.jp/app/hanrei_jp/search1

総務省（2018）電子政府の総合窓口e-Gov［イーガブ］．http://www.e-gov.go.jp/

高瀬文人（2018）ひと目でわかる六法入門［第2版］．三省堂．

第 2 章

公認心理師の法的立場と多職種連携

元永拓郎

Keywords　附帯決議，保健師助産師看護師法，議員提出立法，個人情報保護法，公認心理師法，名称独占，臨床研究法，精神保健福祉士法，診療補助職，職業倫理

■ I　はじめに

　ある医療機関で働く公認心理師 C さんは，医師から依頼されて，患者さんの神経心理検査を担当することが多かった。多くは，医師が認知症の診断の補助として用いるためであった。多数の神経心理検査を担当しながら，C さんは，認知症と診断された人や家族が精神的に落ち込み途方にくれるのを目の当たりにするようになり，認知症と診断された人の心理教育を含めた支援を行いたいと考えるようになった。しかし医療機関の経営者側は，診療報酬の裏付けのある業務以外の支援は，コスト的に難しいし，効果も不明であるとの見解であった。

　C さんは，このまま神経心理検査業務をたくさん行うことが心理専門職としてふさわしいふるまいなのだろうか？　それとも，経営者側と対立してでも，自らの思いを実現することが重要なのだろうか？　それとも，認知症の人への心理教育について文献を取り寄せ読み込み，研修会に参加するなど自己研鑽をし，医師や他の職種のメンバーを巻き込み，新しい事業の提案を行い試行しその成果を検証することが重要なのだろうか？

　公認心理師法第 42 条には連携等，第 43 条には資質向上の責務，が規定されている。ここでいう資質向上とは，単に専門家としての技術の向上を指すのみではない。現場で生じている要支援者のニーズ（適切な支援を受けたいという願い）を見逃さず，それらを多職種でチームを組み，時には先行研究や学術団体での情報を得て，実現していく，その真摯さとオープンさ，そして前向きさのことである。日本は長年の間，心理専門職のこれらの営みを，民間資格にゆだねる状況が

続いていた。しかし，公認心理師法の 2015（平成 27）年 9 月 9 日成立によって，ようやく国が関与し，心の支援に関する資格の土台が作られることとなった。

　ところでなぜ心理専門職の国家資格は必要なのだろうか？　それに対する以下の意見について，あなたはどのような意見を持つか考えてもらいたい。

〈次の意見について考えてみよう〉
①働く心理専門職の質を高いものとして維持し，国民の信用を得ることができる。
②心理専門職が国家資格となることで，雇用条件が安定する。
③心理専門職養成のため，大学や大学院での教育が標準的なものとなる。
④計画的な心理専門職養成によって，全国どこでも心理職によるサービスを受けることが可能となる。
⑤心理専門職の資質向上の仕組みを法律としてバックアップすることで，質の高い人材が養成される。

　これらは，どれも正しいようにも思う。一方で，どれも私たち一人ひとりが不断の努力を続けなければ，達成できないことでもある。たとえば，①や⑤のような質の向上に関することは，実際に公認心理師が努力し続けることやその努力をささえる学会や職能団体などの役割が決定的に重要である。たとえば，公認心理師の職能団体である公益社団法人日本公認心理師協会では，専門認定制度を定め，職業的発達をしていくための目安を示し，自己研鑽のあり方を各自が促進できる機会を提供している（日本公認心理師協会，2023）。②はもちろん重要だが，よい雇用を得るためには，質の高い研修を受け研究をし，実際に役立っていることを実績として示さなければならない。たとえば，日本公認心理師協会（2021）の調査事業などがある。③は教育が標準的なものであっても，画一的な硬直的なものとなる危険性には気をつけなければならない。講義の中で取り扱われている内容が，公認心理師養成にとって意義あるものなのか，既存の学問の漫然とした提供になっていないか，充分なチェックが常に必要となる。たとえば，日本公認心理師養成機関連盟（2023）の提言が参考になる。④の計画的配置のために，都道府県レベルでの公認心理師の必要数の推定や，都道府県ごとの生涯研修や人事交流の実施なども重要となろう。

　すなわち，国家資格は，作られて与えられるものではなく，どのような国家資格にしていくかについて，有資格者や養成に関わる者，そして公認心理師を目指す者すべてが，自分の意見を持ち不断の努力を必要とするものであることを肝に

表 1　公認心理師法成立に至る動き

第 1 期（模索期）

1951 ～ 1953 年　日本応用心理学会が「指導教諭（カウンセラー）設置に関する建議案」を国会に連続して提出

1963 年　日本心理学会等 17 関係学会による「心理技術者資格認定機関設立準備協議会」の設置

1966 年　日本臨床心理学会による「心理技術者資格認定機関設立準備会最終報告」
　　　　　＊その後中断

第 2 期（臨床心理士をめぐる検討期）

1982 年　日本心理臨床学会の設立

1984 年　精神病院における不祥事が発生（報徳会宇都宮病院事件）

1985 年　国際法律家委員会（ICJ）による精神科医療に関する勧告

1988 年　日本臨床心理士資格認定協会の設立　＊臨床心理士の誕生

1989 年　日本臨床心理士会の設立

1990 年　厚生省「臨床心理技術者業務資格制度検討会」の発足（3 年間）
　　　　　＊その後も断続的に，厚生科学研究において「臨床心理技術者の資格」に関する研究が行われる

1997 年　精神保健福祉士法の成立
　　　　　＊精神保健福祉士の誕生（1999 年）

2002 年　厚生科学研究のまとめ公表

第 3 期（対立期）

2005 年　臨床心理士と医療心理師の「2 資格 1 法案」が議員立法提出（廃案）

第 4 期（収斂期）

2011 年　三団体による国家資格創設の要望書
　　　　　＊三団体とは，日本心理学諸学会連合（日心連），臨床心理職国家資格推進連絡協議会（推進連），医療心理師国家資格制度推進協議会（推進協）である

2013 年　一般財団法人日本心理研修センターの設立

第 5 期（国家資格期）

2015 年　議員立法で提出された公認心理師法案が成立（9 月 9 日）

2016 年　公認心理師カリキュラム等検討会の開催

2017 年　公認心理師法が施行（9 月 15 日）

2018 年　第 1 回公認心理師試験（9 月 9 日）　＊合格発表は 11 月 30 日

銘じておきたい。

II　公認心理師法立法の経緯（[野島，2018] 参照）

　繰り返し指摘したいことであるが，心理専門職の国家資格化は，心理学のためや心理専門職のためではなく，国民のためになされたのである。そのことは，心理専門職の国家資格をめぐる歴史にも表れている。表 1 に公認心理師法成立に至

る心理専門職国家資格に関する動きを示した。

　これらの歴史を概観すると，心理学領域の学会がまとまり，「心理技術者」の資格を作ろうとした動きが 1960 年代まであったが，大学紛争や反精神医学の社会的流れの中で，その営みが頓挫するまでが，第1期（摸索期）と位置付けられよう。その後，心理臨床家の学術団体である日本心理臨床学会（2020）や資格認定組織である日本臨床心理士資格認定協会（2020），職能集団である日本臨床心理士会（2020）が中心となって資格化を進める一方，厚生（労働）省に設けられた検討会が医療寄りの資格を模索した時期が第2期（臨床心理士をめぐる検討期），臨床心理士と「医療心理師（実際には存在しない資格）」が激しくぶつかり合った時期が第3期（対立期），そして 2011 年からの三団体による統一的資格の創設となる第Ⅳ期（収斂期），2015 年の公認心理師法成立からが第5期（国家資格期）と分けることもできよう。

　この歴史が示すように，心理職の国家資格化の運動は，常に医療関係団体からの影響を受け続ける宿命にあった。反精神医学の流れは，初期の心理学に基づいた実践的資格案を粉砕することとなり，臨床心理士をモデルとした資格化の動きに対して，医療限定の学部卒の資格を主張する意見が，厚生（労働）研究のまとめとして示され，心理職は自分たちの資格を自分たちで決めるというカードを切れないでいた。

　それらの見解の相違を決定づけたのが，第3期（対立期）の臨床心理士と「医療心理師」の2資格をめぐる国会議員や官僚を巻き込んだ対立である。この 2005 年の "事件" を通して，真に国民のためになるための心理専門職の資格を，心理学に集う関係者で充分に議論し統一的な見解を見出さなければ，国家資格は難しいことが明確となった。また，心理学関係者全体（心理学ワールド）がまとまらなければ，医療関係団体主導でいつでも「医療限定心理職」が「学部卒」，場合によっては「専門学校卒」でつくられかねないという強い危機感も少しずつ共有されるようになった。その意味で，第3期から第4期（収斂期）に至る心理学関係者内での合意形成プロセスは非常に重要である。その合意された要望書は 2011 年に表2のようにまとめられた。公認心理師となるものは，この心理学ワールドが統一をみた歴史的合意の重みを，充分に心にとめる必要があろう。

　2015 年9月9日に成立した公認心理師法の内容をみると，おおむねこの要望書の内容が反映されていることがわかる。すなわち，名称独占で分野を限定しない資格であり，心理学に基づいた観察や支援，関係者の支援，そして心理教育などが業務として規定されている。しかしながら法案成立時に，医師の指示が医療

表 2　三団体の国家資格創設の要望書（2011 年）

『心理師（仮称）』の国家資格制度を創設して下さい
一　要望理由
　今日，国民のこころの問題（うつ病，自殺，虐待等）や発達・健康上の問題（不登校，発達
　障害，認知障害等）は，複雑化・多様化しており，それらへの対応が急務です。しかし，こ
　れらの問題に対して他の専門職と連携しながら心理的にアプローチする国家資格が，わが国
　にはまだありません。国民が安心して心理的アプローチを利用できるようにするには，国家
　資格によって裏付けられた一定の資質を備えた専門職が必要です。
二　要望事項
１．資格の名称：心理師（仮称）とし，名称独占とする。
２．資格の性格：医療・保健，福祉，教育・発達，司法・矯正，産業等の実践諸領域における
　　汎用性のある資格とする。
３．業務の内容：
①心理的な支援を必要とする者とその関係者に対して，心理学の成果にもとづき，アセスメン
　ト，心理的支援，心理相談，心理療法，問題解決，地域支援等を行なう。
②①の内容に加え，国民の心理的健康の保持及び増進を目的とした予防並びに教育に関する
　業務を行なう。
４．他専門職との連携：業務を行なうにあたっては，他専門職との連携をとり，特に医療提供
　　施設においては医師の指示を受けるものとする。
５．受験資格：
①学部で心理学を修めて卒業し，大学院修士課程ないし大学院専門職学位課程で業務内容に関
　わる心理学関連科目等を修め修了した者。
②学部で心理学を修めて卒業し，業務内容に関わる施設において数年間の実務経験をした者も
　受験できる。

提供施設に限定されないという第 42 条第 2 項が，この要望書から逸脱した項目
として追加された。また法律の運用において，大学学部のみならず専修学校の専
門課程（修業年限 4 年間以上）も含まれるという点も，この合意事項にはなかっ
た事項である。

　公認心理法成立から第 5 期（国家資格期）と位置付けられる。この間，カリキ
ュラムの検討，医師の指示に関する検討，実習指導者講習会／実習演習担当教員
講習会の実施などが行われてきた。公認心理師法の見直しはおおむね 5 年後に行
われることが決まっていたが，現在，その取りまとめがおこなわれているところ
である。

■ III　公認心理師法の附帯決議

　公認心理師法案が衆議院および参議院で議員提出立法として全会一致で可決さ
れるにあたって，表 3 のように衆議院文部科学委員会において附帯決議がなされ

表3　公認心理師法に関する衆議院文部科学委員会での附帯決議

心理専門職の活用の促進に関する件　平成二十七年九月二日

　　　　　　　　　　　　　　　　　　　　　衆議院文部科学委員会

　今日，心の問題は，国民の生活に関わる重要な問題となっており，学校，医療機関，福祉機関，司法・矯正機関，警察，自衛隊，その他企業をはじめとする様々な職場における心理専門職の活用の促進は，喫緊の課題となっている。しかしながら，わが国においては，心理専門職の国家資格がなく，国民が安心して心理的な支援を利用できるようにするため，国家資格によって裏付けられた一定の資質を備えた専門職が必要とされてきた。

　今般，関係者の長年にわたる努力もあり，「公認心理師」という名称で，他の専門職と連携しながら，心のケアを必要とする者に対して，心理的な支援を行う国家資格を創設する法律案を起草する運びとなったところである。政府は，公認心理師法の施行及び心理専門職の活用の促進に当たり，次の事項の実現に万全を期すべきである。

一　臨床心理士をはじめとする既存の心理専門職及びそれらの資格の関係者がこれまで培ってきた社会的な信用と実績を尊重し，心理に関する支援を要する者等に不安や混乱を生じさせないように配慮すること。
二　公認心理師が臨床心理学をはじめとする専門的な知識・技術を有した資格となるよう，公認心理師試験の受験資格を得るために必要な大学及び大学院における履修科目や試験の内容を定めること。
三　公認心理師法の施行については，文部科学省及び厚生労働省は，互いに連携し，十分協議した上で進めること。また，文部科学省及び厚生労働省を除く各省庁は，同法の施行に関し必要な協力を行うこと。
四　受験資格については，同法第七条第一号の大学卒業及び大学院課程修了者を基本とし，同条第二号及び第三号の受験資格は，第一号の者と同等以上の知識・経験を有する者に与えることとなるよう，第二号の省令を定めるとともに，第三号の認定を行うこと。
五　公認心理師が業務を行うに当たり，心理に関する支援を要する者に主治医がある場合に，その指示を受ける義務を規定する同法第四十二条第二項の運用については，公認心理師の専門性や自立性を損なうことのないよう省令等を定めることにより運用基準を明らかにし，公認心理師の業務が円滑に行われるよう配慮すること。
六　同法附則第五条の規定による施行後五年を経過した場合における検討を行うに当たっては，保健医療，福祉，教育等を提供する者その他の関係者との連携等の在り方についても検討を加えること。
右決議する。

た。また参議院文教科学委員会においても，同様な内容の附帯決議がなされた。表2の要望書とともに附帯決議を参照することで，心理職の国家資格のあるべき姿のついての議論を深めることができる。

　附帯決議には法的拘束力はないが，国民の代表者である国会議員が，法案成立にあたって示した決議である。法律の運用にあたって準拠すべき考え方として尊重されることになる。これまでの臨床心理学に基づいた臨床心理士の実績を国会議員は評価し，その実績を尊重しながら公認心理師の資格の内容を決めていくという考え方は，すでに行われている心理的支援を継続して安定的に提供する体制

```
┌─────────────────────────┐        ┌ ─ ─ ─ ─ ─ ─ ─ ─ ─ ─ ─ ┐
│      議員提出立法        │          内閣提出立法
│ 国会議員×衆議院法制局    │        │ 担当省庁による法案作成 │
│      参議院法制局        │          内閣法制局による審査
└─────────────────────────┘        ├ ─ ─ ─ ─ ─ ─ ─ ─ ─ ─ ─ ┤
                                    │      閣議決定          │
 発議議員が提出 ⇩                   └ ─ ─ ─ ─ ─ ─ ─ ─ ─ ─ ─ ┘

  国会(先議院:今回は衆議院)          ⇩ 内閣総理大臣が提出
┌───────────────────────────────────────────────────────┐
│                  議長に法案提出                        │
└───────────────────────────────────────────────────────┘
 委員会(今回は文部科学委員会) ⇩
┌───────────────────────────────────────────────────────┐
│          提出者より趣旨説明→審議→採択                 │
└───────────────────────────────────────────────────────┘
 本会議(今回は衆議院本会議) ⇩
┌───────────────────────────────────────────────────────┐
│          委員会議長の報告→審議を経て採択              │
└───────────────────────────────────────────────────────┘
 (後議院:今回は参議院) ⇩
┌───────────────────────────────────────────────────────┐
│        委員会→本会議(先議員院と同じ手順)            │
└───────────────────────────────────────────────────────┘
```

図1　国会審議の概要

を作ることになり，すでに支援受けている国民のニーズにそったものとなろう。

　公認心理師法の目的をしっかりと理解し，その背景にある憲法の理念の実現を思う時，質の高い心理サービスが国民にあまねく供給される体制をどう整備するか，一人ひとりの公認心理師が強く自覚し，実際に行動する必要がある。

　ここまで見てきたような法案提出から成立するまでの流れを図1にまとめた。議員提出立法として衆議院に提出された公認心理師法案は，文部科学委員会で可決され附帯決議が付いた後，衆議院本会議にて採決された。その後，後議院である参議院に提出され，文部科学委員会で採択され附帯決議も付いた。その後，参議院本会議にて可決され，成立することとなった。

　なお，議員提出立法の法案は，委員会において全会一致で可決されることが通例となっている。そのため，委員会（今回は文部科学委員会）において全会一致で可決できるように，委員会で審議に入る前に，各党に充分な根回しが必要となる。この根回しの段階で附帯決議が必要であるという提案がなされたという流れであった。

■ Ⅳ　公認心理師法の特徴

　このようないくつかの背景を持ちながらも，心理職の国家資格が，心理学を基

表4　「公認心理師法」「精神保健福祉士法」「理学療法士及び作業療法士法」の比較

法律 （成立年）	公認心理師法 （2015年）	精神保健福祉士法 （1997年）	理学療法士及び作業療法士法 （1965年）
総則	目的や定義	目的や定義	目的や定義
免許	—	—	免許・名簿
試験 ＊主なもの 　のみを示す	受験資格＊ 　大学＋大学院 　大学＋実務 指定試験機関 試験委員	受験資格＊ 　大学・短大・専門学校 　（必要に応じて実務） 指定試験機関 試験委員	受験資格＊ 　大学・短大・専門学校 医道審議会 試験委員
登録 指定登録機関	登録 指定登録機関	登録 指定登録機関	— —
義務等	 信用失墜行為の禁止 秘密保持義務 連携等 主治の医師の指示 資質向上の責務	誠実義務 信用失墜行為の禁止 秘密保持義務 連携等 主治の医師の指導 資質向上の責務	保助看法を開く 秘密を守る義務 診療の補助
罰則	秘密保持義務違反 への罰則	秘密保持義務違反への 罰則	秘密を守る義務への違反への 罰則

盤とした名称独占の汎用資格で，大学学部と大学院修了を基本的な養成とする形で創設された意義は大きい。ここでは公認心理師法の特徴を，同じく心の健康に関係する資格職の法律である精神保健福祉士法と理学療法士及び作業療法士法との比較をしながら，論じてみたい。

　3つの資格法を比較してわかるが（表4），公認心理師法は精神保健福祉士法と法律の章立てがほぼ同じとなっており，名称独占で登録制の資格となっている。一番大きく異なる点は，公認心理師法が「主治の医師の指示」となっているのに対して，精神保健福祉士法では「主治の医師の指導」となっているところである。また，公認心理師法が定める受験資格は，大学および大学院を修了であるが，精神保健福祉士法や，理学療法士及び作業療法士法では，専門学校卒を認めている点も大きな違いである。一方，守秘義務については，3つの資格ともに定めるとともに罰則規定も存在しており，重視されている。

　ちなみの理学療法士及び作業療法士法は，保助看法を開いて診療の補助を行うことを規定しており，主治の医師の指示の下で業務を行う「診療補助職」であることが明らかである。理学療法士及び作業療法士法は，免許制となっており，医

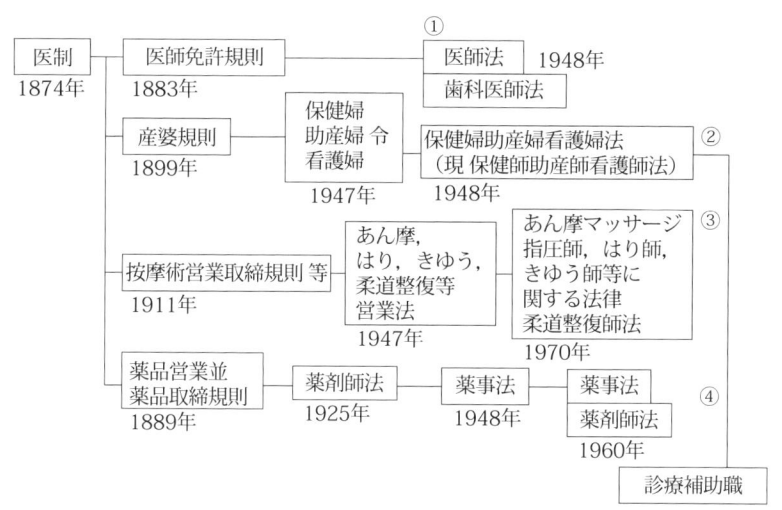

図2　医療関係職種の制定の流れ（年は成立年）

道審議会で倫理違反に対する行政処分が行われる点などは，公認心理師法や精神保健福祉士法と異なっている。後に述べる他の診療補助職もほぼ同様な枠組みとなっている（図2参照）。

　なお，このように職種間の法律上の比較をすると，そもそも公認心理師の専門性はどのようなものかという疑問がわいてくる。この専門性は，プロフェッショナリズムということができるが，その職種の本質的な意義や役割，基本的姿勢や価値観を示したものである。このプロフェッショナリズムを法律で明確に位置づけることが重要であるが，現段階ではまだ，法律上に明確に位置付けるに至っていない。日本公認心理師協会（2022）は，この専門性として，コンピテンシー・モデルを提言している。今後の議題を進める上で重要なものとなる。

V　法律で定められた関係職種

　公認心理師が業務を行う5分野における関係職種をみると，まず保健医療分野では，図2に示す通り，明治時代に定められた医制から発展する形で，①医師・歯科医，②保健師・助産師・看護師，およびそれ以外の診療補助職，③医療類似行為を業とする職種（あん摩マッサージ指圧師，はり師，きゅう師等），④薬剤師，⑤以上の①〜④に分類できない職種の5つに分類できる（玉井，2016）。

　①医師・歯科医師は，医師免許規則（1883年）に起源があるが，戦後1948

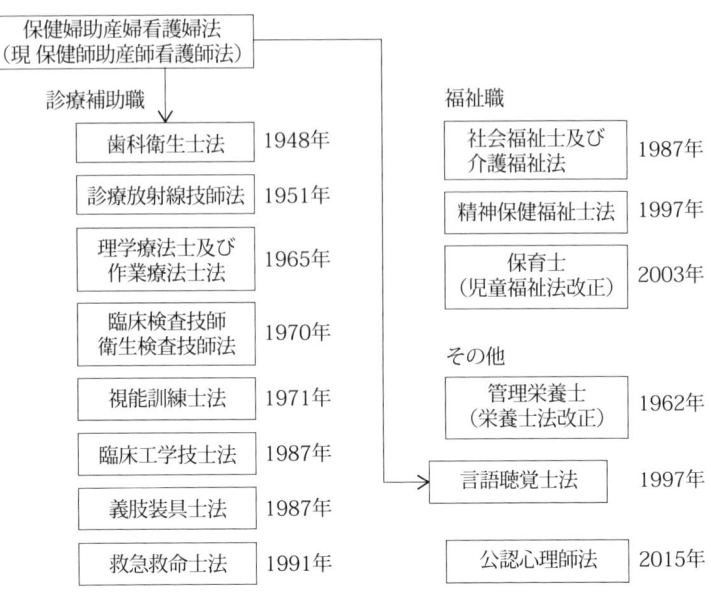

図3　診療補助職および福祉職等

年に改正された医師法，歯科医師法によって定められた業務独占職である。②保健師・助産師・看護師は，保健師助産師看護師法（保助看法）によって定められた業務独占職である。ちなみに，医師・歯科医師は，医行為（医師の医学的判断および技術をもってするのでなければ，人体に危害を及ぼし，または及ぼすおそれのある行為）を業務独占しており，保健師・助産師・看護師は，診療補助行為（ある医療行為を，独自の判断で行わず，医師の指示下で行う医療行為）を業務独占している。

　戦後になり，歯科衛生士や診療放射線技師など，医療行為の一部を担う新しい職種が必要となった。しかし，医療行為の一部を医師の指示下で行う診療補助行為は，保健師・助産師・看護師の業務独占と法律上定められているため，これらの新しい職種を作るためには，保助看法で定められている診療補助の独占を解除するという法律的な手続きを必要とした。近年では，1991年成立の救急救命士法第43条に，「救急救命士は，保健師助産師看護師法（昭和23年法律第203号）第31条第1項及び第32条の規定にかかわらず，診療の補助として救急救命処置を行うことを業とすることができる」とあり，保助看法の解除手続きが行われている。

　このような保助看法を解除するという方法は，診療補助行為の独占性を法的に

保つためであるが，結果として，保健師・助産師・看護師が，多様な診療補助職の行う行為を理屈上は行えることになってしまい，実態から乖離することとなった。たとえば，作業療法や理学療法は，看護師等が独占している診療補助行為の一部となってしまうため，看護師が作業療法を専門的に行えるということになり，実態に即していないことが法律上発生してしまった。何らかの法的な整理が求められよう。

　図3に診療補助職および福祉職等について示した。この図をみればわかる通り，診療補助職は1991年の救急救命士を最後に創設されなくなっている。1997年に成立した言語聴覚士法は診療補助職ではないが，その業務の一部（嚥下訓練や人工内耳の調整等）を行う場合に限って，診療補助行為を行っていると規定され，一部の業務においてのみ保助看法の解除手続きが行われている。しかし，言語聴覚士の活動は，医療以外の福祉，教育等横断的な分野で行われており，身分法として全体を診療補助職として規定するにはなじまない職種であることから，診療補助職としては位置づけられていない。

　福祉学が基盤となる学問である社会福祉士，介護福祉士，精神保健福祉士，保育士は，いわゆる福祉職とされるが，1987年以降に相次いで国家資格として整備された。これらの職種には，要支援者に主治の医師がいる場合があり，主治の医師の方針と異なる方向の支援が行われないような充分な配慮が必要となる。そのため，要支援者の自己決定を尊重し，多職種チームで連携しながら対応することが原則となっている。

　公認心理師は，医療関係職や福祉職の整備から遅れ，2015年にようやく成立することとなった。言語聴覚士と同じく，医療分野に限らず福祉，教育など，横断的な分野で活動する職種のため，身分全体を診療補助職として定めることは不可能であった。また，医療行為に該当する業務に対して保助看法を解除する形をとる資格法立法という方法は，1991年以降行われておらず，そのような資格設計は法律的に難しい状況と考えられる。

　そこで考案されたのが，2011年の三団体の国家資格創設の要望書（表2；前出）の「二要望事項の4」にあるように，医療提供施設で業務を行う場合に限って，医師の指示を受けるという案であった。しかし，すでに繰り返し述べている通り，活動場所の限定が議員立法の法案策定段階で変更され，"すべての活動場所において"，主治の医師がいる場合は，その指示にしたがわなければならない，と規定されることとなった（公認心理師法第42条第2項）。この第42条第2項の運用については，文部科学省・厚生労働省（2018）から運用基準が公表されて

いる。

■ VI　公認心理師および対人援助職の倫理に関する基本的考え方

　公認心理師に限らず，対人援助の専門家が有すべき倫理がある。専門家集団（職能団体）が持つ職業倫理によって，社会からの信頼をその専門家集団は得ることができる。医師の倫理として有名な「ヒポクラテスの誓い」も含め，専門家集団は，職業倫理について議論を深め実践してきた。

　「ヒポクラテスの誓い」では，「人を傷つけない」「秘密保持」「人を利用しない」などにふれているが，これは「信用失墜行為の禁止（公認心理師法第40条）」「秘密保持義務（公認心理師法第41条）」につながる考え方である。医の倫理に関しては「患者の権利に関するリスボン宣言」（1981年）に示されるように，患者の人権や主体性が強調されるようになった。これは日本国憲法でいう基本的人権の尊重とも共通する理念であり，この考え方から，インフォームド・コンセントの重要性を導き出すことも可能である。

　金沢（2018）が示した心理職の職業倫理の7原則をみると，第2原則「十分な教育・訓練によって身につけた専門的な行動の範囲内で，相手の健康と福祉に寄与する」と，専門家として貢献できる範囲を定め，適切に他の専門家等と連携することの重要性（公認心理師法第42条第1項）や資質向上の責務（公認心理師法第43条）が密に関連することがわかる。第3原則「相手を利己的に利用しない」は多重関係の禁止も含んでいるであろう。第4原則「一人ひとりを人間として尊重する」，第5原則「秘密を守る」含め，7原則すべてが，信用失墜行為の禁止（公認心理師法第40条）に関係すると考えることもできる。

　このように公認心理師法に定められる義務の背後に，職業倫理という歴史的に積み重ねられてきた専門家集団としての考え方がある。この職業倫理を実践場面において具体的に判断する際に，どのように遵守するかが求められている。

　公認心理師の職能集団である公益社団法人日本公認心理師協会（2020）では，倫理綱領を定めている。この倫理綱領では，「専門的心理支援業務の質を保つとともに，対象となる人々の基本的人権を守り，自己決定権を尊重し，その心の健康と福祉の増進を目的として」，秘密保持や同意の重要性，説明責任などへの言及がある。

　職業倫理とは，職業人としての心の中にあるものであるので，そのすべてを法律に規定することはできない。職業倫理の中で最も重要となる部分が，法律に規

定されていると考えることができる。また職業倫理として規定されている項目には，現状の支援を行う上で遵守することがたやすくないものもある。たとえば，多重関係の禁止について述べる。スクールカウンセラーが教室で心理教育を行うと，生徒の授業出席を評価する評価者の立場と，相談室でカウンセリングを行う立場と，多重関係が生じる。学校や職場など生活の場を共にすれば，カウンセラーが身近な存在となり利益が多い反面，さまざまな多重関係が生じやすい。大切なことは，そのような多重関係を充分に自覚し，実際の支援にどのような影響を与えるのか検討を慎重に行い，場合によっては他の専門家と情報共有し，要支援者への不利益が生じないよう配慮することであろう。

　他の専門職と連携する場合，各専門職が充分な職業倫理を有しており，それをふまえお互いの信頼関係を構築し，要支援者のために不断の努力をするということが大前提となる。各資格法は，そのような職業倫理を有していることを明示している。そして各専門職が職能集団等によって倫理要綱を定めその遵守を国内外に明らかにすることによって，その専門職および専門職チームの信用を高める努力を行っている。

■ VII　秘密保持と法律

　すでにみてきたように，秘密保持義務は，公認心理師にとって非常に重要な法的義務であるが，情報保護に関する法律についても概観したい。個人情報の取り扱いについて，個人情報保護法が 2003（平成 15）年に成立した。この法律は，特定個人を識別することが可能な情報に関する利用目的をできる限り限定することや，本人の同意なしの個人データの第三者への提供の原則禁止，本人からの求めに応じた個人情報の開示・訂正・利用停止などを定めている（金沢，2016）。公認心理師は，所属する組織が個人情報を扱う場面に遭遇することが多いと考えられるが，所属組織の情報リテラシーに対しても充分に配慮することが求められる。

　また情報管理に関しては，1999（平成 11）年に成立した情報公開法がある。この法律の目的は，政府や行政の行為を国民がチェックするためのもので，政府や行政の説明責任（アカウンタビリティ）を明確にすることを目指す。公認心理師が市立学校などの公立の組織で働いている場合，作成した文書に関して，請求者が誰であっても開示を求める権利（開示請求権）が法的に求められている。このことに関して，過去の不登校に関しての公的機関での相談記録が，第三者によって開示請求されてしまうという事態が生じたこともあるようだが（金沢，2016），

原則として個人情報について第三者からの開示請求は認められないこととなっている。

　問題となるのは，本人からの開示請求に関してどう対応するかということである。医療機関における診療録は，原則として本人の請求に応じて開示することとなっている。教育領域に関する情報も，本人の開示請求に応じることが原則となっているが，過去の判例では，職員会議の会議録，調査書，体罰報告書，事故報告書など，教育現場で作成されるさまざまな文書が，本人による開示請求の対象となり，原則として開示される方向であるが，どの部分まで非開示とするかをめぐって判断がわかれている（松井，1999）。

■ Ⅷ　研究倫理について

　公認心理師は専門職であるので，当然研究を行うことになる。これは公認心理師法第43条の資質向上の責務にも含まれている事項である。臨床実践によって得られた知見は，個人や周囲の限りのものとするのではなく，広く後世に引き継がれる形で残しておくべきであろう。その営みのひとつに研究および研究論文の発表がある。しかし研究の対象が人，特に要支援者といった弱い立場にある人であることを考えると，その研究において高度な倫理性が要求される。特に心理専門職の場合，事例研究が極めて重要となるが，事例研究における対象者へのインフォームド・コンセントにはさまざまな難しさが生じることがある。

　人を対象とした研究では，医学領域の研究について，過去の人体実験への強い反省を通してニュルンベルグ綱領が1947年に定められた。この綱領では，被験者の自由な参加意思を重視し，被験者の不利益を回避するための原則を示した。これを受けて，ヘルシンキ宣言（1964年）では，インフォームド・コンセントの重要性や倫理審査委員会の設置などが強調されている。

　現在，人を対象とする研究倫理指針として，「人を対象とする医学系研究に関する倫理指針」（文部科学省・厚生労働省，2014）があるが，この指針にも示されている，対象者の自由意思の尊重，インフォームド・コンセントの重視，いつでも参加をやめることができる権利，個人情報等の保護，情報管理，個人が特定されないようにして公開するなどの個人情報等の保護，調査結果のフィードバックの必要性，倫理審査委員会の設置などは，上記綱領や宣言の流れを受けたものである。心理学に関する人を対象とする研究も，この指針におおむね基づいた形で行う必要がある。なお，文部科学大臣が決定した「研究活動における不正行為

への対応等に関するガイドライン」（文部科学省・厚生労働省，2014）では，捏造，改竄_{ざん}，盗用といった「特定不正行為」の禁止や二重投稿の禁止などにもふれている。

　なお，医薬品等を人に対して用いることにより，当該医薬品等の有効性又は安全性を明らかにする研究（臨床研究）に関しては，2017（平成 29）年に臨床研究法が成立した。公認心理師は，医療機関において臨床研究における医薬品の有効性評価の一部を，心理検査の実施などで担うこともあり，臨床研究に関する知識も重要となる。

◆学習チェック表

□　公認心理師法が成立するまでの経緯について理解した。
□　公認心理師法の基本骨格（名称独占，横断資格，医師の指示等）について理解した。
□　国会委員会の附帯決議に示された公認心理師等の意義について理解した。
□　多職種を規定する法律の成立の大まかな流れを理解した。
□　公認心理師の職業倫理の概要を理解した。
□　秘密保持に関する法律について理解した。
□　研究倫理に関する指針等について理解した。

より深めるための推薦図書

　金子和夫監修，津川律子・元永拓郎編著（2016）心の専門家が出会う法律［新版］．誠信書房．
　野島一彦編（2018）公認心理師の職責［野島一彦・繁桝算男監修：公認心理師の基礎と実践 第 1 巻］．遠見書房．
　野島一彦・岡村達也編（2018）臨床心理学概論［野島一彦・繁桝算男監修：公認心理師の基礎と実践 第 3 巻］．遠見書房．
　津川律子・元永拓郎編著（2017）心理臨床における法と倫理．放送大学教育振興会．

文　　献

金沢吉展（2016）個人情報の保護と情報公開．In：金子和夫監修，津川律子・元永拓郎編著：心の専門家が出会う法律［新版］．誠信書房，pp.222-229．
金沢吉展（2018）公認心理師の法的義務および倫理．In：一般社団法人日本心理研修センター監修：公認心理師現任者講習会テキスト［2018 年版］．金剛出版，pp.15-20．
松井茂記（1999）教育情報の公開と本人開示．国際公共政策研究，4；37-58．
元永拓郎（2018）公認心理師の法的義務・倫理．In：野島一彦編：公認心理師の職責．遠見書房，pp.22-34．
文部科学大臣(2014)研究活動における不正行為への対応等に関するガイドライン．http://www.mext.go.jp/b_menu/houdou/26/08/__icsFiles/afieldfile/2014/08/26/1351568_02_1.pdf
文部科学省・厚生労働省（2014／2017 年一部改正）人を対象とする医学系研究に関する倫理指針．http://www.mhlw.go.jp/file/06-Seisakujouhou-10600000-Daijinkanboukouseikagakuka/

0000153339.pdf

文部科学省・厚生労働省（2018）公認心理師法第 42 条第 2 項に係る主治の医師の指示に関する運用基準．https://www.mhlw.go.jp/web/t_doc?dataId=00tc4584&dataType=1&pageNo=1

日本公認心理師協会（2020）倫理綱領．https://www.jacpp.or.jp/pdf/jacpp_rinrikoryo20210225.pdf

日本公認心理師協会（2021）公認心理師の活動状況等に関する調査．厚生労働省令和 2 年度障害者総合福祉推進事業．https://www.jacpp.or.jp/document/

日本公認心理師協会（2022）コンピテンシー・モデル．https://www.jacpp.or.jp/pdf/competency_model_jaccp.pdf

日本公認心理師協会（2023）公認心理師の生涯学習制度．https://www.jacpp.or.jp/qualification/index.html

日本公認心理師養成機関連盟（2023）コンピテンシー・モデルに基づく公認心理師養成カリキュラムの提言（公認心理師養成カリキュラム検討委員会報告書）．https://kouyouren.jp/wp-content/uploads/2023/07/20230701.pdf

日本心理臨床学会（2020）一般社団法人日本心理臨床学会ウェブサイト．https://www.ajcp.info/

日本臨床心理士会（2020）一般社団法人日本臨床心理士会ウェブサイト．https://www.jsccp.jp/

日本臨床心理士資格認定協会（2020）公益財団法人日本臨床心理士資格認定協会ウェブサイト．http://fjcbcp.or.jp/

野島一彦（2018）日本の臨床心理学．In：野島一彦・岡村達也編：臨床心理学概論．遠見書房，pp.11-20.

玉井直子（2016）心のサポート関連職種─医療関係．In：金子和夫監修，津川律子・元永拓郎編著：心の専門家が出会う法律［新版］．誠信書房，pp.56-61.

公認心理師の各分野への展開

元永拓郎

Keywords　医療法，医療計画，児童福祉法，自殺対策基本法，介護保険法，刑法，教育基本法，地域包括ケアシステム，労働基準法，親権，障害者基本法，少年法

Ｉ　各分野における法律や制度の概観

　公認心理師であるＤさんは，週の内２日は精神科病院の精神科デイケアで働きながら，週２日は公立小学校と中学校でスクールカウンセラーとして働いている。月に２回程度，ある企業での相談員を依頼されている。また不定期ではあるが，市の子育て支援センターにおいて乳幼児の母親向けの子育て教室の担当をお願いされてもいる。つまりＤさんは，保健医療，教育，産業・労働，福祉の４分野での仕事を１カ月のうちに担当することになっている。

　このような分野を横断する形で活動するＤさんは，小中学校の児童生徒の両親が，仕事上のストレスを抱えて子育てに充分に取り組めなかったり，時には親の両親の介護によって家庭がぎくしゃくしたり，中学校を卒業した生徒が非行のため高校を中退してすぐに結婚して，家庭が安定しない状況で出産・子育てとなり，ネグレクトなどの心配が出るなど，地域のさまざまな課題が複合的に組み合わさっていることに気づくようになった。Ｄさんは，もちろん個別ケースのアセスメントや相談に関して，深い共感と洞察を通してとてもよい個別支援を行っているのであるが，加えて地域における心理上の課題に対して予防的かつ包括的に取り組むためには，どのような心理専門職の相談室外での活動があり得るのか考えるようになった。

　公認心理師カリキュラム等検討会において，公認心理師の業務が行われる５分野が，保健医療，福祉，教育，司法・犯罪，産業・労働と定められ，各種通知等でもこの表現が使われている。しかしながら，すでにみてきたように，日本国憲

　法が規定する基本的人権の保障を実現するためには，このような5分野がそれぞれ別個に存在するのではない。操作的には5分野に分類されるが，実際の活動はそれらを横断的にまたぎ展開される。また国民のニーズに対応するために，既存の分野に収まり切れない組織が生まれる場合もある。

　たとえば自殺対策に関する活動は，保健医療の分野だけでは不充分であるため，自殺対策基本法（2006［平成18］年成立）の第2条第3項に，「自殺対策は，自殺が多様かつ複合的な原因及び背景を有するものであることを踏まえ，単に精神保健的観点からのみならず，自殺の実態に即して実施されるようにしなければならない」と明示されている。保健医療分野に限らない社会全体の取り組みが行われることを求めている。

　また発達障害者の支援は，発達障害者支援法が2004（平成16）年に成立したのち，福祉分野では2011年に障害者基本法で位置づけられたのはもちろん，保健医療分野での発達障害児・者のケア，教育分野での特別支援教育等の整備，司法・犯罪分野での矯正の中での発達障害の検討，産業・労働分野でも発達障害者の雇用促進など，すべての分野において重要な課題となっている。そして発達障害児・者に対して切れ目ない支援をどのように構築していくか検討され，5分野を横断する支援の形が整備されようとしている。

　また法律が追い付いていない組織として，大学が設置している附属の心理臨床センターが挙げられる。この相談組織は，広く分類するならば大学設置ということで教育分野に含まれるであろうが，実際には地域のさまざまな相談に応じていることから，多分野にまたがった横断的支援を行っている。5分野という枠組みでは捉えがたい活動である。このように，国民の心の支援ニーズに，法律や制度が追いついていないことも，実際には多いのである。このことに留意しながら，各分野について基本的な法律を表1に示し，各分野の，そして分野を横断する施策について，立法や政策の流れを示した概説図A～Lをみながら解説していきたい。

- ・図A～Lは，各分野や領域に関連すると考えられる法律成立の流れの概略を示している。
- ・法律名の前には成立年を示す。
- ・現在も効力のある法律は実線四角，廃止となった法律は点線四角で囲んでいる。
- ・楕円で囲んでいるのは，重要な施策や方針である。
- ・国際法や条約は太線の実線四角で示す。
- ・法律の流れと関連した統計データ等を波線で示す場合もある。
- ・図中の矢印は，直接影響していなくても，何らかの影響を及ぼしていることを示す。

表1　5分野における基本的な法律と概略図

分野	基本的な法律	本章の概略図		参照章
保健医療	医療法	図 A	医療計画・包括ケアシステム	4
	健康保険法／国民健康保険法	図 B	社会保障と貧困対策	4
	精神保健福祉法／医療観察法	図 C	精神保健福祉	5
	地域保健法／健康増進法	図 D	保健・健康	6
福祉	児童福祉法／児童虐待防止法	図 E	児童・子育て	7
	障害者基本法／障害者総合支援法	図 F	障害者福祉	8
	介護保険法	図 G	高齢者福祉	9
教育	教育基本法／学校教育法	図 H	教育	10, 11
司法・犯罪	刑法／更生保護法	図 I	刑法・犯罪	12
	民法／家事事件手続法			13
	少年法	図 J	少年非行	14
産業・労働	労働基準法／労働安全衛生法	図 K	産業労働	15
その他	自殺対策基本法／発達障害者支援法			8・16
	子ども・若者育成支援推進法			10・16
	男女共同参画社会基本法	図 L	女性福祉	16

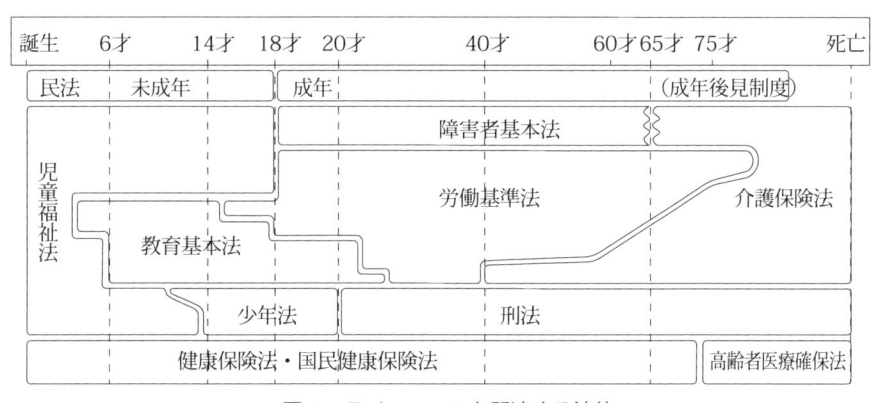

図1　ライフコースと関連する法律

■ II　年齢における法律適用の変化

　人のライフコースを概観した時に，図1のように主に関連する法律が変化する。まず民法上長らく 20 歳を迎えると成年となっていたが，成年となる年齢を 18 歳

とする民法改正が行われ 2020（令和4）年4月1日から適用された。成年になると，さまざまな権利を行使できるようになる。同じく，公職選挙法上の選挙権は 18 歳から有することになる。

　出生後から 18 歳に達するまでは，児童福祉法がほぼすべての局面で大きな役割を持つ。また幼稚園，そして義務教育期間，高等学校，専門学校，大学，大学院においては，教育基本法が基盤的法律となる。労働者として働き始めると，労働基準法が基本的法律となる。65 歳からは介護保険法が利用できるが，もちろん健康で働き続ける人もいる（図中には反映していない）。何らかの障害を有する場合，18 歳に達するまでは児童福祉法が基本的な法律となるが，18 歳以上になると障害者基本法が基盤法となる。そして 65 歳を迎えると場合によっては介護保険法が定める介護保険制度を利用できる（40 歳以上で利用できる場合もある）。医療においては，国民健康保険や被用者保険から，75 歳になると高齢者医療確保法の定める後期高齢者医療保険に移行する。

　なお，犯罪に対する処遇としては，14 歳から 20 歳未満は少年法が適用されるが，20 歳（成年）を迎えると刑法適用となる。また 14 歳未満は児童福祉法の適用が中心である。成年となる年齢が 18 歳に引き下げられた関係で，18，19 歳は少年法の範囲となるが．特定少年として位置付けられた。

■ III　保健医療

　保健医療分野の基本法律では，図A（医療計画と包括ケアシステム）に示すようにまず医療法が重要である。医療法は，疾病の診断と治療を行うための医療制度を規定している。医療法で定める医療計画は，都道府県が作成するものであるが，医療圏の設定や基準病床数，救急医療の確保といった医療提供体制の整備を促進する目的で作られる。何次にもわたる改定をしており，日本が重点的に対応しなくてはならない疾病も提示すようになっている。医療法を含めた医療制度については第4章で詳しく述べるが，2007 年から5年間の第5次医療計画において広範かつ継続的な医療提供が必要な4疾病（がん，脳卒中，急性心筋梗塞，糖尿病）が規定されるようになったが，2013 年からの第6次医療計画において精神疾患が追加され5疾病となったことは特筆できる。なお，地域包括ケアシステムは，保健医療のみならずすべての分野が関係する重要な施策であり，第6，9章で説明する。

　また保健医療サービスに対する対価として，保険者から保険医療機関や保険薬

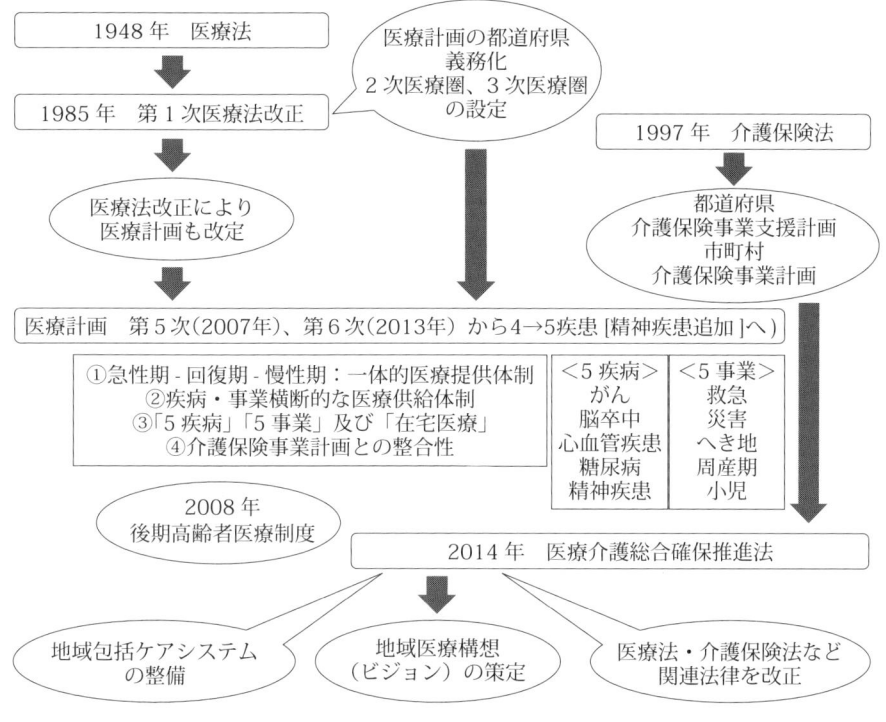

図 A　医療計画と包括ケアシステム

局が受け取る報酬は，診療報酬制度によって全国一律の額が決まっている。この診療報酬の内容は，2 年に 1 回改定される仕組みとなっているが，厚生労働大臣が中央社会保険医療協議会（中医協）の議論を踏まえ決定し，厚生労働大臣告示として発表される。この仕組みについては，日本公認心理師協会（2022a）の解説が参考になる。診療報酬に収載されている公認心理師の関与する業務は，日本公認心理師協会（2022b）に解説がある。

　次に医療に関係する専門職を定める法律として，医師法，保健師助産師看護師法（保助看法），薬剤師法等が重要である。それらの概要は，第 2 章の図 2，3 に示した。保助看法を解除して定める診療補助職の法律も押さえておきたい。また診療補助職には含まれない言語聴覚士法，そして公認心理師法の成立の流れも把握しておきたい。なお医療に関する職種については第 4 章においてもふれている。

　医療を財政的な部分で支える医療保険に関する法律や制度については，年金等も含めた社会保障制度として把握しておきたい。図 B（社会保障と貧困対策）に社会保障と貧困対策の概略を示した。社会保障としては，健康保険法と国民健康

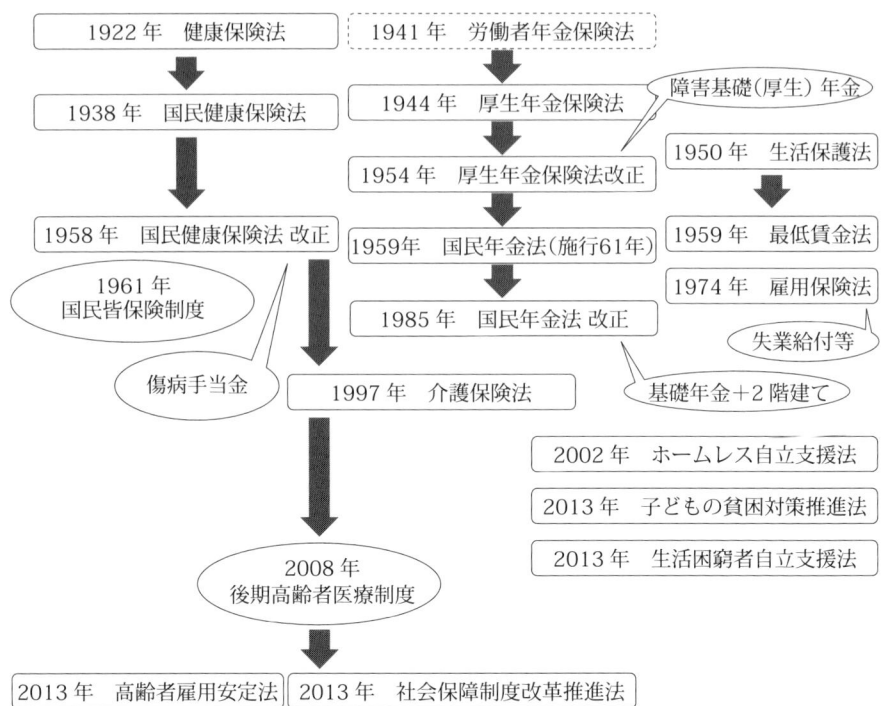

図B　社会保障と貧困対策

保険法による医療保険制度と，厚生年金保険法と国民年金法を基盤とする年金制度が，1961 年に国民すべてをカバーするという国民皆保険制度として構築された意義は大きい。医療保健は，2008（平成 20）年の後期高齢者医療制度の創設という大きな改革を行い，高齢社会への備えを行った。なお，健康保険法または国民健康保険法により，病気や怪我により仕事が行えない場合に，療養中の生活保障としての金銭の給付が，傷病手当金である。また，国民年金法または厚生年金保険法により，病気や怪我のために障害を負った場合に支給されるのが障害基礎年金・障害厚生年金である。

　一方，医療保険制度と年金制度という社会保障の枠組みでは救済できない保険未加入者の問題もあり，生活保護に至る前に貧困対策を連続的にかつ効果的に行うことが求められ，2013（平成 25）年に生活困窮者自立支援法が制定されることになった（2015［平成 27］年施行）。貧困対策については第 16 章でふれる。

　保健医療分野の中でも，精神科医療や精神保健については第 5 章で扱う。概要について図 C（精神保健福祉）に示した。精神保健の施策は，まずは当時行われ

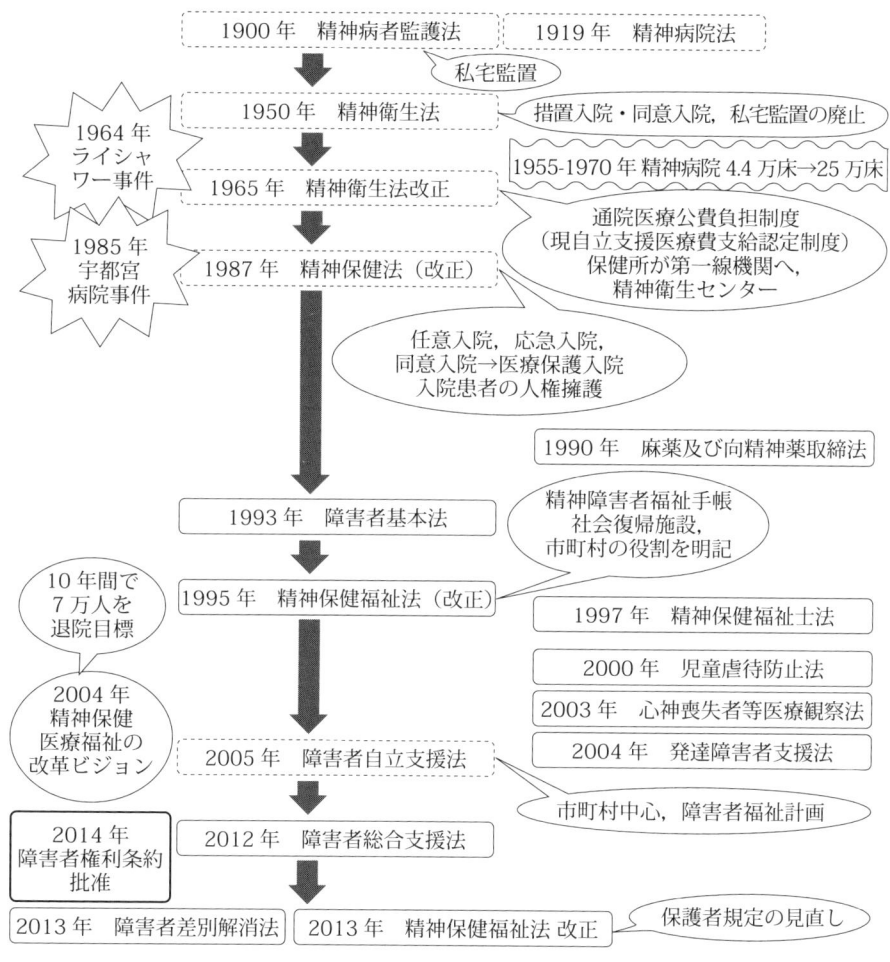

図C　精神保健福祉

ていたという精神障害者の私宅監置（したくかんち）の実態を行政が把握する1900年の精神病者監護法，そして精神疾患を「病」として扱い精神病院の設置を促そうとした精神病院法（1919年）によって始まり，戦後1950（昭和25）年に両法を廃止し精神衛生法が制定された。その後1950年代からの入院患者の増大という事態を迎える中，1987（昭和62）年改正により精神保健法と名称変更，そして1993年の障害者基本法により，ようやく精神障害者を福祉の対象とするという考え方が定まり，精神保健法が1995年に精神保健福祉法へと名称変更になったという流れが重要である。精神保健福祉法は，医療面，保健面，福祉面の性格を有してい

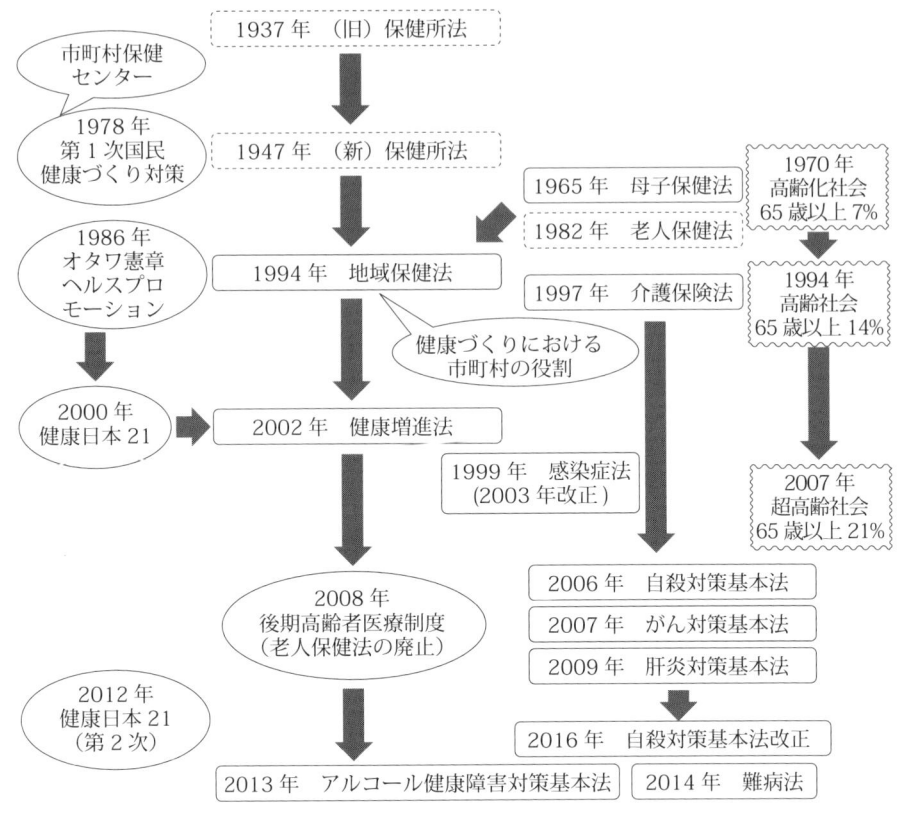

図D　保健・健康

るが，特に医療面について第5章でふれ，保健面については精神保健福祉センターの活動を中心に第6章で扱い，福祉面に関しては第8章で言及する。

　医療が疾病の治療中心となるのに対して，地域での疾病の予防や健康増進の施策が重要である。いわゆる健康の増進や保健に関する制度については，地域保健法や健康増進法がその中心となる法律であり，その施策の流れは図D（保健・健康）に示した。日本における公衆衛生活動の第一線機関であった保健所を位置づける保健所法が地域保健法に移行し，地域保健サービスを第一線で担うのは市町村となった点が重要である。

　また健康増進（ヘルスプロモーション）という考え方が，世界保健機関（WHO）によるオタワ憲章（1986年）でうたわれ，その理念の実現のため日本における「健康日本21」（2000年）という施策にまとめられ，それを法律的に整備したものが，健康増進法（2002年）となる流れも押さえたい。ちなみに健康増進法でも

重視されたアルコール対策が，2013（平成 25）年にアルコール健康障害対策基本法として整備されたことも重要である。2007（平成 19）年成立のがん対策基本法は，がん患者が適切ながん医療を受けられる環境整備や，がん患者が尊厳を保持しつつ安心して暮らすことのできる社会の構築のため，医療のみならず，福祉，教育，雇用，その他の支援の充実をうたっている。そして国は，がん対策推進基本計画を定め，都道府県も都道府県がん対策推進計画を定めなければならないとし，社会全体の取り組みを行うこととしている。

　また保健活動は，母子保健，高齢者保健，学校保健，産業保健など，福祉や学校，産業といった分野を横断して施策が展開される特徴がある。母子保健では母子保健法（1965 年），高齢者保健では，1982（昭和 57）年成立の老人保健法が2008（平成 20）年に廃止され高齢者医療確保法が施行され，学校保健では学校保健安全法（2009 年），産業保健では労働安全衛生法が重要となる。また健康関連で，自殺対策基本法，アルコール健康障害対策基本法といった個別テーマが法制化される展開もある。これらのいくつかは第 6 章でふれた。

　ところで，高齢者医療の改革は，高齢者医療確保法（2008 年施行）により着手されているが，近年では，地域包括ケアシステムを構築し，医療と保健，福祉の一体的な改革を進める動きとなっている。保健医療と福祉の重なり合う活動として，充分に把握する必要がある。これについては，第 6 章と第 9 章でもふれていきたい。

■ Ⅳ　福　　　祉

　福祉分野は，幅広い分野にまたがると同時に，他分野との境界がしばしばあいまいとなる。すでに社会保障から貧困対策の大枠は図 B で示したが，本巻では，福祉分野について，児童福祉（第 7 章），障害者福祉（第 8 章），高齢者福祉（第9 章）の 3 つに分けて論じる。また，若者支援と女性福祉は第 16 章で主にふれることとする。

　いうまでもなく，福祉分野において医療と福祉の連携は非常に重視される。また教育分野でも福祉との連携も，児童虐待防止や発達障害者支援，貧困対策など多岐にわたる。司法・犯罪領域でも再犯防止と福祉支援との関連が盛んに議論されるようであるし，産業・労働分野では，障害者の就労が重要な課題となっている。

　児童分野は，児童福祉法が基盤的法律であり，現状に対応するために幾次もの

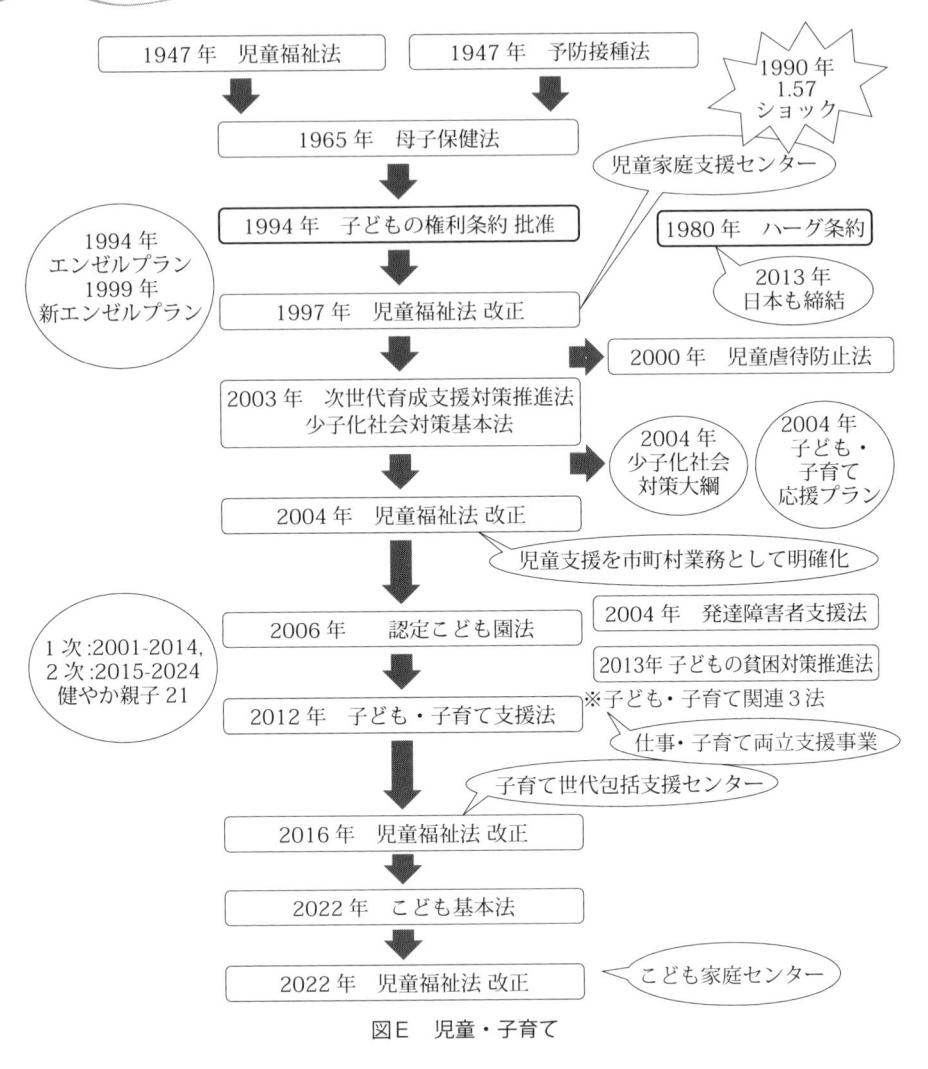

図E　児童・子育て

改正が行われてきた。国連総会で 1989 年に採択され（発行は 1990 年），日本は 1994 年に批准した子ども（児童）の権利条約に基づき，諸施策が整備されているとみることもできる。児童虐待の深刻化から，児童虐待防止法が 2000（平成 12）年に成立した。そして児童への支援を市町村の行うサービスとして明確化し，母子保健活動の市町村実施とそろえることとなった。また子ども・子育て支援法が 2012（平成 24）年に成立し，子育て支援を一体的に切れ目なく行う体制整備が行われている。これらの流れを図E（児童・子育て）に示したが，少子化

が進む中，子育て支援をどのように進めていくか，また児童虐待への危機介入をどう行っていくか，難しいテーマに現場は直面している。児童福祉の流れにおいて，子どもの権利条約を日本が1994年に批准したことを受けて，さまざまな制度上の充実が図られ，特に2004年の児童福祉法改正によって，児童支援を市町村業務として明確化した点が重要となろう。2022年には，子どもの支援のためのこども基本法が定められた。また，2022年の児童福祉法改正によって，子育て世代包括支援センターと子ども家庭総合支援拠点を見直し，こども家庭センターが設置されることになった。これらも含め，児童支援について詳しくは第7章で説明する。

　障害者福祉については，障害者基本法（1993［平成5］年）によって，身体，知的，精神の3障害を区別せず，施策が進められることになった。障害者基本法は2011（平成26）年に大きな改正があったが，これは国連総会で採択された「障害者の権利に関する条約（2006年）」の批准に向けた動きと言われている（ふじい，2015）。少しさかのぼるが，2005年の障害者自立支援法によって，福祉サービスが措置ではなく契約によって行われることとなった。この法律は2012（平成24）年に障害者総合支援法となった。2013（平成25）年の障害者差別解消法の成立（施行は2016［平成28］年）を受けて，同年，国は国連の障害者の権利に関する条約を批准した（図F　障害者福祉）。2022年には、国連障害者権利条約に関して国連の権利委員会から総括所見・改善勧告が公表され，数多くの課題が示された。障害児に関しては児童福祉法に多くが規定されている（第7章）。障害福祉サービスを行った場合に対価として支払われる額は，障害福祉サービス等報酬で定められるが，その内容と額は3年に1回改定されることになっている。

　なお福祉分野において，社会福祉事業法（2000年に社会福祉法に改正）について，よく把握しておく必要がある。社会福祉法は，各種福祉サービスの共通事項を定めた法律で，福祉事務所，社会福祉主事，社会福祉協議会，社会福祉法人，共同募金などを位置づけている。特に社会福祉事業について第1種と第2種を定め，第1種事業は主として入所施設サービスで，経営主体を原則として，国，地方公共団体又は社会福祉法人に限っている。第2種事業は主として在宅サービスで，経営主体の制限はない。

　高齢者の分野（図G　高齢者福祉）は，高齢者医療や保健の動きと重なる形で，高齢者福祉の諸施策が行われている。日本が高齢社会を迎えることは20世紀中にわかっていたことなので，1980年代から，さまざまな制度改革が行われた。その中で最も大きな動きは，1997（平成9）年に成立した介護保険法（2000年に

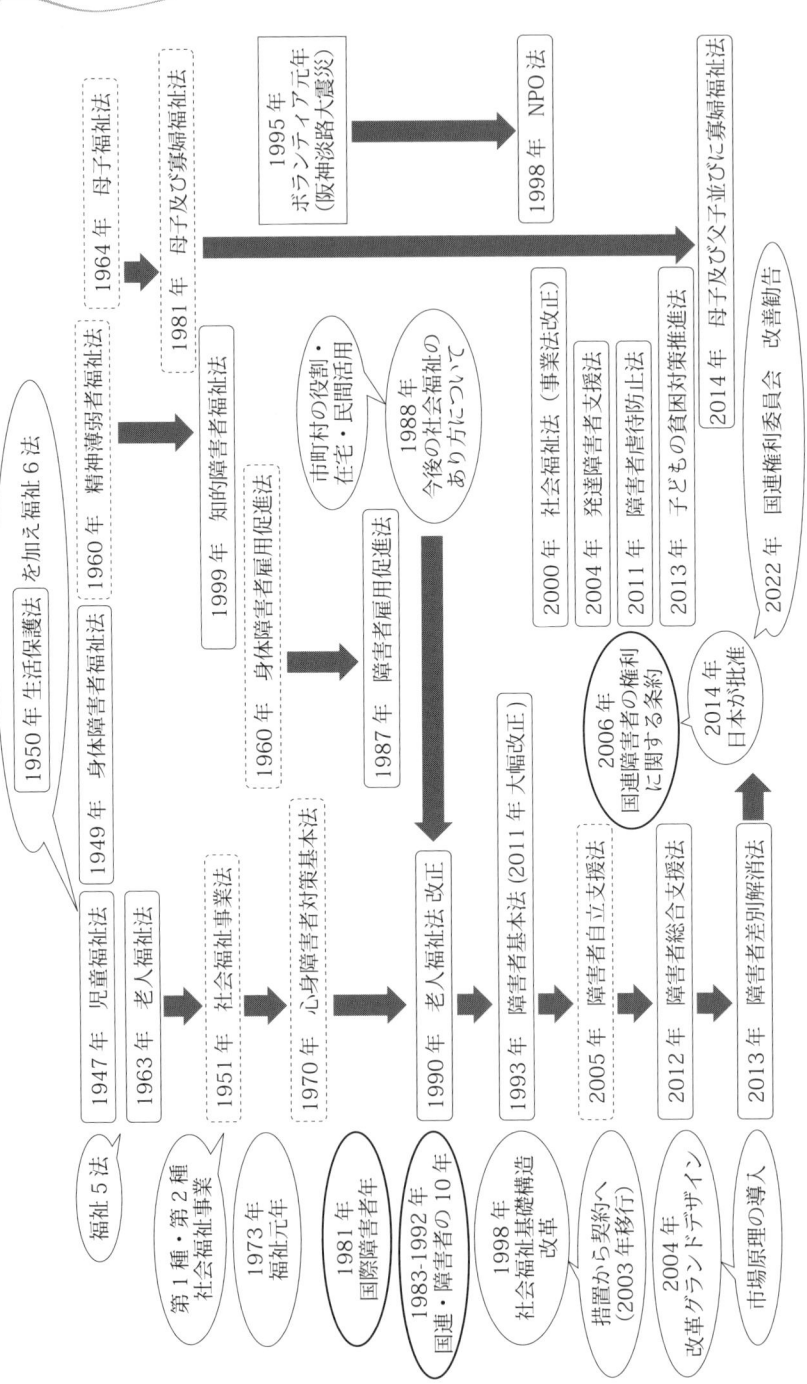

図F　障害者福祉

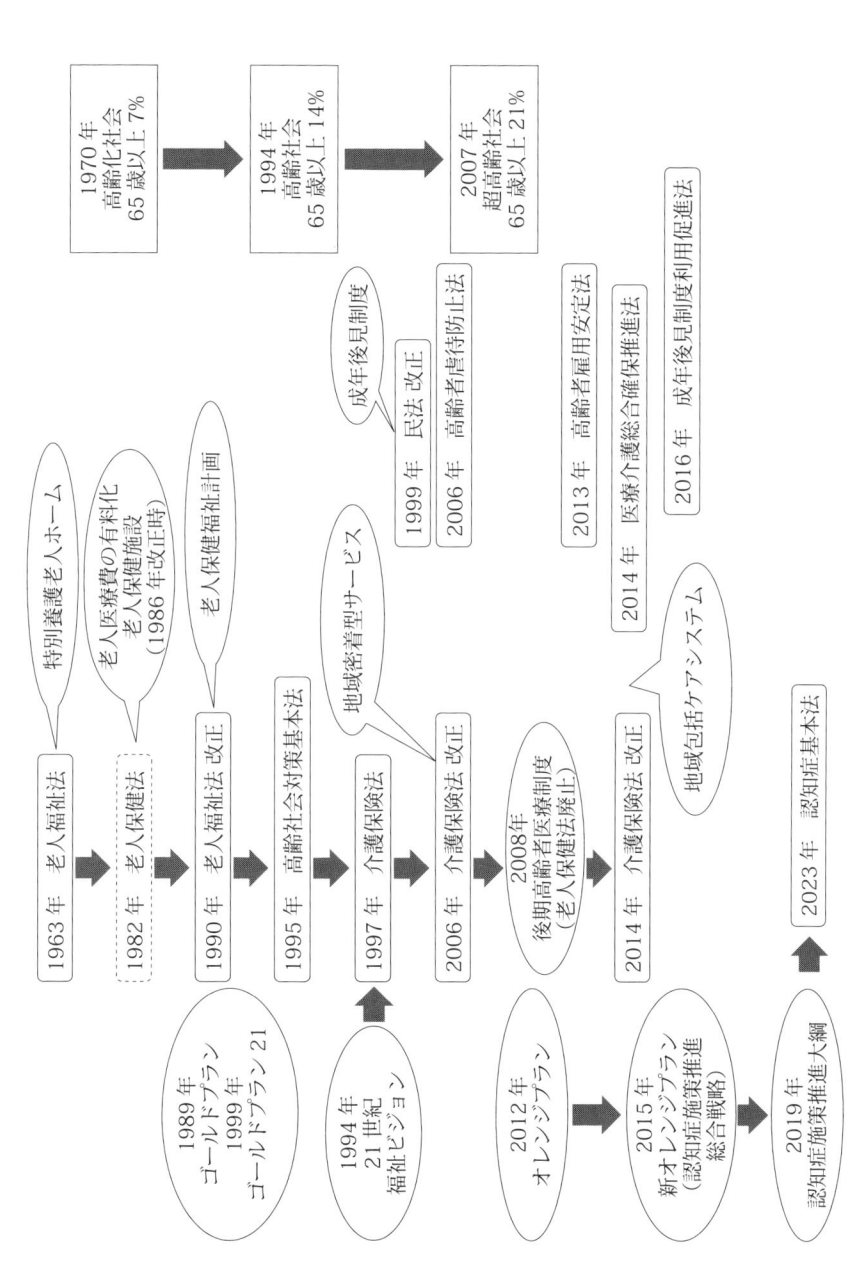

図 G　高齢者福祉

施行）であり，医療分野では前述した 2008（平成 20）年に創設された後期高齢者医療制度である。そして介護と医療のあり方を議論する中で，地域包括ケアシステムという考え方が生まれている。

　介護保険における介護報酬とは，事業者が利用者に介護サービスを提供した場合に，その対価として事業者に対して支払われる報酬のことをいう。介護報酬の基準額の改定は 3 年に 1 回行われるが，介護保険法上，厚生労働大臣が審議会（介護給付費分科会）の意見を聴いて定めることとなっている。

　認知症の人の支援については，新オレンジプラン，認知症施策推進大綱と，複数省庁を挙げての施策が行われてきた。これらは，認知症の人本人が施策検討に参加する画期的な内容であった。この理念は，2023 年に成立した，共生社会の実現を推進するための認知症基本法に引き継がれた。この法律では，認知症施策推進基本計画を策定するとしている。高齢者や認知症の人の支援において，高齢者虐待防止法や成年後見制度も重要である（第 9 章）。

　上記にとどまらないニーズに対応する福祉分野として，貧困対策は社会保障との関連で位置づけ図 B（社会保障と貧困対策）に示した（第 16 章）。女性の福祉に関する支援は，児童福祉法，母子保健法，母子及び父子並びに寡婦福祉法，母体保護法，男女雇用機会均等法など，一体的に行われる必要があるが，その概略は図 L（女性福祉等）で示した（第 16 章に掲載）。また，性的指向及びジェンダーアイデンティティの多様性に関する国民の理解の増進に関する法律（LGBT 理解増進法）は，2023 年に成立している。

　学校教育が修了したり中退した後に働く機会が充分に得られていない若者に対する支援は，子ども・若者育成支援推進法によって各種の施策が打ち出されている。保健医療や福祉，教育など 5 分野の横断領域であるが，本巻では第 11，16 章で扱う。

Ⅴ　教　　育

　教育においては図 H（教育）で概要を示す（詳細は第 10，11 章）。まず教育基本法や学校教育法，地方教育行政の組織及び運営に関する法律（地教行法），教育職員免許法が，戦後間もなく整備された後，学校保健法（2009 年改正で学校保健安全法に名称変更）が制定される以外は，長らく法律上の大きな制度変更はなかった。これらの法律で教育制度の基本が構成され，学習指導要領のほぼ 10 年おきの改訂で，教育内容の変更がなされてきた（坂田ら，2017）。

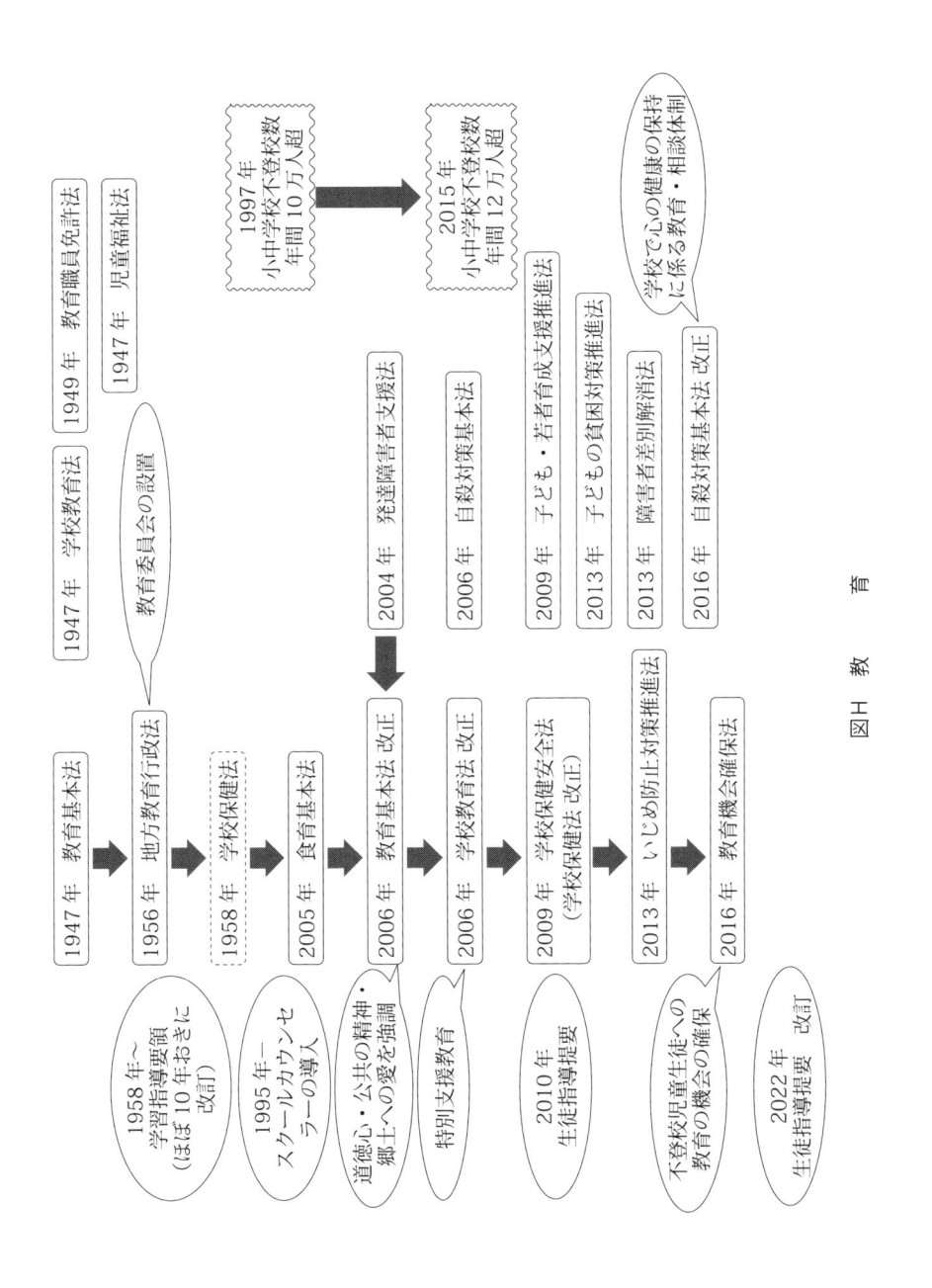

図H　教　育

　しかし，2006（平成 18）年に教育基本法や学校教育法の大きな改正があり，2009（平成 21）年には学校保健安全法（改正），同じく 2010 年に生徒指導提要の整備など，大きな教育制度の変更がされている。また近年検討が進んでいるチーム学校や地域とともにある学校作りについても把握したい（早田，2016）。2022 年には，生徒指導提要（改訂版）が公表された。

　これらの学校教育の諸制度を理解した上で，児童虐待（児童福祉法，児童虐待防止法），発達障害関連（発達障害者支援法），いじめ関連（いじめ防止対策推進法），子どもの犯罪（少年法など），不登校関連（教育機会確保法など），子どもの貧困（子どもの貧困対策推進法）などについて，学校における心の支援のあり方と具体的にどう関係するかをふまえながら理解を深めたい。

　スクールカウンセラー（以下「SC」と略す）については，これらの法律に正式には位置づけされない形で，1995 年に文部省（当時）により「スクールカウンセラー活用調査研究委託事業」として始められた。2001 年からは「スクールカウンセラー活用事業補助」となり，都道府県が SC を配置するために必要な経費を国が補助する施策と変更された。しかしその後も法律上の位置づけがなされない状態が続いたが，2017 年にようやく学校教育法施行規則の改正により，SC の説明が記載されることとなった。

　また，2018 年 4 月 1 日付で改正された「スクールカウンセラー等活用事業実施要領」のスクールカウンセラーの選考について，「次の各号のいずれかに該当する者から，実績も踏まえ，都道府県又は指定都市が選考し，スクールカウンセラーとして認めた者とする」とし，まず「公認心理師」を挙げている。

　なお教育は第 10，11 章にまとめられているが，これは法律と制度が，教育基本法と学校教育法を中心に整理して説明しやすいからであり，法律や制度のボリューム自体は，他の分野と変わらない。なお高等学校未進学者や中退者，高等学校卒業後の進路が決まっていないもので，就職をしていない青年を支援するための子ども・若者育成支援推進法についてはこの章でもふれる。

■ VI　司法・犯罪

　司法が取り扱うものには大きく分けて，刑事と民事とがある。刑事に関して刑事訴訟は，検察官だけが起訴することができる。関係する法律は刑法が主であるが，覚せい剤取締法，大麻取締法，銃刀法も関係する。訴訟は刑事訴訟法に従って行われるが，刑法 39 条にある責任能力が重要な論点となる場合もある。裁判

において裁判員裁判が行われることもあるが，裁判員の心のケアの重要性も指摘されるようになった。また刑務所内での処遇や再犯防止，更生保護における心理職への期待は大きい。なお未成年（20 歳未満）が違法行為を行った場合，少年法が適用される。

　一方，民事とは，人や会社（法人）など私人間の権利関係に関する紛争であり，民法や商法が関係する。民事訴訟の手続きは民事訴訟法による。なお家庭内の事柄については，家事事件手続法が重要となる。

　刑事事件に関連する法律や制度について，心の支援が関連するものを中心に第 12 章で扱う。いわゆる触法精神障害者の処遇については，医療分野と司法分野での扱いに留意が必要である（図 I　刑事・犯罪）。また心神喪失者等医療観察法についても理解が求められる。

　再犯防止推進法は 2016（平成 28）年に成立し，国が再犯防止推進計画を定め，都道府県や市町村が地方再犯防止推進計画を定めることとしている。再犯の防止のためには，安定した職業や住居の確保が重要とし，社会復帰のための施策が有機的かつ総合的に行われることが必要としている。また犯罪をした者等のうち，高齢者や障害者等であって自立した生活を営むことに難しさがあったり，薬物依存がある人に対して，適切な保健医療サービスや福祉サービス，その他の支援が有機的に行われることが重要としている。公認心理師の役割も求められる分野であろう。

　司法に関して，家事関係の事項を第 13 章でふれる。家庭領域に関連する法律は多岐にわたるが，離婚をめぐる問題や親権をめぐる事案，ハーグ条約，養子縁組などにも言及する。その他，民法に関連する事項もいくつか取り上げたい。成年後見制度についてはこの章でも扱う。また DV 防止法にもふれる。

　少年非行に関しては，少年法，少年鑑別所法，少年院法，更生保護法などについて第 14 章で言及する（図 J　少年非行）。少年法は戦前から運用されている法律であるが，2014（平成 26）年に，少年鑑別所法や少年院法が規定された。また少年の処遇に関しては，児童福祉法も大きく関与する分野である（第 14 章）。

　なお犯罪被害者支援については，公認心理師にとって関心の高い分野である。2004 年に犯罪被害者等基本法が定められ，2021 年には第 4 次犯罪被害者等基本計画が公表されている。これらは第 16 章で扱うこととする（図 I　刑法・犯罪でも示している）。

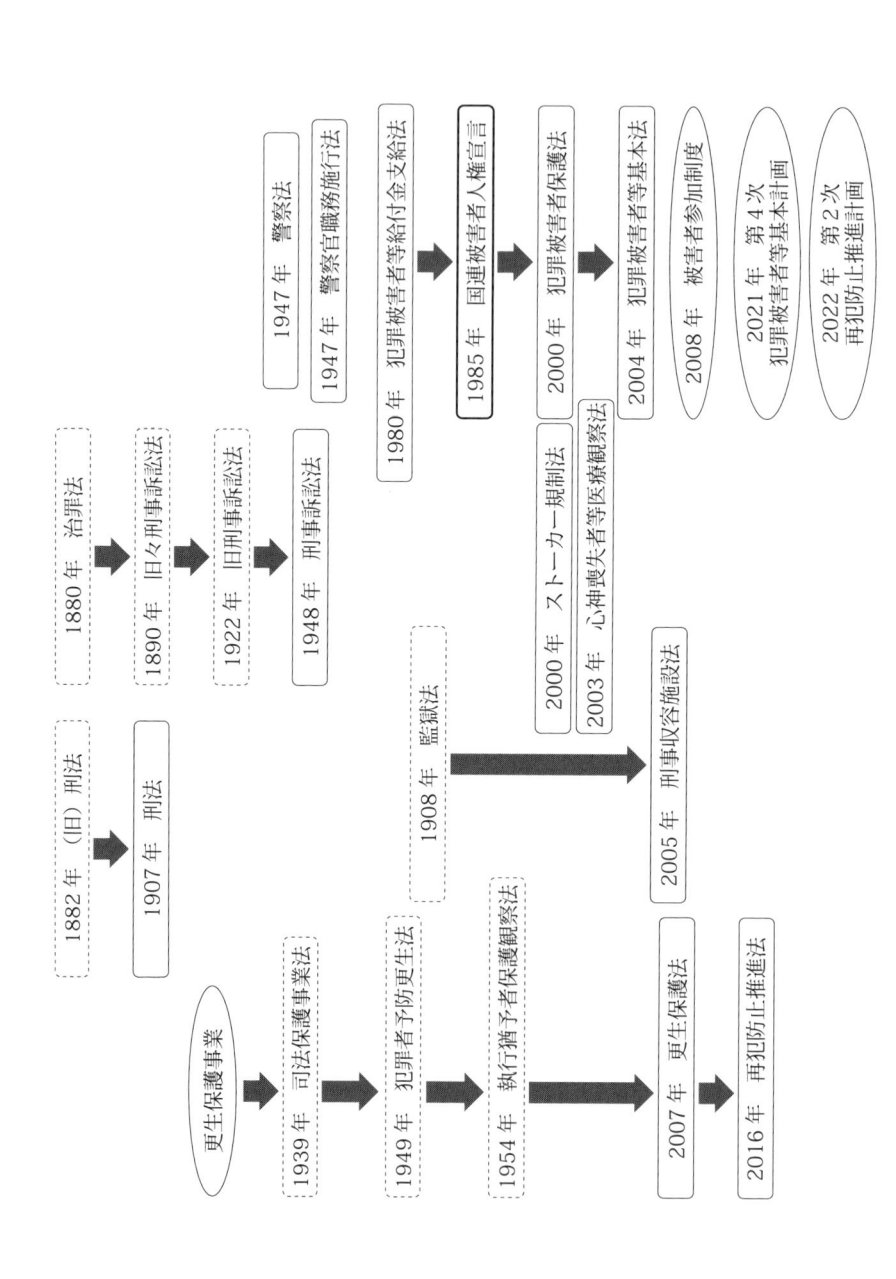

図1　刑法・犯罪

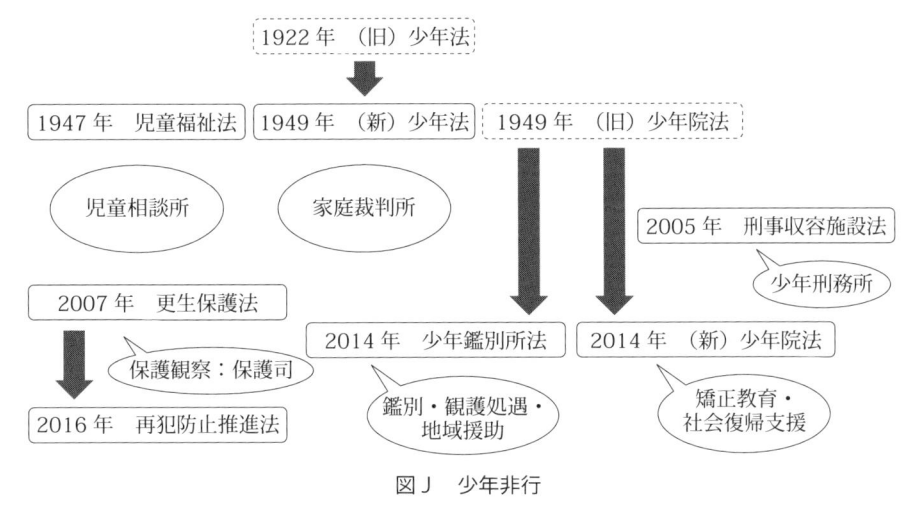

図J　少年非行

VII　産業・労働

　産業・労働分野については，まず働くことをめぐっての基本的法律や制度について理解する必要がある（加藤，2016）。労働基準法や労働組合法，労働関係調整法が，労働三法と呼ばれている。労働者と使用者との間の雇用契約の考え方も重要である。最低賃金法や労働安全衛生法も重要な法律である（図K　産業・労働）。公認心理師が学校や事業場など組織に所属して活動する場合,基本的にはその組織に雇用されていることになる。労働基準法や労働安全衛生法が自分自身にはどのように関係してくるかを考えることも重要である。

　次に，労働者の心の健康に関するさまざまな法律や制度がある。産業医を中心とした産業保健の考え方も押さえつつ，過重労働や過労死などの問題に，心の支援をどのように関与させていくか，試行錯誤が続いている。過労死等防止対策推進法や自殺対策基本法は重要な法律となる。障害者関係では，障害者雇用促進法が現在トピックスとなっている。

　産業・労働分野も第15章の1つの章にまとめているが，他分野と同じく多くの事項が含まれる。日本での対象となる人口は2022年平均で，就業者数6,723万人,完全失業者数179万人となっている。心の健康の保持増進をどのように進めていくか，重要な課題が山積している。保健医療や福祉との関連もみすえ，諸施策を把握していきたい。

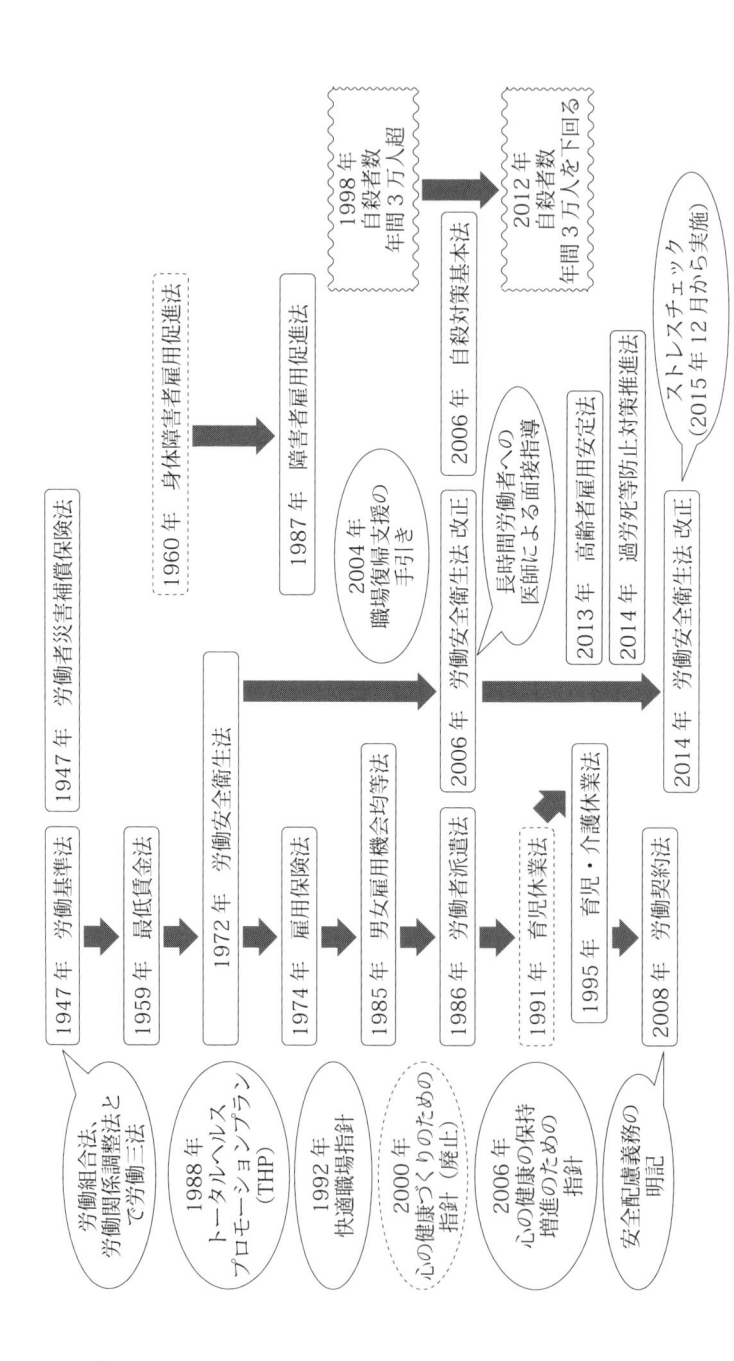

図 K　産業・労働

■ Ⅷ　横断的視点をもちつつ公認心理師が大切にすること

　公認心理師の立場は，医療機関で働く心理師，教育機関で働く心理師，福祉機関で働く心理師という風に位置付けることもできるが，どの機関に属しているにせよ，公認心理師という専門家としての高い倫理性と心理学に基づいた見立て，そして心理学に基づいた支援を行う必要がある。医療機関で働く心理師であっても，患者が小学校に在籍する児童であれば小学校での心の支援について深い見識を持つ必要があるし，虐待の恐れがあれば児童福祉の知識を持つことが必須となる。そしてそれらの知識を持つにとどまらず，実際に多職種と連携し，また地域の支援機関と連携し，本人の支援のためにどのようなチームを作っていけばよいか具体的に立案し，それを本人や家族と丁寧に話し合い，本人や家族の自己決定を尊重しながら支援する必要がある。

　ところでこのような関係行政論や法律について知識が増えてくると，これらの諸制度や法律に基づいて臨床判断を行うべきであるという意見が大きくなることもあるかもしれない。しかしながら，行政上のまた法律上の考え方によって決定される臨床判断が，単なる制度や法律の遵守のみを目指したものである場合，本人への支援がうすっぺらいものとなる危険性がある。やはり，心理専門職としての専門性（プロフェッショナリズム）を有し，本人や家族の深い心情にしっかりと寄り添い，本人の自己決定を丁寧に尊重しながら支援することを，公認心理師として徹底して重視したい。この考え方は，心理専門職がこれまで行ってきた臨床実践の姿勢と何ら異なることはないであろう。

　時には所属している組織や支援のためのチーム（一組織に限定されないチームということで，"コミュニティ・チーム"と呼ぶ）の判断と，心理学に基づいた深い部分での寄り添いを重視した判断との間に，齟齬が生じる場合もあろう。そのような時こそ，心理学的な観察と見立てを洗練させ，組織やコミュニティ・チーム内で生じている心理的なダイナミズムを読み取り，本人や家族の真のニーズを考察する営みが重要となる。そのような深い心理学的支援を行うための重要な学びが，法律の理念やそのような法律が作られてきた歴史の中に読み取れることを，これからの各章においてぜひとも感じ取ってほしい。

◆学習チェック表
☐　5分野に分類できない横断的課題があることを理解した。

□　5分野の主要な法律について理解した。
□　保健医療分野における医療法の重要性を把握した。
□　福祉分野では，児童，障害者，高齢者が中心であるが，女性，若者，貧困なども重要であることを把握した。
□　教育分野における教育基本法と学校教育法の重要性を理解した。
□　司法犯罪における心理の関与について概略を理解した。
□　産業・労働分野での労働基準法による定めや労働安全衛生法の意義について理解した。

より深めるための推薦図書

府川哲夫・磯部文雄（2017）保健医療福祉行政論．ミネルヴァ書房．

五十嵐禎人編（2018）治療のための司法精神医学．こころの科学，199．

子安増生・丹野義彦編（2018）公認心理師エッセンシャルズ．有斐閣．

澤登俊雄（2015）少年法入門（第6版）．有斐閣．

高柳功・山本紘世・櫻木章司編（2015）精神保健福祉法の最新知識―歴史と臨床実務［3訂］．中央法規出版．

若林美佳（2018）図解　福祉の法律と手続きがわかる事典（四訂版）．三修社．

文　　献

早田幸政（2016）教育制度論．ミネルヴァ書房．

加藤知美（2016）図解で早わかり　最新労働安産衛生法のしくみ．三修社．

日本公認心理師協会（2022a）【解説】診療報酬制度の仕組み．保健医療分野委員会．http://jacpp.or.jp/document/pdf/20220706_pdf/medicalfees_system.pdf

日本公認心理師協会（2022b）【解説】診療報酬に収載されている公認心理師が関与する業務．保健医療分野委員会．https://jacpp.or.jp/document/pdf/20220706_pdf/medicalfees_cpp.pdf

坂田仰・黒川雅子・河内祥子ほか（2017）図解・表解　教育法規．教育開発研究所．

第 2 部
心理支援と法律・制度

保健医療分野に関係する法律・制度
（1）医療全般

大御　均

🔑 *Keywords*　医療法，医療計画，医療介護総合確保推進法，医師法，保助看法，診療補助
職，チーム医療，国民皆保険，診療報酬，生存権

￭ I　はじめに

　この章では，日本の医療制度に関する法律について解説する（第3章図A参照）。
病気やケガ，あるいは健康診断などで医療機関を受診することは誰もが経験する
ことであろう。病院に入院した経験のある人や定期的な通院をしている人も少な
くないと思う。このように現代の日本において医療サービスを利用することは，
ごく日常的なことに属する。例えばこんな例で考えてみるとどうだろう。

　大学生のAさんは，ある日，頭痛と悪寒を覚え，医療機関を受診しようとした。
　①Aさんは，どのような医療機関を受診したらよいだろうか。
　②受診に当たって，Aさんが用意する必要のあるものは何か。
　③医療費としてどの程度のお金を用意すれば良いか。

　①については，近所の利用しやすい医療機関を自らの判断で選ぶということに
なるだろう。普段から行き慣れている，かかりつけの医療機関があれば，そこに
行くことになるだろうし，例えばAさんがその町に引っ越してきたばかりで地元
の医療機関についてよく知らないのなら，ネットで調べたり，地元の人に評判を
聞いて，医療機関を選択するかもしれない。日本では，国民はどの医療機関にか
かることも自由にできる。

　②については，保険証を持っていくことが必須である。医療機関を受診すると
窓口では必ず保険証の提示が求められる。この保険証とは何だろうか。日本では，
すべての国民が医療保険に加入する公的保険制度，国民皆保険が行われている。

医療提供体制
医療を提供する場所
についての法律

医療法

医療介護総合確保推進法

そのほかの介護福祉社
会保障等の関連法

医療を提供する人に
ついての法律

医師法　　歯科医師法

保健師助産師看護師法

理学療法士及び作業療法士法

薬剤師法　　栄養士法

言語聴覚士法　　そのほかの
各種資格法

医療にかかるお金についての法律
健康保険法　　国民健康保険法　　後期高齢者医療制度
そのほかの社会保障等の関連法

図1　日本の医療制度

　保険証は公的保険に入っていることの証明書である。これを提示すれば，医療機関窓口での支払いは，70歳以上の高齢者や就学前の子どもを除いては実際にかかった医療費の3割だけを支払えばよい。あとの7割は保険から支払われる仕組みである。

　③については，医療保険によって，ひどく高額な料金を請求される心配はない。また一般の商店やレストランなどと違い，病院によって料金が違うことを心配する必要も基本的にはない。なぜなら，日本では公的保険で医療にかかった場合はその費用はあらかじめ定められている診療報酬点数表に基づいて計算され請求されるからである。つまり全国一律の料金となり，病院による違いも，地域による違いも存在しない。診療報酬には，医師や看護師，その他の医療従事者の医療行為に対する対価である技術料，薬剤師の調剤行為に対する調剤技術料，処方された薬剤の薬剤費，使用された医療材料費，医療行為に伴って行われた検査費用など，諸々の費用がすべて含まれている。

　このようなことは日本では当たり前すぎて，いちいち話題にすらならないかもしれない。しかし，国によっては地域で最初に受診する医療機関が決められていたり，入っている保険によって受診できる医療機関が限定される，ということも少なくない。諸外国の医療制度がどのような仕組みになっているか，その特徴と長短所はどのようなものであるか，それぞれで調べて学んでほしい。

　日本の医療に関する法律は実に多いが，大別すると図1のように，医療を提供する「場所」に関する医療法とそれに関連する法律，医療を提供する「人」に関

する各種の医療資格法，医療に関わる「お金」に関する医療保険制度，その他の関連する法律と大別すると理解しやすい。まず，医療法からみていくことにしよう。

■ II　医療法

　医療法は医療を行う「場所」を規制している。医療を行う場所というと，私たちはまず，病院や診療所などの建物を思い浮かべるだろう。しかし，病院や診療所もその地域の中で医療サービスを提供しているわけで，地域社会の実情により，さまざまな影響を受ける。逆に医療施設の活動により，地域の医療環境もまた影響を受ける。つまり，医療を行う「場所」とは，医療機関の建物内にとどまらず医療機関が設立されている地域そのものに拡大して考える必要がある。

　医療法は 1948（昭和 23）年の制定時は主に医療を行う「建物」としての病院や診療所を規制する法律だったが，その後，大きな改正で 6 回，小さな改正まで含めると実に 60 回以上の改正により，地域そのものが医療を行う場所である，とする方向を明確なものにしている。

　表 1 に示すように医療法は 8 つの章と附則から構成されている。第 1 章の総則では，医療法の目的や理念が述べられている。日本の医療に関する法律において

表 1　医療法の構成

章	内容	章	内容
第 1 章　総則（第 1 ～ 6 条）	医療法制定の目的，理念，国及び地方公共団体の責務，医療を提供する者の責務，医療施設の定義。	第 5 章　医療供給体制の確保（第 30 条の 3 ～第 38 条）	良質かつ適切な医療を効率的に提供する体制の確保を図るために，医療計画や医療従事者の確保などについて規定。
第 2 章　医療に関する選択の支援等（第 6 条の 2 ～ 8 ）	国及び地方公共団体，病院などによる情報提供体制や入院患者への情報提供，広告規制など。	第 6 章　医療法人（第 39 ～ 71 条）	医療法人に関する設立や管理，社会医療法人債，解散及び合併に関する事項など。
第 3 章　医療の安全の確保（第 6 条 9 ～ 27）	医療の安全を確保するための指針の策定，従業者に対する研修の実施などを規定。	第 7 章　雑則（第 71 条の 2 ～第 71 条）	都道府県医療審議会の設置・運営に関する事項などを規定。
第 4 章　病院，診療所及び助産所（第 7 条～ 30 条の 2 ）	開設のための許可，届け出の規定，院内掲示義務，管理者の監督義務，医療施設の法定人員・施設の基準などを規定。	第 8 章　罰則（第 71 条の 7 ～第 77 条）	医療法で定める規定に違反した者や施設に対する罰則等。

は，教育における教育基本法のような，医療政策の基本を定め，他の法律に優越する法律が存在しない。しかし，医療法の総則において，医療提供の理念や提供者の責務が規定されていることにより，医療法は"医療基本法"に準じるような立場になっていると言える。

　実は，"医療基本法"の制定の議論は古くからあり，1972（昭和47）年には国会に法案が提出されたが，審議未了で廃案になり，その後は方針を転換し，医療提供の基本的理念を医療法に追加して対応してきたというのが経緯である。このため医療法は"準医療基本法"という立ち位置であり，しっかりと理解していくことが重要である。

　ただし，近年の少子高齢化や人口減少社会の到来など，日本の社会構造の根底からの変化を見据え，本格的に"医療基本法"を制定して，医療制度の改革をさらに推し進めるべきではないかとの議論も活発化している。

　続く第2章では医療の選択に関する支援が規定されている。先の事例で触れたように，日本では，国民は自由に医療機関を選択することができる。これを「フリーアクセス」と呼び，日本の医療体制の特徴として挙げられることが多い。しかし，適切な医療機関についての情報がなければ，医療機関を自由に選択すること自体が難しくなる。医療法では医療機関の情報を都道府県に報告することを義務付け，各都道府県は報告を受けた医療機能情報についてインターネットなどを用いて分かりやすい形で提供することが求められている。

　医療機関についての情報の提供はフリーアクセスのために重要である。しかし，たとえば医療機関の行う広告が誇大なものであったり，客観性を欠いたものであれば，逆に情報により国民が混乱したり，不利益を被る可能性がある。そこで，医療機関が行う広告には厳しい規制が加えられ，情報の発信と規制という両面で適切な情報提供を図ることが目指されている。

　第3章では医療の安全についての規定が設けられている。もとより医療は人の命を扱う場所なので安全確保は最も重要な規定であり，省令により医療機関の管理者にその体制の整備が事細かく義務付けられていた。しかし，それでもなお医療事故などが後を絶たない現状から，これを法律に格上げする形での規定を設けるとともに，各医療機関の安全確保義務だけではなく，当該の都道府県が医療安全についての相談に応じる医療安全支援センターを設置し，地域社会全体で医療安全の充実に努力することが目指されるようになった。

　第4章の病院，診療所，助産所では，各種の医療機関の開設の許可・届け出の規制や施設の基準が規定されている。基本的には日本では，医師・歯科医師・助

産師はどこでも自由に開業ができる「自由開業制」がとられてきた。この制度は，医療機関が不足していた戦後間もない時代においては医療機関の増加と医療サービスの充実に大いに役立ったと言えるが，同時に医療機関の地域偏在や医療機関が集中し過ぎることによる過当競争や医療機関の経営悪化などの危険性が付きまとうことは想像できるであろう。

第5章ではこのような自由開業制から生じる医療提供体制の不安定さを改善し，良質で適切な医療提供体制を都道府県が定める「医療計画」等が規定されている。この医療計画については項を改めて詳しく解説する。

第6章では医療法人の設立管理についての諸々の事項が規定されている。医療法人は医療機関が安定した経営を行えるようにした仕組みである。日本における病院や診療所の多くは，「自由開業制」に基づき医師が個人的に開業したことを出発点とした民間の医療機関である。このことは医療機関が個人経営の企業であり，常に倒産の危険性をはらんでいるものであることを想像してほしい。一般の企業や職種であれば，自由競争とそれによる淘汰は許されることと言えるが，こと医療に関して言えば，例えば多数の入院患者を抱える病院が経営的に行き詰まり医療を提供できなくなるといった事態は，あってはならないことになる。このようなことを防ぐために医療機関を法人化し安定した経営基盤の下で医療を提供していくことが考えられるが，医療はまた一般の企業と違い，利潤を追求していく類のものではない。そこで，医療についての特別の定めを設けた「医療法人」の制度が必要になるわけである。

▌Ⅲ　医療計画

医療計画とは医療法に基づき，都道府県が地域の実情に応じて医療提供体制の確保を図るために策定する行政計画のことである。計画はこれまでおおむね5年間ごとの計画であったが，2018年度開始の第7次からは計画期間が6年となり，中間の3年で見直すことが定められた。これは後で述べる，介護保険事業計画との連携を図るためである。

ここで少し，医療計画が導入されるに至った歴史的な流れを振り返ってみたい。第二次大戦に敗北した終戦直後の日本は，度重なる空襲で医療機関は壊滅状態となり，医薬品をはじめ物資は極端に不足し，劣悪な食糧事情や衛生状態から，感染症や栄養失調などが蔓延している状態であった。このような状況で制定された医療法は公的病院を設立することへの支援や開業する医師への優遇税制など，医

療機関を増やそうとする方向性を強く打ち出した。

　日本はその後経済成長に成功し，医療機関も飛躍的に増大することとなった。しかし，自由開業制を取ったことから，このまま医療機関が増え続ければ，いずれ過剰供給から経営が続けられなくなる医療機関が出たり，医療費の増加に歯止めがかからなくなるとの懸念が出始めた。

　そこで，増え続けていた病院の病床数を抑制することを狙って，医療計画が1985 年に医療法に導入された。これ以降，各都道府県は医療計画を策定することが義務付けられた。その仕組みは，最初はそれぞれの都道府県を複数の地域に分け，その地域ごとに必要病床数を設定し，実際の病床数がこれを上回る地域は病床過剰地域とみなして，病院の開設や増床に制限をかける，というものだった。

１．医療圏

　医療計画の導入にあたってもう一つ重要な概念が導入された。それが「医療圏」という考え方である。我々が医療施設を利用するときのことを今一度考えてみよう。風邪や軽いけがなどは近所の診療所への通院で事が済む。しかし，時には入院が必要な重い病気やけがに見舞われることもある。稀な病気や治療が困難な病気の際には，より高度な専門医療機関に行く必要が出てくるだろう。このように一口に医療にかかる，と言ってもさまざまなレベルのあることがわかる。医療圏はこのような医療ニーズの違いなども鑑み，地域の実情に応じた医療の機能分化を目指したものである。医療圏は次のようなものになる。

　　一次医療圏：一般的な診断や治療を行う。そこに住む人がまず利用する。単位は市町村。
　　二次医療圏：疾病の予防から入院治療まで，幅広く地域住民の医療ニーズをカバーする医療圏。複数の市町村をまとめて単位とする。
　　三次医療圏：高度で最先端の医療を提供する医療圏。原則として都道府県が単位。

　医療法の第一次改正では量的な規制だけであったが，その後の医療法改正では量だけではなく，病床の機能分化や疾病別・分野別の具体的な目標設定など，医療の質に踏み込んだ内容になりつつある。

２．時代の変化と医療計画の変遷

　近代の医療は，感染症の治療ということに主眼が置かれていた。病原菌の発見と（必ずしも全面的なものではないが）感染症治療の成功は，近代医学史上特筆

すべき成果であり，世界の医療制度もこの成功に合わせて進化してきた歴史がある。感染症の治療の基本は，入院による隔離である。したがってそれは，その病院，その地域にどのくらいのベッド数があるかということが重要なポイントであった。

　しかし感染症が抗生物質の登場や予防接種の普及などにより急速に減っていった一方，がんや精神疾患など，長期の治療が必要だが，入院は必ずしも長期にわたる必要がなく，病を抱えながら地域で生活を送ることが主となる類の病気が割合として増えていくことになった。また，病気とは言えないが，加齢により，さまざまな身体・認知機能が落ち，一人で日常生活を送ることが困難な高齢者の増加が次第に大きな問題として取り上げられるようになった。これらの問題はそれぞれの疾患の特徴や人々が実際に暮らす地域の実情を考慮しなければ，有効な対策が立てられないものである。

　その一方，驚異的な経済成長が続く時代は終わりをつげ，日本社会は低成長時代に突入する。それは税収や保険料の伸びが望めない時代になったことでもある。さらに少子高齢化と人口減少により，医療の需要と供給のバランスが大きく変化してきており，特に戦後まもなく生まれたいわゆる団塊の世代が後期高齢者医療制度の対象となる 2025 年以降には，医療や福祉ニーズの大幅な増大が予想されている。

　このような社会の変化に対応するため，特に平成に入ってから，医療法はたびたび大きな改正を行うことになった。医療計画もそのたびに改正を重ねる。その計画は，より疾患ごと・分野ごとの具体的な計画を盛り込むこと，つまり地域の実情に応じた医療の最適化が求められるようになったとともに，1997（平成9）年，介護保険法が制定された以降は，医療と介護や保健が一体となった地域づくりが求められるようになってきている。

　医療計画に盛り込むことが求められている疾患と事業は「5疾病5事業」と呼ばれ，以下のものである。

　5疾病：がん，脳卒中，心血管疾患，糖尿病，精神疾患
　5事業：救急，災害，へき地，周産期，小児

　またこの5疾患，5事業にはカウントされないが，「在宅医療」の推進も医療計画の大きな柱になりつつある。まさしく医療の場所が「地域」へと広がっていることの証である。

　このような各疾患や事業ごとにきめ細かい医療体制の構築を目指すことは，より適切でバランスの取れた医療を提供することにつながっていくことが期待される。しかし同時にそれは，それぞれの医療機関が機能的に分化していくことでもあるので，今度は，機能分化させた医療体制をいかにつないで，一体的な切れ目のない医療から福祉介護保健体制にしていくか，という連携の問題が大きな課題となる。

　2008（平成20）年には後期高齢者医療制度が導入され，さらに2014（平成26）年には「地域における医療及び介護の総合的な確保を推進するための関係法律の整備等に関する法律」いわゆる「医療介護総合確保推進法」が制定された。

　この医療介護総合確保推進法では，効率的かつ質の高い医療提供体制を構築するとともに，地域包括ケアシステム（第9章参照）を構築することを通じ，地域における医療および介護の総合的な連携の確保を推進するために，医療法，介護保険法等の関係法律についての整備を行うことを趣旨としている。

　これにより都道府県は，将来の人口推計をもとに2025年以降に必要となる病床数を推計した上で，地域の医療関係者の協議を通じて病床数の調整，機能分化と連携を進め，将来の効率的な医療提供体制を実現する取り組みを行うことが医療法で義務付けられた。これを「地域医療構想」と呼ぶ。地域医療構想では，二次医療圏を基本に「構想区域」を設定し，構想区域ごとに高度急性期，急性期，回復期，慢性期の4つの医療機能ごとの病床の必要量を推計する。また，地域医療構想を実現するため，構想区域ごとに地域医療構想調整会議を設置し，関係者の協議を通じて，地域の状況に応じた病床の機能分化と連携を進めることになった。

　一方，このような将来予測を行うには，地域における医療現場の現状とニーズについて，より詳細なデータが必要となる。そこで病床を有する医療機関に対しては，その有する病床が担っている現状を分析考察し，さらに今後の病床の機能の方向性を前述した4つの医療機能として選択し，都道府県に報告する「病床機能報告制度」が義務付けられた。

　このように医療機関と都道府県は地域の実情を共有し，主体的に各地域における課題を解決し，将来の医療提供体制を中長期的に，より精緻に，構築していくことが求められるようになった。

　さらに，介護保険法では，3年を1期として都道府県や市町村に介護計画を義務付けていたことから，改正の時期を同期させ連携と整合性を図るために第7次

の医療計画からは，改正の期間を５年から６年とし，中間の３年で見直しが図られるようにした。医療計画は介護との連携なしにも進められないことになったのである。

　このように医療計画は単に医療現場のベッド数を減らすといった問題から，地域包括ケアシステムの構築の実現等，今後の日本社会における医療福祉介護保健全体の計画を立てる方向に進化しているといえる。もはや医療は，病院の建物の中で完結するものではなく，また医療という枠内で完結するものでさえなくなってきている，ということである。

■ IV　医療に携わる人に関する法律

　次に医療に携わる人についての法律群を見てみよう。医療は，人の命にかかわる仕事であるので，専門的な知識や技術を習得することが必須であり，それを行う者には国が試験を行い，合格した者にのみ国家資格が与えられ業務を行うことが許される。医療機関は，国家資格を持った者たちの集団である，と表現することもできる。医療に携わる人についての法律は，基本的には極めて単純な形をとっている。「医師法」「保健師助産師看護師法（以降，保助看法）」，この２つで事足りるのである。

1．医師法と保助看法

　「医師法第17条　医師でなければ，医業をなしてはならない」。つまり，医師は医療におけるオールマイティカードであり，１人ですべての医行為を行うことが，法的には可能である。逆に医師以外の者が医行為を行ってはならず，罰せられることになる。医師の業務は独占業務である。

　小さな診療所では，医師が１人で診療すべてを行っているところがある。一方，大きな病院には，数百人から時には千人を超す職員が働いているが，極論すれば，その職員すべてが医師であっても問題はないということになる。

　しかし現実問題としてそれは不可能なので，医師の指示のもとに，医師の手助けをする人が必要になる。これを診療補助行為と呼ぶが，この診療補助行為は，保助看法により，保健師・助産師・看護師の業務独占となっている。

2．それ以外の医療補助職

　医療関係の人についての法律は，明治初頭に制定された「医制」が基礎にあり，

その当時は医療関係者といえば，医師か看護師しかいなかったという事情がある。現行の医師法，保助看法は医療法と同年の 1948（昭和 23）年に制定されたが，法的な枠組みはこの明治時代の法律を踏襲することになった。しかし，その後の医療技術の進歩などで次々と新しい医療専門職が登場することになり，その法的な位置づけが問題となる。しかし最初に医師法と保助看法で業務独占を宣言してしまったため，その後に登場した医療関係の専門職は，保助看法の一部限定解除，保助看法を「開く」と表現される形で，診療補助職として法的な位置づけをされることになった。主な資格と法律を年代順に並べると次のようになる（第 2 章参照）。

1948 年　歯科衛生士（歯科衛生士法），診療放射線技師（診療放射線技師法）
1965 年　理学療法士，作業療法士（理学療法士及び作業療法士法）
1970 年　臨床検査技師（臨床検査技師等に関する法律）
1971 年　視能訓練士（視能訓練士法）
1987 年　臨床工学技士（臨床工学技士法），義肢装具士（義肢装具士法）
1991 年　救急救命士（救急救命士法）

また，これらの資格による業務は，本来は保健師・助産師・看護師の業務独占であると解釈されるので，法律上では保健師・助産師・看護師はこれらの業務を医師の指示のもと，すべて行うことができる。また医師は医療に関しては業務独占であるから，これらをすべて行うことができる。このように医療の人に関する法制度には，明確な主従関係があり，医師の指示のもとにすべてが行われる，という形になっている。なお 1997 年成立の言語聴覚士（言語聴覚士法）は，医師の指示以外の業務を行う分野もあることから，診療補助職には含まれないとされている。

3．医療補助職と公認心理師法

公認心理師法は診療補助職上の資格には位置付けられていないが，第 42 条 2 項で「公認心理師は，その業務を行うに当たって心理に関する支援を要する者に当該支援に係る主治の医師があるときは，その指示を受けなければならない」とされている。公認心理師以外に，診療補助職ではないにもかかわらず「指示」の概念が使われている資格はない。このように公認心理師の医療における立ち位置は微妙な点があり，今後もさまざまな角度から検討と議論が必要な課題といえる。

4．チーム医療

　実際の医療現場では，それぞれの専門職が高い専門性を前提に，目的と情報を共有して業務を分担するとともに，お互いに連携を取って的確な医療を実践する「チーム医療」が当たり前のものとなっている。これは医学の進歩に伴い，より高度な専門性が医療現場に求められている一方，先の医療法の項で説明したように，医療が単純に「医療施設の建物の中」で完結せず，患者を地域の中で生活していく人として，身体のみならず，社会的・心理的な観点も含めて配慮することが求められるようになってきているからである。

　この次に述べる診療報酬制度の中ではチーム医療の推進が重点的な課題に位置付けられ，多職種によるチーム医療を実践している場合は，診療報酬が加算される仕組みが増えている。また，それぞれの専門性の担保となる教育研修機関も，かつては，医師，歯科医師は高卒後6年，医療補助職は高卒後3年という明確な差があったが，現在はどの職種も4年から6年が目指されており，さらに卒後教育が各職種の職能団体によって活発に展開されている。

　このように医療の「人」に関する法律は，医師の業務独占を軸とする古い体制が続いているが，時代の要請は，それぞれの医療専門職が連携・協働して，その専門性を発揮することによってより適切なサービスが提供できる体制を作ることであり，各医療専門職の団体もそれを強く意識して活動している。医療にとどまらない，横断的資格を特徴とする公認心理師はこのようなチーム医療の発展と今後の医療の進歩にも大いに貢献できる立ち位置にあると考えられる。

Ⅴ　医療保険制度

　最後に，医療保険つまり医療にかかわる「お金」の話をしなければならない。私たちは医療にかかるにあたって，その医療費の支払いについて心配することはあまりない。なぜなら，日本においては国民皆保険が実施されており，誰もが公的医療保険に加入しているので，医療費の多くは保険から支払われ，窓口で自身が負担しなければならない額は少額で済み，さらにその額は診療報酬点数表に定められた額であり，全国一律で医療機関による差を心配することもないと冒頭で説明した。

　一方，これも当たり前の話だが，医療サービスを提供し，維持していくにはお金が必要である。医療現場はとにかく経費がかかるのである。このような医療に

かかるお金を誰がどのような形でまかなうかについては，国によりさまざまな形がある。わが国においては，先に説明したとおり，国民皆保険制度により，国民みんながお金を出し合い，それを財源として給付する仕組みになっている。

　国民全員が加入する公的保険なら，それは 1 種類ではないのか，と思われるかもしれない。しかし，公的医療保険にもいろいろな種類がある。これは歴史的に，もとは個別，限定的な形で発展してきた保険制度を 1961（昭和 36）年に国全体として皆保険制度にまとめ上げたという経緯が関わっている。医療保険が歴史的にどのように発展してきたかは，それぞれで調べて学んでほしいが，実に紆余曲折を経ていることがわかるはずだ（第 3 章図 B 参照）。

　現在，公的医療保険制度は，大きく分けるとサラリーマンなどが加入する職域保険とこれに関する法律としての「健康保険法」，自営業者などが加入する地域保険とこれに関する「国民健康保険法」，75 歳以上の方が加入する「後期高齢者医療制度」に分かれる。あなたが今加入している医療保険はどのようなものであるか，確認してみよう。

1．診療報酬制度

　医療機関が保険によって行う診療行為に対する報酬は，健康保険法等の各種法律に詳細に定められている。医療保険の給付対象となる診療行為は 6,000 種以上になり，これらがすべて点数化されている。医療機関の事務室には，この診療報酬点数の一覧を記した診療報酬点数表がバイブルのごとく置かれている。保険請求事務にかかわる事務職員たちはこの点数表を常に参照しながら，仕事をしている。診療報酬制度では，一つ一つの診療行為に価格を設定し，行われた診療行為の合計額を支払う「出来高払い制」を基本としている。これは明確，公平な医療を実現するメリットもあるが，同時に，医療機関が診療報酬を稼ぎ出すために，過剰診療を行いやすいデメリットもある。

　そのため現在老人医療を中心とした慢性疾患や特定の機能を持った病院での入院などでは個々の診療行為の実施頻度にかかわらず，定額をまとめて払う包括支払い方式が導入されている。

　これら診療報酬は，2 年に 1 度見直しが行われ，物価の動向や，社会情勢の変化，医療技術の進歩や普及などを勘案して改定される。この診療報酬の改定により，各医療機関に推進してほしい方向性の医療行為には点数を加算し，逆にこれ以上増やしてほしくない医療行為に対しては減点をすることで国は医療の方向性のかじ取りを行うことができる。このように，医療計画や医療法とその関連法の

改正だけではなく，診療報酬改定によっても国は医療行政を動かしているのである。

　なお，2020年４月の診療報酬改定により，児童思春期の精神疾患に対する支援の充実として，「小児特定疾患カウンセリング料」において公認心理師の実施による場合の算定が新設された。

２．医療費からみた日本の医療制度の今後

　わが国の医療保険制度は，諸外国と比べても優秀でパフォーマンスも良いものだと評価されている。しかし，近年の高齢化，慢性疾患などの増加，医療の高度化などにより，医療費の増加に歯止めがかからず，年々増加の一途をたどっている。その一方，日本の医療財源を支える若い現役世代は減少しており，このままでは医療制度が存続できないとまで言われている。

　医療法の最近の立て続けの改正や介護と医療の融合などは，いずれもこの医療費の問題に対応したものであるともいえる。診療報酬や介護の報酬についてもその算定基準を見直して，無駄を省き，効率的な医療や介護サービスが実施されるように促している。

　これらの問題に正解はなく，模索の中でさまざまな対策が講じられていくだろうが，基本的な方向性は，医療法や医療資格法で見たように，医療を地域の中で皆が協働して支えていく仕組みを作っていくことであるようだ。入院患者を減らし，地域の医療・介護サービスを受けながら在宅で過ごす人が増えれば，医療費は抑制することができる。そもそも地域が暮らしやすく，健康をはぐくみやすい土地になれば，病気になることも，介護を受けることも減らすことができる。

　そのような地域社会を実現するためには，その土地で暮らす全ての人がチームの一員の意識をもって，医療福祉介護保健の領域にわたって主体的に関与することが求められるのではないだろうか。この街を，この地域を，住みやすく生き心地のよいところにするにはどうすればよいか，ということになる。そこで，この章を終わるにあたり，最後に，国の最高法規である憲法の精神に立ち返って，今一度医療の今後を考えてみたい。

■ VI　憲法からみた医療

　憲法第25条　全て国民は，健康で文化的な最低限度の生活を営む権利を有する。
　　　　2　国は，全ての生活部面について，社会福祉，社会保障及び公衆衛生の

　　　向上及び増進に努めなければならない。

　日本国憲法では，国民がその心身や社会状況の違いによらず，誰もが人間的な生活を送ることができることを権利として保障している。そして，その実現のために国はあらゆる方面で努力することが責務である，としている。これを記した憲法第 25 条は生存権および国の社会的使命の条文として知られている。

　近代国家は，市民の自由な経済活動を重視し，生活への介入は最小限にとどめようとする考え方もあった。しかし，この結果，貧富の差の拡大と困窮層の増加と社会不安の拡大などさまざまな社会的問題が発生し，この反省から，現代国家は，市民生活に一定の限度まで積極的に介入することにより，人間の生存や尊厳を守っていく姿勢を持っている。この介入の姿勢や方法については国によってさまざまな形があるが，社会的な富の再配分を通して，平等で安心して生活のできる社会を目指していることには変わりない。このような国家を「福祉国家」と呼ぶ。日本国憲法第 25 条は，この福祉国家の姿勢を代表する規定であり，医療関係のみならず，さまざまな分野の法律の根拠となり，福祉国家像の象徴といえる。

　この憲法の精神に基づき，これを社会の中で実現，向上させていくためにさまざまな法律が制定されている。このような法律群の運用により，国は社会的・経済的弱者を救済すべく積極的に活動する義務があるし，国民の健康を保持・増進し，ひいては人間の自由と尊厳を確保することが求められる。これまで説明してきた医療関連の法律群もこのような精神に基づき規定され，運用されていることはいうまでもない。

　ところで，日本国憲法は改正されないまま，70 年を経過している。今後改正が行われることになるかもしれないが，そもそも，なぜ 70 年以上にわたって改正が行われなくても，日本の法制度が保たれているかと言えば，日本国憲法の条文の大半が，国が目指すべきあり方や理想について語っている「理念型」の憲法だからである。他の国の憲法と日本国憲法を比較してみてほしい。多くの国の憲法が，その中で議会や行政などの具体的規定をしている。結果としてそれらは頻繁に修正する必要に迫られ，改正が行われているのである。しかし，日本国憲法は，「国をこのように作っていきたい，このような社会を実現していきたい」という理念と思いを語っている。しかし同時に，その具体的な方法については，ほとんど何も語っていないのである。先ほど紹介した 25 条にしても，すべての国民は生存権を有する，その実現のために国はあらゆる面に努力をしなくてはいけない，と定めているが，では，具体的にどのような法制度的な活動をしたらよい

か，ということは何も規定していない。

　したがって，日本国憲法のもと，この国で生活をしていく我々は，常にその憲法の要請する社会の実現に向けて，自分たち自身で考え続けることが求められている，と言ってよい。生存権と国の社会的使命の規定から導かれる法律は医療に関する法律にとどまらない。保健分野から福祉分野まで広い裾野のさまざまな法律がこの憲法の規定から出発して制定されている。そして，その出立が同じであることから，医療保健福祉の3分野は互いに関連し合っており，厳密に区別することは法的にも困難だし，実際の現場の感覚としても，相互浸透的に動いている。

　現代日本の課題は，これまで見てきたように医療だけでの対応をますます困難にしている。今後もし医療法の項で紹介した“医療基本法”を考えるとすると，それは「医療」の基本法であるばかりではなく保健福祉分野にまでその視点を広げて，全ての国民が人間的な生活を送ることができるための「生存権」的法律になることが要請されると個人的には考えている。憲法が目指す，すべての国民がその心身や社会状況の違いによらず，人間的な生活を送ることができる社会を，私たちはまだ，実現できていない。

◆学習チェック表
□　医療法の概要を理解した。
□　医療計画とその発展を理解した。
□　医療職の資格について理解した。
□　医療保険制度の概要について理解した。

より深めるための推薦図書

　金子和夫監修，津川律子・元永拓郎編（2016）心の専門家が出会う法律．誠信書房．
　日本心理研修センター監修（2019）公認心理師現任者講習会テキスト［改訂版］．金剛出版．
　手嶋豊（2015）医事法入門．有斐閣．
　津川律子・元永拓郎編著（2017）心理臨床における法と倫理．放送大学教育振興会．
　山口悟（2012）実践医療法．信山社．

第5章

保健医療分野に関係する法律・制度（２）精神科医療

林　直樹

Keywords　インフォームド・コンセント，精神保健指定医，精神医療審査会，精神保健福祉法，麻薬及び向精神薬取締法，心神喪失者等医療観察法，行動制限，任意入院，医療保護入院，措置入院，応急入院，同意者

Ⅰ　はじめに

　精神科医療は，人間の健康を守る医療の基本的部分であるが，それを実践するための十分な制度を作り上げることは，決して容易な課題ではない。さらにその基礎となる精神保健の向上という課題に対応することにも，さらなる努力を積み重ねることが必要である。わが国における精神科医療と精神保健活動の体制を整備する歩みの中では，まず，精神障害の問題を認識して治療の対象とすること，次いで，患者の権利を擁護すること，および精神障害を持つ人々の社会活動・地域生活への復帰を実現することが課題となってきた。本章では，まず精神保健福祉法を中心として法律や制度の発展過程を振り返り，次いで現在の精神科医療を支えている法律について概観することにしたい（第3章 図C 参照）。

Ⅱ　精神科医療・精神保健に関わる法律の歴史

　わが国における精神障害者処遇に関する最初の法律は，精神病者監護法（1900年）である。これは，それ以前の家族や周囲の人々が恣意的に精神障害者を処遇していた状況を改めて，国として適正な処遇を実現するための近代的な規則を導入しようとするものだった。次の課題は，精神科治療施設の創設だった。そのために成立したのが精神病院法（1919年）である。その契機となったのは,呉秀三らが著書『精神病者私宅監置ノ實況及ビ基統計的觀察』（呉・樫田，1918/2000）

において多くの精神障害者が治療を受けずに私宅監置されている状況にあることを明らかにしたことだった。この法律の主旨は，精神障害者が治療の対象であり，その治療は行政の責任においてなされるべきとしたことである。この考えに基づいて道府県には，精神科病院の設置が義務づけられた。

1950 年，精神衛生法が成立した。これは，2 回の改称を経て，現在の精神保健及び精神障害者福祉に関する法律（精神保健福祉法）となった法律である。この法律の現在に至るまでの発展過程を表 1 に示す。

このような精神保健福祉法の発展過程には，精神科医療を充実させる，精神障害者の人権を尊重する，入院治療から地域ケアへと移行する，といった重要な課題に対応するためにこの法律が変化してきた経緯を認めることができる。

■ III　精神科医療の基本的制度

ここでは，現行の精神保健福祉法（2013 年改正，2022 年一部改正）などに示されている現在の精神科医療の基本的な制度や考え方を示す。

1．地域生活支援

1955 〜 65 年の精神科病院の大増設に端を発する入院偏重の医療を改めて患者の地域医療への移行を推進すること，そしてそれを実現するために地域での精神障害を持つ人々の生活支援を充実させることは，現在の精神科医療の重要な課題である。このために次のような施策が進められてきた。

①入院患者の退院促進

入院早期から多職種チーム医療による介入が導入され，早期退院を目指すケースワークや作業療法などのリハビリテーションの普及を進める施策が行われている。精神保健福祉法では，医療保護入院および措置入院の患者の退院に関する相談を行う退院後生活環境相談員を設けて，地域の関係施設・機関と連携して患者の退院を促進することが義務付けられている。さらに 2022 年一部改正では，医療保護入院の院期間は基本的に最大 6 ヶ月と定められ，その延長には別途手続きが必要とされた。

②地域精神科医療・生活支援の充実

通院医療では，患者の地域生活を支えるため，関係施設・機関と連携して進め

表1　精神保健福祉法の発展の歴史

	名称／成立・改正のきっかけ・背景	内容
精神科病院の整備	精神衛生法（1950年）／第二次世界大戦末期から続いていたわが国の精神障害者のごく劣悪な治療環境を改善することが急務になっていた。	都道府県による精神科病院・精神衛生相談所の設置，措置入院（都道府県知事を命令権者とする精神衛生鑑定医の診察に基づく自傷他害の恐れのある患者の非自発的入院），同意入院（現在の医療保護入院に相当する家族の同意による非自発的入院）の導入などが規定された。その結果，精神病者監護法と精神病院法は廃止となった。1955～65年の精神科病院大増設を引き起こした。
地域医療重視	精神衛生法改正（1965年）／精神障害者によるライシャワー米国駐日大使刺傷事件（1964年）によって，精神科医療や社会復帰援助の欠陥が明らかになった。	緊急措置入院（入院手続きを簡略化し，有効期間を限局した措置入院）制度，通院医療費公費負担制度，保健所における精神衛生相談や訪問指導の強化，精神衛生センター（現在の精神保健福祉センター）の各都道府県での設置などが定められた。
人権擁護・社会復帰促進	精神保健法（1987年）／宇都宮病院事件（1984年：入院患者に対する人権侵害が明るみに出た事件）がきっかけで改正され，名称も変更された（松下，2000年）。	法律の目的に「社会復帰の理念」が加えられた。任意入院，応急入院制度の新設，同意入院の医療保護入院への改称，入院患者の人権擁護体制の整備，種々の社会復帰制度の新設などが規定された。精神保健指定医資格（従来，精神衛生鑑定医と称されていた資格）の整備，インフォームドコンセント原則の導入が進められた。1993年改正によって地域生活援助事業（グループホーム）などが法制化された。
社会参加・自立援助	精神保健福祉法（1995年）／障害者基本法改正（心身障害者対策基本法改正法）（1993年）によって精神障害が身体障害，知的障害と同列のものとして位置づけられた。	法律の目的に「精神障害者の自立と社会参加」が明記された。社会適応訓練事業，精神障害者保健福祉手帳，指定医制度拡充などが定められた。さらに，1999年改正によって，精神保健福祉行政のうちの福祉にかかわる部分が（身体障害，知的障害を持つ者と同様に）市区町村の担当とされた。また，医療保護入院の要件の明確化，患者移送制度＊の新設，精神障害者の福祉の充実などが規定された。
	2005年改正／障害者基本法改正（2004年），障害者自立支援法（2005年）。	精神科病院などへの指導・監査の強化，精神障害者の適切な医療などについての相談体制の強化などが図られた。
現在	2013年改正，2022年一部改正／障害者権利条約の締結（日本批准2014年），障害者総合支援法（障害者自立支援法改正，2012）＊＊。	精神障害者の入院などの手続きにおける同意者（保護者）制度の見直し（虐待・暴力を行っていた者が同意者になれないことなど），「社会的入院（医療上の必要性なしに社会的事情によって続けられている入院）」を解消するための退院支援や地域生活における支援体制の整備，精神医療審査会の強化などによる入院中の精神障害者の権利擁護，医療機関における（患者）虐待防止のための対策が進められている。

＊市民，家族などの通報に基づいて，都道府県の手配によって精神保健指定医が診察を行い，入院が必要と判断されると，その人の精神科病院への移送が行われるという制度。実際には，実施されるのはほとんどない。

＊＊この法律は，自立支援法（2005）を引き継ぐものであるが，同法の受益者負担の原則を撤廃し，新たに公平な負担と国の責任の明確化，福祉的観点の強化が行われて名称も変更された。

られる多職種チームによる介入や，デイケア・ナイトケア，訪問看護，作業療法を組み入れた医療が行われるようになっている。また，障害者総合支援法に基づいて，地域生活支援センター，授産施設，共同作業所，就労支援（就労移行，継続支援）事業所といった地域生活や社会復帰を支える施設やそこで実践されるサービスや制度の整備が進められている。2022年一部改正では，医療保護入院患者への地域援助事業者の紹介が義務化された。

2．患者権利擁護

　精神障害患者は，社会参加の制限や偏見などによって多大な不利益を被っており，さらに入院治療では，治療のために行われる患者の権利の制限が過剰なものとなる恐れがある。それゆえ，精神科医療スタッフは，彼らの権利を擁護することに，特に注意することが必要である。そのため，以下のような施策が行われている。

①インフォームド・コンセント原則と権利の制限における手続きの厳格化

　精神科治療の導入では，インフォームド・コンセント原則を最大限に適用することが求められている。例えば，精神保健福祉法では，入院治療の開始にあたって（他の入院形態でなく，自発的入院である）任意入院の適用を優先的に考えること，文書による説明を必ず実施することが規定されている。また，やむなく患者の権利の制限が行われることに対しては，厳格な手続きの履行が求められており，それについて都道府県による監査，指導が行われている。特に2022年一部改正では，入院の際に患者にだけでなく，診察の通知をした家族や入院に同意した家族に入院の理由も含めて告知をすること，虐待・暴力を行っていた者は同意者になれないことなどの規定が加えられた。

②精神保健指定医についての規定の整備

　精神保健指定医は，非自発的入院や行動制限などの処遇の判断や実施の際の諸手続きを行う際に必要とされる資格である。その資格の取得要件には，研修講習の受講,，およびケースレポートの審査，口頭試問に合格することなどがある。指定医には，患者の人権を含む権利の擁護に適切に配慮することが義務付けられている。

③精神医療審査会の権限の強化

　精神医療審査会は，入院患者の人権擁護，適切な医療・保護を確保するために

都道府県に設置された審査機関である。患者や家族からの退院請求や処遇改善請求の審査，病院から提出される定期病状報告の審査を行う。審査を実施する委員会は，精神保健指定医と法律家，精神保健に学識・経験のある委員によって構成されている。

④ 医療機関における虐待防止の取り組み

2022年1部改正では，医療機関における（患者）虐待防止措置を義務化し，虐待を発見した職員の通報を義務化することなどの虐待防止策の強化が図られている。

IV　現在の精神保健福祉法の概略

1．精神保健福祉法の構成

表2に現行の精神保健福祉法（2013年改正，2022年一部改正）の構成を示す。

2．入院形態と行動制限の実際

ここでは，精神保健福祉法に規定されている入院形態や行動制限について概説する。この法律では，表3に示すような入院形態が規定されている。

精神保健福祉法に定められている行動制限を表4に示す。

入院時に入院形態を決める際や行動制限を実施する際には，患者の権利，特に人権の制限が行われることが生じるが，その権利の制限は，最小限にすべきと規定されている。また，患者本人，家族への告知や連絡，それについてのカルテ記載の規則などが定められている[注1]。

V　麻薬及び向精神薬取締法

麻薬及び向精神薬取締法は，麻薬取締法として1953（昭和28）年に制定され，1990（平成2）年改正で現在の名称になった法律であり，大麻取締法，覚せい

注1）同意者は，従来の精神保健福祉法（もしくはその前身の精神衛生法など）において保護義務者，保護者などと称されていた。保護者制度は，1900年の精神病者監護法の監護義務者に由来するという歴史的背景がある。第二次世界大戦後に成立した精神衛生法では，非自発的入院の大多数を占める同意入院（現在の医療保護入院）において保護義務者とされた家族は，治療の責任を担い，その他の時期でも患者を監督する義務を負う者と規定されていた。しかし，従来から家族の負担は過重であるという指摘があり，徐々にその負担を軽減することが進められてきた（新垣，2015）。

表2　精神保健福祉法（2013年改正）の構成

	説明
第1章　総則	法律の目的は，精神障害者の医療・保護，社会復帰の促進，自立と社会経済活動参加のために必要な援助をすること，精神障害の発病予防や精神障害者の福祉，国民の精神保健の向上などである。他には，精神障害者の医療や精神保健，社会復帰と社会経済活動を促進するために国，地方公共団体の果たすべき義務などが記されている。
第2章　精神保健福祉センター	精神保健や精神障害者の福祉の増進と複雑かつ困難な問題に対する指導，相談を行うという精神保健福祉センターの役割が規定されている。
第3章　地方精神保健福祉審議会，精神医療審査会	精神保健や精神障害者の福祉に関する調査審議を行い都道府県知事に意見具申する地方精神保健福祉審議会，非自発的入院の必要性や処遇の適切さについての審議を行う精神医療審査会の設置が規定されている。
第4章　精神保健指定医，精神科病院および精神科救急医療体制	精神保健指定医の資格要件・職務・登録・研修，都道府県立精神科病院の設置，措置指定病院の指定，都道府県が精神科救急医療の確保に努めるべきことなどが規定されている。
第5章　医療および保護	精神障害者の入院形態（任意入院，措置入院，緊急措置入院，医療保護入院，応急入院），患者移送制度，行動制限の実施条件などの精神科病院における処遇，精神医療審査会の活動，医療観察法との関連などについて記述されている。
第6章　保健および福祉	精神障害者保健福祉手帳，都道府県および市町村が実施する相談指導，精神保健福祉相談員の任命，障害福祉サービス事業の利用の調整などについての規定が行われている。
第7章　精神障害者社会復帰促進センター	精神障害者の社会復帰の促進を目的とする訓練，指導などの研究を行うための精神障害者社会復帰促進センターの開設についての規定が記述されている。
第8章　雑則	都道府県が行うべき事務，権限などを指定都市に委託して行えるようにする大都市特例などが規定されている。また，第41条では，厚生労働省大臣が良質かつ適切な精神障害者に対する医療の提供を確保するための指針を策定できるとされている*。
第9章　罰則	定期病状報告や退院請求に対する審査に基づく退院命令や，入院患者の処遇改善命令に違反したときの罰則，指定医の診療記録記載義務違反への過料などが定められている。

*指針の例としては，精神病床の機能分化に関する課題，デイケア，アウトリーチ（訪問診療）のあり方の検討，精神障害者の医療における多職種連携の推進が挙げられている（太田，2014）。

剤取締法，あへん法と合わせて薬物四法と呼ばれている。この法律の取締り対象である麻薬とは，モルヒネ（ヘロイン），コカイン，リゼルグ酸ジエチルアミド（LSD），メチレンジオキシメタンフェタミン（MDMA），および医療用の向精神薬などである[注2]。向精神薬は主に精神刺激薬や，バルビツール系，ベンゾジアゼピ

表3　精神保健福祉法に規定されている入院形態

入院形態	説明
任意入院 （第21条）	患者本人の同意に基づく入院。退院の申し出があれば,病院管理者は患者を退院させなければならない。ただし指定医の診察の結果によっては72時間までの退院制限をすることができる。
医療保護入院 （第33条）	自傷他害の恐れはないが,精神障害があり,医療および保護のために入院が必要であるが,患者の同意がない場合に,家族などのいずれかの者が同意者となって実施される非自発的入院。「家族など」とは,患者の配偶者,親権を行う者,扶養義務者・後見人・保佐人をいう。また,家族などがいない,行方が知れない,意思表示できないときは,患者の居住地や現在地を所轄する市区町村長を入院同意者とすることができる。
措置入院 （第29条）	自傷他害の恐れがあると認められる患者に対して医療および保護のために行われる都道府県知事の命令による非自発的入院。入院に際しては2人以上の指定医の判断が一致することが必要である。また緊急を要する場合は,指定医1人で72時間に限り入院（緊急措置入院）させることができる。入院は措置入院の指定病院に限られる。
応急入院 （第33条）	精神障害があり,すぐに入院させなければその者の医療および保護することができない場合,患者本人および家族の同意なしで行うことができる非自発的入院。入院は,応急入院の指定病院でのみ可能である。

表4　精神保健福祉法における行動制限 *

行動制限の種類・説明	実施時の規定
通信・面会の制限 病状の悪化を招く,あるいは治療効果を妨げるといった理由がある場合に行われる。	親書（手紙）のやりとりや患者の人権を守る都道府県や法務局の職員,患者の代理人である弁護士との面会・連絡は制限されない。
隔離 隔離室などの個室に施錠の上,1人でいてもらうことである。患者本人や周囲の者に危険が及ぶ可能性が高く,他の方法では危険の回避が困難である場合に行われる。	12時間を超える隔離は,精神保健指定医の診察による判断が必要である。隔離中は,毎日1回以上の医師の診察が必要である。
身体拘束 患者の体の一部を拘束することをいう。著しい自傷・他害の恐れへの対応,顕著な精神運動興奮や不穏,生命維持のための医療行為を安全に行うために行われる。	身体拘束の実施には,指定医の診察でその必要性が認められることが必要である。拘束中は,毎日頻回の医師による診察が必要である。拘束では,法律で定められた器具を使う必要がある。
任意入院患者の開放処遇の制限 医療または保護のために必要とされる場合に行われる外出などの制限である。任意入院患者は原則的に開放処遇を受けることを,文書により告知されなくてはならない。	任意入院患者の開放処遇の制限は,医師の判断によって始められるが,その後おおむね72時間以内に,指定医による診察が必要である。

* この表では,昭和63年厚生省大臣告示第128号などの記述が簡略化して示されている。

ン系の鎮静薬，抗不安薬，睡眠薬であり，乱用や依存の危険性を考慮して第1種から第3種まで等級分けされている。

　この法律には，麻薬や向精神薬の製造，流通を取り締まる規定だけでなく，1963年の改正後，麻薬中毒者の入院治療措置や相談を行うことなどの治療や再発予防を目指す施策も盛り込まれている。ここでの麻薬中毒者とは，大麻またはあへんの使用障害（乱用，依存）の状態にある者である[注3]。

　麻薬中毒者の措置入院制度では，中毒患者の診察をした医師に都道府県への通報義務が課せられており，その通報に基づいて設定される精神保健指定医の診察の結果，患者が麻薬中毒者であり，入院させなければ大麻やあへんを再使用する恐れが著しいと認められたときは，その者を指定病院（麻薬中毒者医療施設）に原則として3カ月を超えない期間，入院させることができるとされている。また，相談によるケアについては，都道府県は，麻薬中毒者や向精神薬を濫用している者の相談に応じるための職員を置くことができると規定されている。この法律は，一部の物質使用障害患者の治療，相談・アフターケアを担うことによって，精神保健福祉法の役割を補っているものといえる。

■ VI　心神喪失者等医療観察法

　「心神喪失等の状態で重大な他害行為を行った者の医療及び観察等に関する法律」（心神喪失者等医療観察法／医療観察法）は，心神喪失や心神耗弱の状態[注4]で，殺人・傷害・放火などの重大な触法行為を行った者に継続的かつ適切な医療を実施し，精神症状の改善と他害行為再発の防止を図りつつ，その者の社会復帰を促進することを目的として，2003（平成15）年に成立し2005（平成17）年より施行されている法律である[注5]。この法律で規定されている指定医療機関における入院処遇，外来処遇での治療は，先進的なものであり，それが実績を挙げることによって，わが国の精神科医療全体の変革が促進されることが期待されてい

注2）ここに覚醒剤，大麻は含まれていない。しかし次に記すように大麻中毒（大麻使用障害）は，入院治療や相談・アフターケアの対象に含まれている。

注3）ただし，向精神薬と覚醒剤の使用障害は，この入院治療の対象とされてはいない。他方，相談・アフターケアの対象には，向精神薬の使用障害患者が含まれている。

注4）これらはそれぞれ，精神障害のために物事の理非分別の弁識ができない，もしくはその弁識に基づいて行動できなくなっている状態，およびそれらの能力が著しく減弱している状態である。刑法第39条においてその状態の者の行為はそれぞれ，罪に問えない，もしくは刑を減軽するものとされている。

る。

　医療観察法の適用手続きは，重大な触法行為を行ったが，それについて不起訴もしくは無罪となった精神障害者についての検察官による審判の申し立てによって開始される。申し立てを受けた地方裁判所は，その者の鑑定入院を準備し，審判を開いて鑑定結果に従って入院処遇，通院処遇，不処遇のいずれかを決定する。

　指定医療機関での入院処遇では，18カ月の入院期間を目途として，多職種チームによるさまざまな治療・介入を組み合わせた集中的な医療が行われる。通院処遇では，3年（5年まで延長可能）までの期間，保護観察所による精神保健観察と，指定通院医療機関を中心として精神保健福祉センター，保健所，関係施設と連携して運営される多職種チームによる介入が行われる。

　この法律での処遇と精神保健福祉法とが結びつくポイントには，次のようなものがある。まず，医療観察法の処遇が終了した場合，および鑑定入院の結果，不処遇となった場合，通院処遇終了後，処遇終了になった場合は，治療継続の必要があるなら，精神保健福祉法に基づく精神科治療に移行することになる。また，自傷他害の恐れがあるということで措置入院となっている患者でも，入院前の重大触法行為についての検察官の申し立てによって医療観察法の適用が開始されることがある。さらに，通院処遇中に急速な悪化によって緊急に入院が必要になった場合，精神保健福祉法に基づく入院（任意入院や医療保護入院など）が行われることがある（ただし，ケースによっては，地方裁判所の審判を経て，指定入院治療機関への再入院となることもある）。

　医療観察法によって行われる処遇では，このようにして精神保健福祉法に基づく医療と補い合いながら重大な触法行為を行った患者の治療と社会復帰が目指されることになる。

■ VII　おわりに：今後の課題

　現在の精神科医療・精神保健活動の制度・体制は，まだ多くの課題を抱えている。ここでは，その中の2点だけを指摘しておこう。第1は，患者の権利擁護において，不十分な点が多く残されていることである。例えば，今回の改正で家族

注5）この法律の施行以前は，重大な他害行為を行った者が，心神喪失や心神耗弱の理由で不起訴処分や無罪になると，その者の処遇が司法から離れてもっぱら医療に委ねることになっていた。しかしそこには，精神科医療において対応困難な患者がしばしば含まれているという問題があった。

　の患者を保護する役割が縮小されているのだが，退院する障害者を引き取り，その地域生活を支えることなどの家族の果たしていた役割を今後誰がどのように担うのかがしっかり定められていないことである。また，障害者の財産権などの諸権利を守ることについては，まだ十分議論すらされていない段階にある。第 2 には，精神障害者の生活の場を地域へと移行させるという課題においてまだ十分な成果が挙がっていないことである。わが国の精神科病床は，ピーク（36 万床）であった 1994 年の後，2020 年でも 32.4 万床とまた高いレベルにある。入院治療から地域医療への移行の実績は，1950 年の精神衛生法制定以来，地域医療重視が謳われてきたにもかかわらず，不充分だといわざるを得ない。

　精神科医療の充実と精神保健の向上は，現代社会にとってますます重要な課題となりつつある。精神障害を持つ人々が少しでも早く社会の当たり前のメンバーとして生活できるようになるために，障害者や家族などの関係者，地域社会に対する支援と，精神科医療の変革を実現するための努力を進めていかなくてはならない。

◆学習チェック表
□　精神科医療や精神保健に関わる法律の歴史を理解した。
□　現在の精神保健福祉法の概略を説明できる。
□　精神保健福祉法に規定されている入院形態を説明できる。
□　精神保健福祉法に定められている行動制限について理解した。
□　麻薬及び向精神薬取締法について理解した。
□　心神喪失者等医療観察法のねらいや精神保健福祉法との関係について理解した。

より深めるための推薦図書
　高柳功・山本紘世・櫻木章司編（2015）精神保健福祉法の最新知識—歴史と臨床実務［3訂］．中央法規出版．

文　　献
新垣元（2015）保護者制度の廃止とその問題点．In：高柳功・山本紘世・櫻木章司編（2015）精神保健福祉法の最新知識—歴史と臨床実務［3訂］．中央法規出版，pp.57-79.
呉秀三・樫田五郎（2000（1918））精神病者私宅監置ノ實況及ビ基統計的觀察：附・民間療方ノ実況等．創造出版．
松下正明（2000）精神医学の悪用．In：中根允文・松下正明編：精神医学・医療における倫理とインフォームド・コンセント（臨床精神医学講座 S12）．中山書店，pp.39-52.
太田順一郎（2014）改正精神保健福祉法第 41 条．In：太田順一郎・岡崎伸郎編：精神保健福祉法改正．批評社，pp.142-164.

第6章

保健医療分野に関係する法律・制度（３）地域保健・医療

小泉典章

⚷ *Keywords*　地域包括ケアシステム，自殺対策基本法，アルコール健康障害対策基本法，母子保健法，地域精神保健活動，保健所，市町村，精神保健福祉センター，セルフヘルプ・グループ，ピアサポーター，精神保健ボランティア，災害派遣精神医療チーム（DPAT），災害派遣医療チーム（DMAT），サイコロジカル・ファーストエイド（PFA）

Ⅰ　はじめに

　地域精神保健のベースとなる地域保健から説明し，今日重要となっている地域包括ケアシステムについてふれていく。次に，地域精神保健に関して，保健所，市町村，精神保健福祉センターについて紹介する。また，保健所法と地域保健法，市町村との関係，健康増進，健康日本21，すこやか親子21，アルコールや自殺対策の基本法の制定についても述べたい。そして，専門職の紹介に続けて，専門職以外の人々の紹介も加え，さらに近年の重要なトピックスも含めて述べる。

Ⅱ　地域保健と地域包括ケアシステム

　1937（昭和12）年に（旧）保健所法が制定され，1947（昭和22）年に保健所法が全面改正され，保健所は公衆衛生の第一線機関としての機能を果たしてきた。また，わが国の精神衛生センター（現・精神保健福祉センター）は1965（昭和40）年６月の精神衛生法により法定化されたことを嚆矢とするが，この精神衛生法改正で，保健所を地域における精神保健福祉行政の第一線機関として位置づけるとともに，保健所に対する技術指導などを行う技術的中核機関として精神衛生センターが設けられることとなった。この発足時の保健所と精神保健福祉センターの関係は，今も変わってはいない（第３章 図D 参照）。

　疾病構造の変化，医療の場が地域中心になり，地域保健サービスを充実させるために，都道府県と市町村の役割を見直す必要が生まれた。そのため，保健所法が 1994（平成6）年に抜本的に改正され，地域保健法が成立した。

　現在，日本は少子高齢化が急速に進んでおり，65 歳以上の人口は現在3千万人以上であり，2042 年には高齢者人口はピークを迎えると予想され，その後も 75 歳以上の人口割合は増加し続けると思われる。団塊の世代が 75 歳以上となる 2025 年以降は，国民の医療や介護の需要がさらに増すと考えられる。このため，国は 2025 年を目安に，高齢者の自立支援のため，できる限り住み慣れた地域で自分らしい暮らしを人生最期まで続けられるよう，高齢者の医療，介護，寝たきりや認知症の予防，住まい，生活支援を一体的に提供する態勢の構築を推進している。これが地域包括ケアシステムである。認知症のみならず，厚生労働省は，精神障害にも対応した地域包括ケアシステムの構築（図1）を提起している。精神障害にも対応した地域包括ケアシステムの構築強化として，保健・医療・福祉関係者が情報共有や連携を行う協議の場の構築（1カ月に1回程度，定期的に開催），障害保健福祉圏域および市町村ごとの協議の場を通じて，精神科医療機関，その他の医療機関，地域援助事業者，市町村等との重層的な連携による支援体制の構築の推進，障害福祉計画，医療計画で示された目標の達成に向けた取り組みの強化，等を挙げている。

　このように，地域包括ケアを推進していくためには医師や，多職種が連携していく必要がある。これは多職種連携と呼ばれ，質の高いケアを提供するためには，異なった専門的背景をもつ専門職，非専門職が，共有した目標に向けて，ともに働くことである。

■ III　健康増進法，自殺対策基本法，アルコール健康障害対策基本法，母子保健法

1．健康増進法

　高齢化の進展や疾病構造の変化に伴い，国民の健康の増進の重要性が増大しており，健康寿命を伸ばし，健康づくりや疾病予防を積極的に推進するための国民健康づくり運動として，2000（平成 12）年に「健康日本 21」が開始された。「健康日本 21」をさらに推進するため，医療制度改革の一環として，2003（平成 15）年に健康増進法が施行された（成立は 2002［平成 14］年）。

　「健康日本 21」では生活習慣病およびその健康に関する課題について，9分野

精神障害にも対応した地域包括ケアシステムの構築（イメージ）

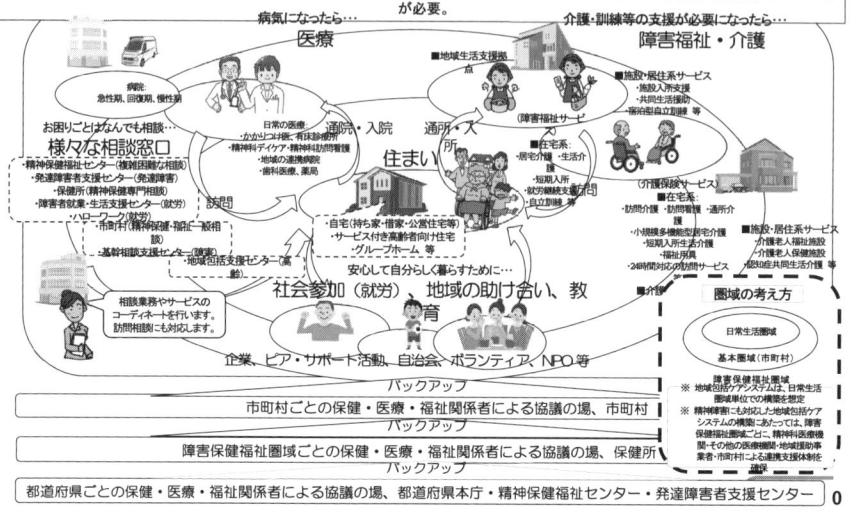

図１ 地域包括ケアのイメージ

（栄養・食生活，身体活動と運動，休養・こころの健康づくり，たばこ，アルコール，歯の健康，糖尿病，循環器病，がん）を定めている。

　このうち，心の健康づくりに関連しては，1998（平成 10）年から自殺者数が３万人を超える異常な事態が続いていたことを受け，2006（平成 18）年に自殺対策基本法が施行された。「個人の問題」と認識されがちであった自殺は「社会の問題」と認識されるようになり，自殺対策を社会全体で総合的に推進した結果，現在，自殺者数は間違いなく減少しているが，未成年者を始め，依然多くの方が自殺に追い込まれているという深刻な状況は変わっていない。

　2016（平成 28）年に自殺対策基本法が改正され，自殺対策は「誰も自殺に追い込まれることのない社会の実現」を目指し，「生きることの包括的な支援」として，「保健，医療，福祉，教育，労働その他の関連施策と有機的な連携が図られ，総合的に実施」されなければならないことが新たに明示されるとともに，地域の実態に合わせたきめ細やかな自殺対策を打ち立てるため，全ての都道府県，市町村に自殺対策計画の策定が義務付けられた。2022 年に出された自殺総合対策大綱では，子ども・若者の自殺対策の更なる推進・強化，女性に対する支援の強化，

地域自殺対策の取組強化，新型コロナウィルス感染症拡大の影響を踏まえた対策の推進など，総合的な自殺対策の更なる推進・強化が強調された。

2．アルコール対策

2010 年 5 月に開かれた世界保健機関（WHO）総会において「アルコールの有害な使用を低減するための世界戦略」が採択された。日本国内でも，自殺対策基本法をモデルとしたアルコール対策にも同様な基本法制定の動きが生じ，2013（平成 25）年に「アルコール健康障害対策基本法」が制定された。

アルコール基本法の第 1 条には，「酒類が国民の生活に豊かさと潤いを与えるものであるとともに，酒類に関する伝統と文化が国民の生活に深く，浸透している一方で，不適切な飲酒はアルコール健康障害の原因となり，アルコール健康障害は，本人の健康の問題であるのみならず，その家族への深刻な影響や重大な社会問題を生じさせる危険性が高い」とあり，単に，アルコール依存症対策だけではなく，包括的なアルコール関連問題対策とアルコールによる健康障害の予防が盛り込まれている。

アルコール健康障害（第 2 条）とは，アルコール依存症その他の多量の飲酒，未成年者の飲酒，妊婦の飲酒，等の不適切な飲酒の影響による心身の健康障害と定義された。

アルコール健康障害対策の基本理念（第 3 条）は，アルコール健康障害の発生，進行及び再発の各段階に応じた防止対策を適切に実施するとともに，日常生活及び社会生活を円滑に営むことができるように支援し，飲酒運転，暴力，虐待，自殺，等の問題に関する施策との有機的な連携が図られるよう必要な配慮をしていくと述べられている。

それぞれの役割が明記（第 4 〜 8 条）されており，国は，対策を総合的に策定し，実施する責務を有する。また，地方公共団体は，国との連携を図りつつ，その地域の状況に応じた施策を策定し，実施する責務を有する。医師その他の医療関係者は，国及び地方公共団体が実施する対策に協力し，良質かつ適切な医療を行うよう努めなければならないとされる。国や自治体はもちろんのこと，酒造メーカーや販売業者，周囲の人など，それぞれの役割や責任についても述べられている。

たとえば長野県アルコール健康障害対策推進計画では，アルコール健康障害の発生，進行，再発の防止とアルコール関連問題など飲酒によって起きる問題の解決のための対策が必要とされているが，アルコール健康障害対策推進会議では，

アルコール依存症患者が肝臓疾患などを患った場合，内科の受診にとどまり，依存症の治療をする精神科を受診できていない現状が指摘された。そのために，今度の推進計画では，内科医と精神科医が連携するため，かかりつけ医向けの研修会を開催する提案が示された。

　なお未成年者飲酒禁止法は，未成年者（20歳未満）の飲酒を禁止し，未成年者自身の飲用目的での販売・供与を禁止している。また未成年者喫煙禁止法も，未成年者（20歳未満）の飲酒と同様，未成年者の喫煙は後を絶たず，喫煙防止対策は不十分であるとされてきた。taspoの登場により自動販売機において身分証明をより円滑に行えるようになった。ともに，成人年齢の変更があっても，未成年者（20歳未満）への制限の基本的考えは変わらないと思われる。

3．母子保健

　戦後のわが国の母子保健の課題は栄養と感染症対策であった。1960年代になり，先天異常，小児慢性疾患，難病，等がその次の課題であったが，発達や児童虐待の問題，周産期メンタルヘルス，生活習慣病のリスクを胎児期から持っている可能性等，新たな課題が取り上げられるようになってきた。2016（平成28）年の母子保健法の改正で，子育て支援を加えた，子育て世代包括支援センターの市町村による設置が位置付けられた。

　2000（平成12）年，健康日本21と期を同じくして，21世紀の母子保健の取り組みの国民運動計画を提示する「すこやか親子21」が策定された，さらに2014（平成26）年に「すこやか親子21（第2次）」が策定され，「切れ目のない妊産婦・乳幼児への保健対策」「育てにくさを感じる親に寄り添う支援」「妊娠期からの児童虐待防止対策」といった課題が示されている。

　産後うつ病対策は，新しい自殺総合対策大綱にも取り上げられている。今，出産の前後で，母親が亡くなることはほとんどなく，現在の日本の妊産婦の周産期死亡で，もっとも多い死因は自殺である（出産時出血などで死亡するケースの2倍あると言われる）。多くの女性が出産前後のホルモン・バランスの変化などからマタニティ・ブルース（産後うつ病）と呼ばれる状態になることに加え，高齢出産，不妊治療，出生前診断など，出産をめぐる医療や情報がおびただしい量になり，不安を増幅させている面もあろう。核家族化で，低成長経済のなか父親は会社で長時間労働を強いられ，一人孤独に子育てをする母親も多い。このため，医療機関や行政機関の妊産婦への手厚い支援が必要な時代になっている。妊産婦が地域で安心して妊娠・出産・育児をすることができるための母子保健の一領域で，

当センターが関与した連携と協働について以下に述べる。

　長野市では，生後に実施される乳児家庭全戸訪問事業時に，同意を得た産褥婦に，エジンバラ産後うつ病評価尺度，赤ちゃんへの気持ち質問票，育児支援チェックリストの3種の質問票の実施を 2016 年 4 月より開始している。不安が強いと思われるケースには，地域の保健師が早期に訪問支援をしている。また，保健センターごとに関係者が集まり，支援検討会を行っている。その結果，担当保健師や本人自身が相談したいケースは，長野市保健所の精神保健相談を受けられる体制を構築した。医療機関同士の協働については，かかりつけ医と精神科医との連携が基本となっている。このような途切れのない出産，育児の母親への支援が県下全域ででき，子どもの虐待もない，子育てに優しい長野県を目指すのが，精神保健の基礎として母子保健活動である。

　2022 年に出された自殺総合対策大綱では女性に対する支援の強化が強調されたが，妊産婦への支援の充実，コロナ過で顕在化した課題を踏まえた女性支援，困難な課題を抱える女性への支援が主軸におかれた。

■ IV　地域精神保健活動を担う行政機関とそれにかかわるマンパワー

1．地域精神保健活動の目標

　地域におけるさまざまな精神保健上の問題をその地域全体で解決していこうとする取り組みを，地域精神保健活動という。活動は狭義と広義に分けられ，狭義では，精神障害者を対象とした再発予防や社会復帰，地域生活支援などの活動を指す。広義では，地域住民の心の健康（メンタルヘルス）の保持・向上に関する活動を指す。

　地域精神保健活動を行う際は，その地域のニーズを適切に見極めることが大切である。実際には，市町村や保健所管内の地域を単位として活動が展開されることが多いが，市町村や保健所，医療機関，福祉施設等の専門機関だけでなく，当事者や家族，ボランティアを含む地域住民などが協力・連携しながら進めることが大切である。

　2006（平成 18）年に障害者自立支援法（2013 年から障害者総合支援法）が施行され，わが国の地域精神保健は大きな転換点を迎えた。今後は市町村が主体となり，地域で暮らす精神障害者を，地域全体でどのように支えていくかが課題である。身体障害者や知的障害者と比較すると遅れている精神障害者に対するサービスの拡充が期待される。

　わが国の精神障害者施策を概観すると，病院から社会復帰施設へ，社会復帰施設から地域へと，地域生活の支援を中心とした方向に大きくシフトしている（第5章）。精神障害者が地域で生活するには，さまざまなサービスや制度，相談機関などの社会資源を上手に利用しながら，専門職や専門職でない人を含めて，さまざまな人たちの支援やかかわりが必要となる。公認心理師はそれらの人々との協働作業が大切な営みとなる。

2．地域精神保健にかかわる行政機関

①保健所

　地域精神保健に関しては，1965（昭和40）年の精神衛生法の改正により，地域精神保健活動の第一線の行政機関と位置づけられた。医師（精神科嘱託医も含む）や保健師，精神保健福祉相談員などの職員がおり，市町村や医療機関，福祉機関・施設等と連携して，精神障害者の社会復帰を支援する活動などを行っている。

　当事者や家族などへの直接的なサービスとして，精神保健福祉相談（心の健康や精神障害などに関するさまざまな相談に応じ，指導などを行う），訪問指導（家庭訪問をして，本人の状況や家庭環境などの状態を把握し，相談や指導を行う），保健所デイケア（社会復帰相談指導事業：作業指導やレクリエーション活動，創作活動などにより訓練や指導を行う），家族や障害者本人に対する教室（精神疾患や精神障害の正しい知識について学ぶ機会を設ける）などがある。

　このほか，精神保健福祉に関する実態把握のための調査，心の健康づくりや精神障害に関する普及啓発，関係機関職員等への研修，患者会や家族会等に対する援助や指導，入院・通院医療に関する事務，関係機関との連絡調整などを行っている。

②市町村

　精神保健福祉法の1999（平成11）年改正（2002［平成14］年施行）で精神障害者の地域サービスの窓口が市町村になり，保健所を中心に行われていた精神保健福祉業務が市町村へと移された。そして，2006（平成18）年に障害者自立支援法が施行され，各種サービス（自立支援医療，障害福祉サービス等）の実施主体は市町村になり，市町村が中心に精神障害者の地域生活支援を行うことになった。

　なお，1994（平成6）年の地域保健法により，市町村保健センターの設置が可

能になり，住民に身近な保健機関として，多くの市町村に設置されている。ここには保健師などがおり，精神保健を含め，さまざまな保健サービスを行っている。今後，市町村でも精神保健福祉相談を担うことが期待されている。

③精神保健福祉センター

　1965（昭和40）年の精神衛生法の改正により，各都道府県に精神衛生センターが設置されることになった（1995［平成7］年）の法改正で精神保健福祉センターに改称）。すべての都道府県と政令都市に設置されており，地域における技術的な中核機関として位置づけられている。

　精神科医や保健師，精神保健福祉士，臨床心理技術者（今後，公認心理師に置き換わる可能性あり）等の職員が配置され，保健所や市町村等の関係機関への技術指導・技術援助，関係機関職員に対する教育研修，精神保健福祉相談，協力組織の育成，精神保健福祉に関する普及啓発，調査研究，精神医療審査会に関する事務，自立支援医療および精神障害者保健福祉手帳の判定などを行っている。診療機能や，デイケアのリハビリテーション機能をもつセンターもある。

　精神保健福祉相談は保健所でも行われているが，精神保健福祉センターでは，複雑または困難なものを行うとされている。また，アルコール・薬物関連問題や思春期精神保健（ひきこもり等）の特定相談など専門的な相談を行っている。自殺対策や，長期入院者の地域移行支援など，新たな課題に取り組むセンターもある。

　医療計画の5疾患に精神疾患が2013年に入ってから，当事者の状態に応じて，精神科医療や地域生活を支える機能や，速やかに救急医療や専門医療などが提供できる機能について，他の疾患と同様に検討されるようになったことは，医療計画に精神疾患が加わった意義があったと考えられる。精神保健福祉センターは，医療計画実現のため，保健所との協働，市町村への支援，医療機関との連携，等をすべきだと思われる。

3．地域精神保健活動に関わる人々

　地域で生活する精神障害者を支えるために，いろいろな人たちがかかわっている。従来は，保健所や医療機関などの専門的な知識を持った人たち（医師や看護師，保健師などの専門職）が中心だった。しかし，地域で生活する精神障害者が増える中で，ボランティアなどの専門職でない人たちが活動するようになった。精神障害者が地域で生活するにあたり，さまざまな生活場面でいろいろな立場の

人がかかわることで，幅のある支援が行われるようになる。そして，これらの人たちがネットワークをつくり，情報交換をしたり協力・連携することでよりよい支援が行える。また，精神障害者は，障害によってさまざまな生活のしづらさを抱えているため，当事者のことをよく理解していて困った時に相談できるキーパーソンとなる人の存在も大切である。

　特に地域精神保健活動は，多職種からなるチームによって進められる。医師は患者の診断・治療の責任者であり，地域精神保健活動においても医師の意見や判断は重要となるが，チームのメンバーそれぞれが，互いの役割と専門性を尊重し，協力・連携しながら進めていくことが重要である。

　看護師・保健師：看護師は主に病院などの医療機関で，保健師は主に保健所や市町村などの行政機関で働くことが多い。患者の診断および治療の責任者は医師であるが，地域精神保健活動では病院の看護師，保健所や市町村の保健師が担う役割が大きい。訪問看護師もアウトリーチで活躍している。

　精神保健福祉士：1997（平成 9）年に国家資格となった。医療機関や社会復帰施設，行政機関などで，精神障害者の社会復帰に関する相談に応じ，助言，指導，日常生活への適応のために必要な訓練，その他の援助を行う[注1]。

　作業療法士（OT）：国家資格をもつ医療職種であり，作業を媒介として障害者の機能回復リハビリテーションを担当する。個人および集団を対象とした精神療法的なアプローチも試みられている。

　精神保健福祉相談員：保健所や精神保健福祉センターにおいて，精神障害者や家族の相談に応じたり，家庭訪問をして指導を行う職員。都道府県知事等が，精神保健福祉士など一定の資格を持つ者の中から任命する。保健所などにおける地域精神保健福祉活動のチームの調整役であるが，配置数は都道府県，地域によってばらつきがある。

　社会福祉士：1987（昭和 62）年に国家資格となった。社会福祉の現場で日常生活についての福祉的な相談，助言，指導，その他の援助を行う。

　介護福祉士：1987（昭和 62）年に社会福祉士と同時に国家資格となった。社会福祉の現場で介護にたずさわる。

注 1）ソーシャルワーカー，ケースワーカー：大学で社会福祉を専攻した者などで，医療機関や福祉施設，行政機関（福祉事務所等）などの福祉現場で働いている。特定の資格を指すものではなく，働く場所により医療ソーシャルワーカー，精神科ソーシャルワーカー（PSW），ケースワーカーなどとよばれることがある。国家資格としては，社会福祉士，精神保健福祉士があり，これらの資格をもつ者が多い。

　薬剤師：薬局で調剤，医薬品の販売に従事し，病院薬剤部に勤務している。薬物療法が必要な精神科医療では，副作用のチェックも重要で，当事者の服薬指導や相談に当たり，服薬の確実さ（アドヒアランス）を高める努力をしている。そのため，薬剤師教育が6年制に移行している。

　栄養士：栄養や食事に関する指導に従事しており，地域精神保健では，太りがちな当事者の生活習慣病などの相談に乗っている。国家資格である管理栄養士になるには，大学・短大等で栄養士養成課程を卒業後，栄養士の免許を有したうえで国家試験に合格する必要がある。病院などで栄養指導，給食管理をしている。

　心理専門職：大学で臨床心理学の教育や訓練を受けた者などで，医療機関や精神保健福祉センター，児童相談所などで心理テストやカウンセリングなどを行ったり，教育現場でスクールカウンセラーとして働いている[注2]。

　精神保健指定医：精神保健指定医は精神保健福祉法で定められたもので，厚生労働大臣が一定の要件（5年以上の経験とケースレポートの提出や研修の修了など）を満たした医師を指定する。措置入院，医療保護入院に関する診察など，精神障害者の人権を擁護する重大な責任を伴っている。

4．地域精神保健活動にかかわる専門職ではない人々

　地域精神保健活動を進める上では，専門職ではない人たちのかかわりも大きい。また，当事者の最も身近な存在である家族や，当事者自身が集まり，活動をしている。

　精神障害者家族会：家族会は，家族同士の交流の場であり，家族の悩みを和らげたり，病気や社会復帰等について学ぶ場である。精神科病院が母体の病院家族会と，保健所や市町村が主導して結成された地域家族会があり，現在，多くの家族会が地域で活動している。家族会は，社会資源が乏しかった時代に作業所づくりなどに取り組み，地域精神保健活動を大きく進展させた。

　全国的な組織は，1965（昭和40）年に全国精神障害者家族会連合会（全家連）が設立され，精神障害者福祉の推進のために大きな役割を果たした。2007年に全国組織としての全家連は解散したが，その活動は別団体に引き継がれ，個々の地域家族会の活動も続いている。最近，NPO法人化している家族会もある。

注2）心理専門職：特定の資格を指すものではなく，臨床心理技術者，心理士，カウンセラーなどと呼ばれることもある。国家資格ではないが，公益財団法人 日本臨床心理士資格認定協会が，1988年から「臨床心理士」の資格認定を行っている。国家資格化が懸案となっていたが，2018年より，国家資格としての「公認心理師」の認定が始まる。

　セルフヘルプ・グループとピアサポーター：当事者のセルフヘルプ・グループは，仲間づくりの場であり，同じ体験や気持ちを分かち合い，支え合う場である。地域のグループとしては，保健所や精神保健福祉センターのデイケア，作業所などが母体となって患者会がつくられたことが始まりとされる。1980年代に精神障害者の当事者会の数は急速に増え，悩みを抱えている者同士が相互に援助（ピアサポート）をしていくセルフヘルプ・グループ的な会も増えている。最近，ピアサポーターが入院中の精神障害者の地域移行の支援をしている。現在では，精神障害者のみで運営している自立的なグループもあり，「当事者研究」などもしている（熊谷，2017）。当事者のみのグループをセルフヘルプ・グループ，専門家がファシリテーターとして入る集まりをサポート・グループと分けることもある。

　精神保健ボランティア：精神保健ボランティアは，地域で精神障害者にかかわるボランティアが求められるようになり，一方で，精神障害者にかかわるボランティアをしたいという人たちの気持ちが合致して生まれた。1980年代から，社会福祉協議会や精神保健福祉センター，保健所などが主催して，精神保健ボランティアの養成講座が開催されるようになり，地域の作業所や保健所デイケア，病院などで活動を行っている。

　ボランティアなどの専門職ではない人たちは，知識にとらわれない分，柔らかい働きかけができ，専門職が陥りやすい狭さや，実際の生活場面で見失いがちな部分を補うことができる。

■ V　公認心理師への新たなる期待

1．災害派遣精神医療チーム：DPATについて

　自然災害，航空機・列車事故，犯罪事件等の大規模災害等の後に被災者および支援者に対して，精神保健活動の支援を行うための精神科医療チームを，災害派遣精神医療チーム「DPAT（Disaster Psychiatric Assistance Team）」と総称するようになっている。災害対策基本法（1961［昭和36］年成立）が定める「防災基本計画」（2017年改正）の災害応急対策の「被災者の心のケア対策」として，国，被災都道府県，被災地外の都道府県，医療機関等が連携して，DPATの整備や派遣など活動を行うことにふれている。

　DPATは大災害，事故等の災害時に，救急治療を行うための災害派遣医療チーム「DMAT（Disaster Medical Assistance Team）」に対応するものである。2016年の

熊本地震の際，DPAT は精神科病院入院者の転院の作業活動等で活躍している。

　災害時に際して，市町村をはじめとする関係機関の支援する職員が迅速かつ適切に，心のケア（とくに，サイコロジカル・ファーストエイド［PFA，後述］を主体に）を実行するためと，事前の啓発研修に活用できることを目的として，長野県精神保健福祉センターでは『災害時のこころのケア 2015 ～支援者マニュアル～第 3 版』を発行している（長野県精神保健福祉センター，2015）。また，各種の災害の経験を踏まえ，県警察，DMAT，DPAT や心のケアチーム関係者を招き，PFA のワークショップをセンターで開催している。こうした試みは，全国でも行われている。

2．サイコロジカル・ファーストエイド（PFA；心理的応急処置）について

　PFA については，地域で活動する公認心理師は知っておくべきであろう。PFA は，被災者を支援するために，医療関係者以外にも用いることができるよう作成されたもので，いくつかの種類が公開されているが，国立精神保健研究所災害時こころの情報支援センターは WHO（World Health Organization；世界保健機関）版 PFA を推奨し，PFA について「深刻な危機的出来事に見舞われた人に対して行う，人道的，支持的，かつ実際的な支援」としている（世界保健機関，2011）。

　例えば，PFA の行動原則の「見る」では，深刻なストレス反応を示している人を確認する。「聞く」では，被災者が語るのを聞くことはあっても，感情や反応を聞き出すものではなく，気持ちを落ち着かせる手助けをするとあり，決して侵襲的にならない言葉をかけられるような接し方が工夫されている。「つなぐ」では，情報を提供し，生きていく上で基本的なニーズが満たされ，自分で問題に対処できるように手助けする。PFA の初期介入で，被災者の心理的ストレスを増悪させない，回復の促進が期待できる。

■ VI　おわりに

　本章では地域精神保健福祉にまつわる関連行政の概略を述べてきた。公認心理師は，保健医療分野のみならず，福祉，教育，司法・犯罪，産業・労働の分野まで，包括的に関わることができるのが強みである。精神保健福祉センターの機能はその 5 分野ともに密接に関係しているし，スタッフの日々の業務は多職種協働に他ならない。新しい公認心理師制度への期待を込め，本章の終わりとしたい。

◆学習チェック表
□　地域支援システムの考え方を理解した。
□　自殺対策，アルコール対策，母子保健の基本を理解した。
□　保健所，市町村，精神保健福祉センターの役割を理解した。

より深めるための推薦図書

金子和夫監修，津川律子・元永拓郎編（2016）心の専門家が出会う法律．誠信書房．
日本心理研修センター監修（2018）公認心理師　現任者講習会テキスト［2018年版］．金剛出版．
日本公衆衛生協会（2016）平成27年度版 我が国の精神保健福祉．日本公衆衛生協会．
精神保健医療福祉白書編集委員会（2016）精神保健医療福祉白書2017．中央法規出版．
清水忠彦・佐藤拓代（2018）わかりやすい公衆衛生学（第4版）．ヌーヴェルヒロカワ．

文献（推薦図書を含む）

小泉典章，柏崎由（2018）地域精神保健における連携と協働．病院・地域精神医学，60(3); 225-228.
熊谷晋一郎（2017）みんなの当事者研究．金剛出版．
半場有希子・小泉典章（2018）地域自殺対策推進センター（長野県）の役割．地域保健，49(3); 14-18.
小泉典章・今井敏弘（2017）被災者・被害者の支援から学ぶ．こころの健康，32(2); 7-13.
小泉典章・半場有希子・勝又（上島）真理子（2017）病的ギャンブリングに対する長野県精神保健福祉センターの取り組み．アディクションと家族，32(2); 136-142.
小泉典章（2016）アルコール健康障害対策基本法と長野県精神保健福祉センターのアルコール依存症対策について．精神科臨床サービス，16(4); 532-537.
小泉典章・伊藤真紀（2015）精神保健と母子保健の協働．精神科治療学，30(2); 265-270.
長野県精神保健福祉センター（2015）災害時のこころのケア 2015―支援者マニュアル．https://www.pref.nagano.lg.jp/seishin/tosho/documents/manyuaruallpage.pdf
根井南実・小泉典章（2020）長野県精神保健福祉センターにおけるギャンブル等依存対策について．アディクションと家族，35(2); 122-129.
篠崎英夫（2017）精神保健学 序説．ヘルス出版．
白石正巳（2018）家族のための統合失調症入門．河出書房新社．
世界保健機関（2011）心理的応急処置（サイコロジカル・ファーストエイド：PFA）フィールド・ガイド．https://saigai-kokoro.ncnp.go.jp/pdf/who_pfa_guide.pdf
立花良之・小泉典章（2023）周産期メンタルヘルスケアについての地域における多職種協働支援システム．精神科治療学，38(12); 1399-1406.

福祉分野に関係する法律・制度
（1）児童福祉

菅野　恵

🔑 *Keywords*　児童福祉法，児童虐待防止法，家族再統合，児童虐待の種別，児童相談所，一時保護，社会的養護，児童福祉施設，里親，要保護児童対策地域協議会

Ⅰ　はじめに

　子どもの心の支援や子育て支援に携わる公認心理師は，児童福祉に関連する法律・制度を熟知したうえでの対応が求められる。時には，子どもの保護者や子どもに携わるさまざまな人々に対し，必要に応じて法律や制度をわかりやすく伝え，対応について提案するような場面も生じるであろう。

　たとえば，児童虐待ケースの場合はどうであろうか。小学校にスクールカウンセラーとして勤務する公認心理師は，学校内の相談室によく立ち寄る高学年の女児の様子を気にかけていた。その女児は，衣服や頭髪がいつも不潔で，表情は暗く，話しかけると無言で相談室から出ていってしまうような子であった。学級担任からは，問題を起こすような子ではないが歯科検診で虫歯の多さを指摘されていたという情報のみであった。ある日，女児の同級生の保護者から「日が暮れても公園でぽつんと1人でいるのを時々みかける」と学校へ情報提供があった。担任が女児に問いかけるがあいまいな返事であり，保護者に連絡しても電話には出ず，自宅を訪問すると留守か保護者に会えても拒絶的な対応であった。

　女児が徐々に痩せてきて顔色が悪い日もあることを心配した公認心理師は，要保護児童対策地域協議会（児童福祉法第25条の2）での個別ケース検討会議で話題に出すことを学校長に提案し，開催されたケース検討会議で，情報共有が行われた。すると，出席者の民生委員からは「一日中雨戸が閉まっていて家にいる気配はあるものの呼びかけに応じない」，保健師からは「異臭がすると近隣から苦情が寄せられている」，警察からは「DVの疑いで通報を受けたことがある」とい

ったさまざまな情報が集約されたことで，児童相談所と連携しながら対応することになった。

　この時点で子どものネグレクトの疑いが高まり，父親によるDVの疑いから母子共に虐待を受けていることも想定され，異臭がするほど家事ができない一因として母親の精神疾患の可能性も考えられた。また，子どもへの虐待が深刻化していれば児童相談所の一時保護となるし，母親が父親から逃れたいとすれば配偶者暴力相談支援センターへ相談し，DV防止法による「保護命令の申立て」などの手続きをとる流れになるかもしれない。さらに，児童福祉法で定められている「母子生活支援施設」へ母子共に措置という選択肢が加わることもある。

　このように，公認心理師は個別の心理面接だけでなく，法律や制度で位置づけられたシステムを活用しつつ，チーム支援の観点から関係機関と連携をとりながら迅速な対応が行えるように現場をフォローしていく役割も期待される。また公認心理師としては，このような法令に基づいたチーム対応を円滑に進めると同時に，子どもの心情に充分に寄り添いつつ，その後の家族再統合を見据えて本人や保護者の心理的な理解を進めていく役割を持つことになる。

II　児童福祉に関連する法律等の変遷

　児童福祉に関連する法律等をまとめた表1について少し説明したい。1947（昭和22）年に制定された児童福祉法は，改正を数回繰り返し，現在でも主要な法律となっている。その後，児童福祉六法が制定され，児童の諸手当が整備された。2000（平成12）年の児童虐待防止法では，児童虐待の定義がようやく明確化し社会的な認知度が一気に高まった。国際的な条約としては，「児童の権利に関する条約」（1994年批准），「ハーグ条約」（2013年批准）となっている。法律の流れについては，第3章も参照されたい。ここでは特に重要な法律や施策について解説する。なお，本章にて記す「児童」は，児童福祉法に準じた18歳未満とする。

1．児童福祉法，児童憲章

　1947（昭和22）年に制定された児童福祉法は，戦後の困窮する子どもの保護，救済を目的として制定されたが，時代の要請に応じて何度も改定され，第1条「全て児童は，児童の権利に関する条約の精神にのっとり，適切に養育されること，その生活を保障されること，愛され，保護されること，その心身の健やかな成長及び発達並びにその自立が図られることその他の福祉を等しく保障される権利を有す

表1　児童福祉に関連する主な法律等の変遷

	制定名称
1947（昭和22）年	児童福祉法
1951（昭和26）年	児童憲章
1961（昭和36）年	児童扶養手当法
1964（昭和39）年	特別児童扶養手当等の支給に関する法律
1964（昭和39）年	母子及び寡婦福祉法
1965（昭和40）年	母子保健法
1971（昭和46）年	児童手当法
1994（平成6）年	国連「児童の権利に関する条約」の批准
1997（平成9）年	児童福祉法改正
2000（平成12）年	児童虐待の防止等に関する法律（児童虐待防止法）
2001（平成13）年	配偶者からの暴力の防止及び被害者の保護等に関する法律（DV防止法） ※2004年の法改正で子に対する接近の禁止命令・再度の申立ての制度を追加（法10条2項）
2003（平成15）年	少子化社会対策基本法
2003（平成15）年	次世代育成支援対策推進法
2004（平成16）年	児童福祉法改正
2012（平成24）年	子ども・子育て関連3法
2013（平成25）年	国際的な子の奪取の民事上の側面に関する条約の実施に関する法律 国連「ハーグ条約」の批准
2013（平成25）年	子どもの貧困対策の推進に関する法律（子どもの貧困対策推進法）
2014（平成26）年	児童買春，児童ポルノに係る行為等の規制及び処罰並びに児童の保護等に関する法律（児童買春・児童ポルノ禁止法） 母子及び父子並びに寡婦福祉法（母子及び寡婦福祉法から改正）
2016（平成28）年	児童福祉法改正
2020（令和2）年	児童虐待防止法および児童福祉法改正
2023（令和5）年	こども基本法
2024（令和6）年	児童福祉法改正

る」という原則が明示されている。また，第2条では，「全て国民は，児童が良好な環境において生まれ，かつ，社会のあらゆる分野において，児童の年齢及び発達の程度に応じて，その意見が尊重され，その最善の利益が優先して考慮され，心身ともに健やかに育成されるよう努めなければならない」と規定されている。これらの原則をもとに，児童福祉に関する諸制度，施設などが総合的に定められている。

　また児童福祉法では，児童虐待の通告の義務（第25条）や，立ち入り調査（第29条），一時保護（第33条），家庭裁判所への申し立て（第28条）について明記されているものの，より効果的な対応を目指して，2000年になって児童虐待に特化した児童虐待防止法への動きとなっている。また，東京都目黒区や千葉県野田市で起きた児童虐待死事件などをきっかけに児童相談所の体制強化の声が高

まり，2020年に法改正に至った。たとえば，弁護士の配置（第28条）や，児童相談所長及び児童福祉司として任用することができる者として精神保健福祉士と公認心理師が追加された（第12条の3）。他にも，児童相談所や児童福祉施設の長による体罰の禁止が盛り込まれ（第33条および第47条），しつけを正当化させないために体罰の禁止を明文化した意義は大きい。補足すると，民法第822条「懲戒権」のあり方について改正法の施行後2年を目途に見直すことも附則で加えられ，2022（令和4）年の民法の一部改正で子の懲戒に関する条文の削除と，体罰等の禁止に加え，「児童の心身の健全な発達に有害な影響を及ぼす言動をしてはならない」という文言が追記された。

2024（令和6）年の法改正では，従来の子育て世代包括支援センターと子ども家庭総合拠点の連携の不十分さなどを解消するために「こども家庭センター」に一元化され，虐待や貧困といった養育困難な保護者支援や特定妊婦への早期支援などの強化を図ることとなった。また，こども家庭福祉の現場で働く者の専門性を高めるために，「こども家庭ソーシャルワーカー」の資格が新設されることになった。

1951年に定められた児童憲章は，各界を代表する協議員で構成された児童憲章制定会議によって作られた。法律ではないため法的拘束力はないが，日本国憲法の精神に従い，児童に対する正しい概念を確立し，すべての児童の幸福を図るために定められた。「児童は人として尊ばれる」「児童は社会の一員として尊ばれる」「児童はよい環境の中で育てられる」の文章に続き12条からなる。特に第10条の「すべての児童は，虐待・酷使・放任その他不当な取扱いからまもられる。あやまちをおかした児童は，適切に保護指導される」の一文は，現代社会にも通じる理念であり歴史的に意義深い。なお2016年には児童福祉法が大幅に改正され，「社会的養護」から「家庭的養護」（里親委託等）への推進が明確化されることとなった。

2．児童福祉六法

児童福祉六法は，児童福祉法に加え，児童扶養手当法，特別児童扶養手当等の支給に関する法律，母子及び父子並びに寡婦福祉法，母子保健法，児童手当法からなる。

児童扶養手当法は，父親と生計を同じくしていない児童に対する手当の支給についての法律である。特別児童扶養手当等の支給に関する法律は，以下の3種類に分けられる。「特別児童扶養手当」は，精神または身体に障害がある児童が対象

となる。「障害児福祉手当」は，重度の障害がある児童，「特別障害者手当」になると著しく重度の障害がある児童が対象となる。

　母子及び父子並びに寡婦福祉法は，母子家庭等と寡婦の生活の安定と向上を目的とする法律である。2014年の法改正で母子及び寡婦福祉法から名称が変わり父子家庭も対象になった。母子保健法は，保健指導，健康診査，医療その他の措置を講じ，国民保健の向上に寄与することを目的として制定され，児童手当法は，児童を養育している者への児童手当の支給に関する法律である。

3．児童虐待防止法

　2000（平成12）年に制定された児童虐待の防止等に関する法律（児童虐待防止法）では，第2条にて児童虐待の定義が明確化されたことで児童虐待に対する国民の意識を高めることになった。

　主な条文の内容は以下の通りである。

児童虐待の早期発見（第5条）：学校教職員・医師・保健師・弁護士等は早期発見に努める。

通告義務（第6条）：児童虐待を受けたと思われる児童を発見した者は，速やかに福祉事務所・児童相談所に通告しなければならない。その場合，刑法134条等の秘密漏洩罪には該当しない。

強制調査（第9条）：自宅への立ち入り調査を保護者が拒否する場合，裁判所の許可状（令状）を得て，臨検・捜索（強制捜査）を行うことが出来る。

警察の介入（第10条）：必要に応じて警察署長へ援助を求めることが出来る。

保護者の接触制限（第12条）：保護者の面会や通信を制限することが出来る。

　また，2020年の法改正では，指導や支援を効果的に行うため，以下が新たに加えられた。

児童相談所の機能強化（第11条）：一時保護などの「介入」と保護者の相談に乗る「支援」で機能に応じて担当職員を分け，機能を強化する。

児童が転居する場合の措置（第4条）：支援を切れ目なく行うため，転居先の児童相談所へ情報提供と要保護児童対策地域協議会での情報交換と緊密な連携を図る。

　第4条の1では，国および地方公共団体の責務として，家族再統合の促進への配慮をした適切な指導，支援を規定している。家族再統合とは，「施設措置等などで分離された親子が再び一緒に暮らすこと（家庭復帰）」「（家庭復帰に至らなくても）家族機能が改善する，または心理的に受け入れられること」である。児童相談所では家族再統合に向けた親子のプログラムを提供しているところもあるが，親側にモチベーションが高くないとプログラムの導入は難しい。しかし，児

童養護施設に入所しながら家族との交流を図る家族再統合のプロセスについての報告もみられ（菅野，2017），児童福祉施設が日常的なかかわりを通して関係調整を行う役割も担っている。

4．少子化や子育ての施策と関連法

　1990（平成2）年の「1.57ショック」を機に少子化の傾向が注目されるようになり，1994（平成6）年に政府による「今後の子育て支援のための施策の基本的方向について」（エンゼルプラン）で具体的な計画が示され，多様な保育サービスの充実，地域子育て支援センターの整備等を図るための「緊急保育対策等5か年事業」が策定された。1999（平成11）年には，「重点的に推進すべき少子化対策の具体的実施計画について」（新エンゼルプラン）で計画が見直され，低年齢児（0～2歳）の保育所受け入れの拡大や延長保育の推進などの8項目で具体的な数値目標が掲げられた。他にも，厚生労働省による「待機児童ゼロ作戦」（2001［平成13］年），男性の働き方の見直しや育児参加を求める内容を盛り込んだ「少子化対策プラスワン」（2002［平成14］年），家庭福祉員（「保育ママ」）の充実などを図る「新待機児童ゼロ作戦」（2008［平成20］年）の施策がとられている。また国民運動計画として開始された「健やか親子21」は，2015年になって第2次計画に移行し，3つの基礎課題と2つの重点課題を示している。重点課題としては，「『育てにくさ』を感じる親に寄り添う支援」，「妊娠期からの児童虐待防止対策」の2つからなっている。

　2003（平成15）年の少子化社会対策基本法では，国民や社会の意識変革を目的として制定され，この法律を基に少子化対策大綱が示された。この大綱は，「新エンゼルプラン」に代わる「子ども・子育て応援プラン」として2005年に4つの重点課題が示された。同時期に2003年に制定された次世代育成支援対策推進法では，301名以上の労働者を雇用する事業主において，少子化の流れを変えるために従業員の仕事と子育ての両立を支援する一般事業主行動計画を都道府県労働局へ届出することが義務化された。つまり，仕事と子育ての「ワークライフバランス」を含めた両立支援を推進するための法律といえる。

　2012年になると，子ども・子育て関連3法（子ども・子育て支援法，認定こども園法の一部改正法，「子ども・子育て支援法及び認定こども園法の一部改正法の施行に伴う関係法律の整備等に関する法律」）として，認定こども園や幼稚園，保育所を通じた共通の給付（「施設型給付」）及び小規模保育等への給付（「地域型保育給付」）が創設された。また，認定こども園制度の改善や，地域の実情に応じ

た子ども・子育て支援の充実が図られることとなった。2013 年には，子どもの貧困対策の推進に関する法律（子どもの貧困対策推進法）により，保護者の学び直し，親や子どもの就労支援，ひとり親家庭への支援，奨学金の拡充などの推進が掲げられた。

　2019 年には，成育過程にある者及びその保護者並びに妊産婦に対し必要な成育医療等を切れ目なく提供するための成育医療等基本法（略称：成育基本法）が施行された。母子保健行政の縦割りを解消し，妊産婦から成人期まで保護者の社会からの孤立を防ぎ，虐待防止や早期発見の促進，愛着形成に関する知識などの教育面の普及啓発などが期待されている。また，子どもの死因を検証するための体制整備（チャイルド・デス・レビュー；CDR）を国および地方自治体に義務づけているのも特徴である。

　2023（令和5）年になると，日本国憲法や児童の権利に関する条約の精神に則ったこども基本法が施行された。こども基本法の主な原則として，「差別の禁止」，「生命，生存及び発達に関する権利」，「児童の意見の尊重」，「児童の最善の利益」となっており，子どもに主体をおいた権利の保障を重視した法律となっている。

5．条　　約

　日本は，1994 年に国連による「児童の権利に関する条約」（子どもの権利条約）への批准を行っている。主な条文では，児童の利益最優先（第3条）として，子どもの意見を聴かれる権利（意見表明権）の保障を求めている。他には，氏名及び国籍の権利，自分の親を知る権利，父母から養育される権利（第7条）などである。

　2013 年には，「国際的な子の奪取の民事上の側面に関する条約の実施に関する法律」が定められた。これは「ハーグ条約」を日本において的確に実施するための法律である。ハーグ条約とは，オランダのハーグで 1980 年に採択され 1981 年に発効した国家間の不法な児童連れ去り防止を目的とした多国間条約であり，世界 101 カ国で締結されている（2019 年 10 月現在）。近年，国際結婚の増加に伴い国際離婚もみられ，一方の親がもう一方の親の同意を得ることなく子を自分の母国へ連れ出してしまうことが問題視されてきた。ハーグ条約では，原則として子を元の居住国へ返還することを義務付け，親子の面会交流の機会を確保できるよう支援することとなっている。

Ⅲ　児童福祉の関連用語と法律・制度

1．児　　童

「児童」という用語は，法律によって対象年齢が異なってくる。児童福祉法や児童虐待防止法における児童は，「18歳に満たない者」（18歳未満）を指す。つまり，0歳から17歳までの幅広い年齢層が対象となる。そのため，17歳の高校生は児童相談所で対応可能であるが，18歳になると高校生でも原則対象外になる。一方，学校教育法における児童とは，「初等教育を受けている者」をいい，小学生を指すため混乱が生じないように留意したい。

2．児童虐待，児童虐待相談対応件数，面前DV

インターネット上で「児童相談所での児童虐待相談対応件数」と検索すると，厚生労働省による最新の相談対応件数の統計データを知ることができる。児童虐待の通告ダイヤルが「189」番に3桁化されたことや，絶えず報道される児童虐待事件等の影響もあり，相談対応件数は毎年最多更新中である。

児童虐待の防止等に関する法律（通称「児童虐待防止法」）の第2条では，身体的虐待，性的虐待，ネグレクト，心理的虐待の4つに分類されたうえで定義されている（表2）。

身体的虐待は外傷が残れば発見されやすいが，外傷が残りにくいような首絞めや身体拘束などもある。特殊な例として，大人による噛み付きや吸い付き行為が疑われるケースもあり，歯科法医学の専門家による鑑定が行われる場合もある。性的虐待は乳幼児期に発覚しにくく，年齢が高くなるにつれて明るみにでやすい。性的虐待による影響として，学校などでの不適切な性的行為（性化行動）のように表出されることもある。ネグレクト・ケースは，身体的虐待に比べて緊急性が低く，迅速な一時保護になりにくいため，結果的に対応が先延ばしになることもある。

近年，特に増加しているのが，心理的虐待の相談件数である。その背景として，配偶者に対する暴力（DV）を目の前で目撃した児童は，心理的虐待とみなすようになったことが影響している。すなわち「面前DV」としての心理的虐待が浸透し，DVの通報で家庭へ駆けつけた警察官は，子どもがDVに立ち会っていることを確認した時点で児童相談所へ通告するようになった。DVの相談件数も増加の一途をたどっているため，警視庁ホームページ「配偶者からの暴力事案の概況」で

表2　児童虐待の種別と定義

種別定義	具体例
身体的虐待	児童の身体に外傷が生じ，又は生じるおそれのある暴行を加えること。 例：殴る，蹴る，投げ落とす，激しく揺さぶる，やけどを負わせる，溺れさせる，首を絞める，縄などにより一室に拘束する。
性的虐待	児童にわいせつな行為をすること又は児童をしてわいせつな行為をさせること。 例：子どもへの性的行為，性的行為を見せる，性器を触る又は触らせる，ポルノグラフィの被写体にする。
ネグレクト	児童の心身の正常な発達を妨げるような著しい減食又は長時間の放置，保護者以外の同居人による同様の行為の放置その他の保護者としての監護を著しく怠ること。 例：家に閉じ込める，食事を与えない，ひどく不潔にする，自動車の中に放置する，重い病気になっても病院に連れて行かない。
心理的虐待	児童に対する著しい暴言又は著しく拒絶的な対応，その他の児童に著しい心理的外傷を与える言動を行うこと。 例：言葉による脅し，無視，きょうだい間での差別的扱い，児童の目の前で配偶者に対して暴力をふるう（いわゆる「面前DV」）。

注）具体例の内容は厚生労働省「児童虐待の定義と現状」を参考に一部修正（http://www.mhlw.go.jp/seisakunitsuite/bunya/kodomo/kodomo_kosodate/dv/about.html）。

最新データを確認されたい。なお，日本ではまだ浸透しきれていないが，諸外国ではIPV（Intimate Partner Violence），つまり「パートナー間暴力」として，配偶者に限定しない用語の使われ方をしている。日本でも恋人同士の間で起きるDVを「デートDV」と呼び，啓発が行われている。

3．児童相談所

児童相談所（児相と略される）は児童福祉法第12条に基づいた専門機関である。各都道府県および政令指定都市，中核市に設置されている。児童虐待の通告ダイヤル「189番」は「イチハヤク」といった語呂合わせで全国の児童相談所が24時間体制で受け付けていることから，児童虐待に対応する機関と認知されてきている。しかし，児相は，児童虐待に特化した機関というわけではなく，大別して以下の5つの相談に応じている。

①養護相談：養育困難，虐待などの相談
②保健相談：未熟児，虚弱児などの相談
③心身障害相談：障害児，発達障害児，重度の心身障害児などの相談
④非行相談：家出，性的逸脱行為，触法行為などの相談

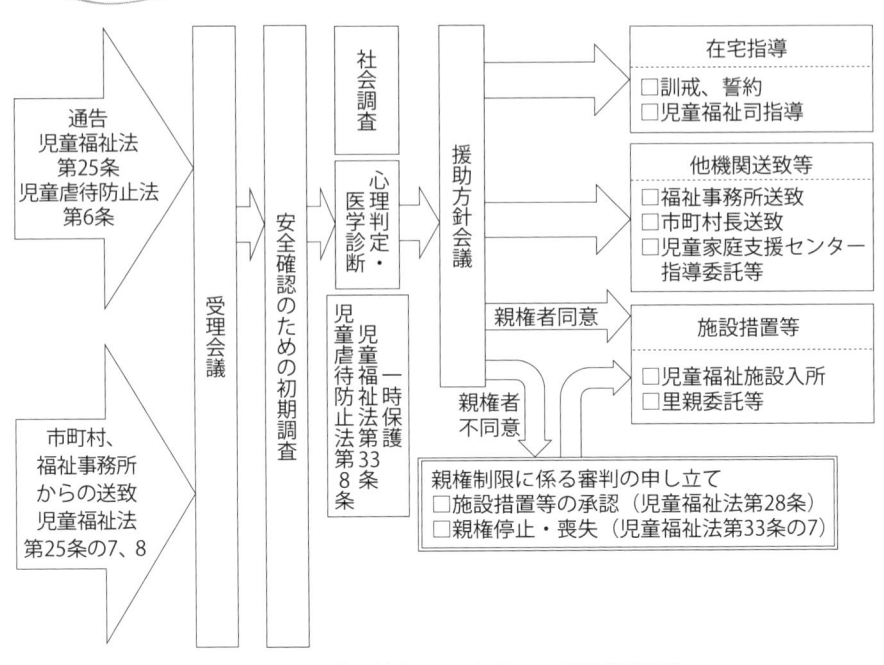

図1　児童虐待に対する児童相談所の相談援助活動

⑤育成相談：不登校，いじめなどの相談

　児童相談所では，「児童心理司」の呼称で心理職採用の専門職によって心理判定業務を行っている。心理判定業務の一つとして，療育手帳の取得・更新を扱う。この療育手帳は，厚生労働省の管轄であるものの法的に定められておらず，都道府県での発行となり判定区分は都道府県によって異なる。療育手帳を取得すると，JR等の公共交通機関の割引が受けられる。なお，18歳以上になると「知的障害者更生相談所（東京都等では心身障害者福祉センター）」が業務を担うため移行手続きを行う必要がある。

4．一時保護，施設等措置

　児童虐待に対応する児童相談所は，通告，一時保護，援助方針の決定，措置といった一連の業務を担う。そこで，児童相談所の相談援助活動について図1に示す。

　通告を受けると受理会議が開催され，社会調査，心理判定・医学診断，一時保護に関する協議が行われる。社会調査では，保護者への面談や家庭訪問を通して実態を把握する。心理判定・医学診断では，各種心理検査や医学的な検査・診察

を行う。一時保護は，児童相談所内の一時保護所にて児童を保護し，生活指導をしながら行動観察や治療指導を行う。通告されたすべての案件が一時保護されるわけではなく，極めて緊急を要する事例のみとなる。一時保護期間は2カ月を超えてはならないとされている（児童福祉法第33条の3）が，例外的に2カ月を超えて保護を行うこともある。一時保護は原則として子どもや保護者の同意を得て行う必要があるものの，子どもの福祉を害すると認められる場合はこの限りではない。一時保護に不服がある者（保護者等）は行政不服審査法（第2条）に基づく審査請求をすることが可能であり，一時保護決定の有効性を争うことができる。2024（令和6）年の児童福祉法改正では，児童相談所による一時保護に「司法審査」を導入し，親の同意がない場合に「一時保護状」を請求して一時保護が適切かどうかを裁判官によって判断する仕組みを設けることになった。また，一時保護中は，面会等の制限を行うことができる（児童虐待防止法第12条の1）。なお，一時保護所が満員である場合，児童養護施設や里親等に一時保護委託されることもある（児童福祉法第33条の1）。

　家庭での安全性が確認されると，在宅指導を行いながら経過観察となる。しかし，安全性が確認されず再虐待の恐れなどにより中・長期的な保護が必要と判断された場合，児童福祉施設への措置や里親委託等となる。原則，施設措置等は親権者の同意が必要であるが，同意が得られない場合の対応はどうであろうか。児童福祉法第28条では，親権を行う者または未成年後見人の意思に反する場合，家庭裁判所の承認を得ることで，施設入所等の措置をとることができると定めている。つまり，措置を望まない親権者の意思に反して家庭裁判所の審理・審判を経て施設入所となるため，現場ではいわゆる「28条ケース」といわれ，入所後に親権者との関係調整に苦慮する事例もみられる。

　なお，2018年に決定された「児童虐待防止対策体制総合強化プラン」では，児童相談所や市町村の体制・専門性の強化を進めるために，2022年度までに児童福祉司を約2,000人，児童心理司を790人程度増員するとしている。また，2022年度までに全市町村に，子ども家庭総合支援拠点を置くとしている。

5．児童福祉施設

　児童福祉施設は，児童福祉法第7条で定められ，第36条から第44条の2まで施設概要が述べられている。そのうち，児童虐待や養育困難などの理由で措置先となる主な6施設を示す（表3）。なお，以下に記す施設数は，福祉行政報告例による2020（令和2）年10月時点での数値である。

表3　児童福祉法に基づいた主な施設

施設名	概要
乳児院 （第37条）	1歳未満の乳児が対象だが，就学前までの養育も可能。厚生労働省による「新しい社会的養護ビジョン」（2017年）にて乳幼児の施設入所停止を発表している。
児童養護施設 （第41条）	18歳未満が対象だが，退所後の自立支援なども担っている。虐待されている児童，環境上養護を要する児童への養護が主な役割。
児童心理治療施設 （第43条の2）	家庭環境，学校における交友関係など，社会生活への適応が困難となった児童への心理治療および生活指導を主とする。 2017年より「情緒障害児短期治療施設」から名称変更。
児童自立支援施設 （第44条）	不良行為をし又はするおそれのある児童などに必要な指導を行い，その自立を支援する施設。
母子生活支援施設 （第38条）	母子家庭の母と子（児童）を保護するとともに，自立促進のために生活支援するための施設。
自立援助ホーム （第33条の6）	義務教育終了後15歳から20歳までの家庭がない者や家庭にいることができない者へ援助し，自立を目指すための施設。

　乳児院は全国に144カ所設置され，1歳未満の乳児を対象としている。児童養護施設は全国に612カ所みられ，主に18歳未満の児童がケアを受けている。措置先として最も多く選択され，被虐待をはじめさまざまな理由での措置が目立つ。心理療法の必要な児童が10人以上いる場合，心理療法担当職員が配置される。より家庭的な環境での養育を目指すために年々施設が小規模化され，地域小規模児童養護施設や小規模グループケアなど地域に根ざした家庭的養護への転換が進められている。2024（令和6）年の児童福祉法改正では，児童養護施設での自立に向けた支援を必要とする場合，最長22歳までとしてきた年齢制限を撤廃することになった。

　児童心理治療施設は全国に51カ所と少ない。かつては「情緒障害児短期治療施設」という名称だったが，2016（平成28）年の児童福祉法改正により2017年から名称変更された。心理療法担当職員は児童7人に1人の割合で配置され，精神科または小児科の医師，看護師がいるなど児童養護施設に比べて手厚いケア体制となっている。児童自立支援施設も全国58カ所とわずかである。窃盗や家出，性非行などのケースを主とし，心理療法担当職員は児童10人あたり1人を配置している。不良行為の背景には，被虐待や発達障害などさまざまな問題を抱えていることが多い。母子生活支援施設は全国に221カ所あり，経済的な困窮や配偶者による暴力から保護するなどのシェルター的な役割も果たす。

　自立援助ホーム（児童自立生活援助事業）は，全国に 193 カ所と増加しており，義務教育終了後 15 歳から 20 歳まで（大学等に在学中であれば 22 歳）の者を対象とする。児童養護施設等では中学を卒業した後に就職することになれば退所することになり，高校に進学したとしても高校卒業と同時に退所しなければならないため，施設での暮らしが長い児童からすると社会的自立に不安を抱えることから，社会的自立のための準備を行う場として意義がある。

　児童福祉施設への措置で親子が分離されたとしても，児童相談所の判断で親子交流の機会がもたれ，親子の関係調整が行われる（菅野，2016a）。しかし，親子の交流中に再虐待が発覚するケースや深夜放置されるケースなどもあり（菅野・元永，2008），再び心の傷を負わないための対策が課題となる。

　2017 年に厚生労働省が発表した「新しい社会的養護ビジョン」によると，就学前の児童（乳幼児）の施設措置を停止し，より家庭的な養育を行うことを目的として里親委託を促進する施策を打ち出しているため，今後の動向に注視したい。

6. 里　　親

　里親制度は，児童相談所長が子どもの養育を里親に委託する制度である（児童福祉法第 27 条の 1）。養子縁組を前提とする「養子縁組里親」，子どもと三親等内の親族が里親になる「親族里親」，養子縁組を前提とせず子どもの養育を目的とする「養育里親」の 3 種類に分けられる。養育里親にはさらに被虐待等によって心身に有害な影響を受けることで専門的なケアに対応する「専門里親」が設けられている。2017 年に厚生労働省が発表した「新しい社会的養護ビジョン」では，「家庭と同様の養育環境」の原則により，特に就学前の児童については 7 年以内に里親委託率 75％以上を実現する目標を掲げている。児童福祉法の改正（2016〔平成 28〕年）では，里親支援を児童相談所の業務として明確に位置づけて里親委託を促進しようとする一方，登録里親数の少なさや里親委託率の低水準，マッチングの難しさ，児童の問題行動への対応に苦慮する状況が課題とされている。

7. 要保護児童対策地域協議会

　2004（平成 16）年の児童福祉法の改正では，要保護児童対策地域協議会について規定された（児童福祉法第 25 条の 2）。対象者は，要保護児童，要支援児童，特定妊婦となる。児童福祉法にて，要保護児童は「保護者のない児童又は保護者に監護させることが不適当であると認められる児童」とされ，非行児童も含まれる。要支援児童は「保護者の養育を支援することが特に必要と認められる児

童」と定義している。

　協議会の設置主体は，地方自治法（第1条の3）に規定する地方公共団体（主に市町村）となっている。構成員は，児童相談所，市町村保健センター，保健所，学校，教育委員会，警察・司法の関係者などである。会議は，代表者会議，実務者会議，個別ケース検討会議の3層構造になっているが，複数の会議を兼ねて開催することもある。個別ケース検討会議では，例えば学校関係者としてスクールカウンセラーが出席することもあり，それぞれの組織で働く公認心理師が構成員になる可能性もある。

8．地域における子育て支援の展開

　改正児童福祉法（2004年）では，都道府県等が設置する児童相談所で受け付けている相談を市区町村の業務とすることも明確化された。そこで「児童家庭支援センター（東京都などでは子ども家庭支援センター）」を市区町村に設置する動きとなり，児童相談所と連携しながら子育て家庭のあらゆる相談に応じ，ショートステイや一時預かりといった在宅サービスの提供，子育てサークルの支援などを担っている。近年展開している「子育て世代包括支援センター」は，2016年の児童福祉法改正で法制化された。特色として，妊娠・出産から子育て期までの切れ目のない支援を提供するとしていたが，今後は「こども家庭センター」として，母子保健，子育て支援に関する窓口の一元化や地域の特徴を活かしたサービスの提供などを通して児童虐待の発生予防の役割も担うことになる。2005年の介護保険法の改正で制定された「地域包括支援センター」も市区町村の業務であり高齢者支援を中心とするが，今後いずれの機関においても公認心理師が他職種と連携しながら地域での心の支援を担っていくことが期待される。

■　Ⅳ　おわりに

　従来型の「社会的養護」から「家庭的養護」への転換は，施設の小規模化や里親制度の推進などで，できるだけ家庭に近い環境での養育を求める傾向がより強まっている。しかし，環境を変えたからといって児童の質が急激に改善するとは言い難い。児童のケアを行う養育者のスキルアップや雇用の安定性，里親支援の充実化など，ソフト面を重視しながら法や制度の再整備を行う必要がある。

　もう一つ，いわゆる「18歳問題」への懸念をあげたい。児童福祉法の対象年齢は18歳未満であるため，児童福祉の養護的な場から厳しい社会へ放り込まれる

ことになる（菅野，2016b）。2024年の法改正で，児童養護施設や里親のもとで暮らす子どもに限り，年齢制限撤廃となった。一方，年齢制限撤廃の対象外の子どもたちも存在する。社会的自立に向けた移行支援については，今後の動向に注目したい。

◆学習チェック表
☐　児童虐待の4つの種別を説明できるようになった。
☐　児童虐待防止法の特徴を理解した。
☐　児童相談所の相談援助活動の流れを理解した。
☐　児童福祉施設ごとの特徴を把握した。
☐　「社会的養護」と「家庭的養護」の違いがわかった。

より深めるための推薦図書

衣斐哲臣（2008）子ども相談・資源活用のワザ―児童福祉と家族支援のための心理臨床．金剛出版．

グッドマン，ロジャー（2006）日本の児童養護．明石書店．

金子龍太郎（2004）傷ついた生命を育む―虐待の連鎖を防ぐ新たな社会的養護．誠信書房．

西澤哲（2010）子ども虐待．講談社現代新書．

庄司順一（2003）フォスターケア―里親制度と里親養育．明石書店．

文献（推薦図書も含む）

菅野恵・元永拓郎（2008）児童養護施設における入所児童の「一時帰宅」および「宿泊交流」に関する研究―施設内で観察される「問題行動」との関連の検討を含めて．こころの健康，23(1); 33-46.

菅野恵（2016a）児童臨床―児童虐待と子育て支援を中心に．In：津川律子・元永拓郎編：心の専門家が出会う法律―臨床実践のために【新版】．誠信書房，pp.96-105.

菅野恵（2016b）学校と児童福祉の連携．精神科治療学，31(4); 513-517.

菅野恵（2017）児童養護施設の子どもたちの家族再統合プロセス―子どもの行動の理解と心理的支援．明石書店．

第8章

福祉分野に関係する法律・制度
（2）障害者・障害児福祉

米山　明

⌛ *Keywords*　障害者基本法，障害者総合支援法，障害者権利条約，児童福祉法，療育，障害者差別解消法，障害者虐待防止法，発達障害者支援法，国際生活機能分類（ICF），インクルージョン，こども基本法，こども家庭庁，こども

▌ I　はじめに

　障害者・障害児に心理職が関わることは非常に多い。出生前の妊娠期から，新生児期，乳幼児期，学齢期思春期・青年期，そして成人期，さらに高齢期まで，年齢層が広い。さらに障害児者本人だけでなく，育ちの基盤であり生活を共にする，妊婦も含む保護者や家族とも心理職は関わる。ライフステージごとに，保健医療，福祉，教育，産業・労働などの分野において，心理検査等での診断補助や評価だけでなく，各種相談や直接の指導・支援や支援計画などの作成，モニタリングなど，心理職が関わる業務は極めて多く中心的役割を担うこともあり，非常に重要な分野である。

　この章では，障害者・障害児福祉に関連する法律や制度について述べる。紙面の都合上，法制度の詳細は，厚生労働省の HP や成書を参考にしていただきたい。また，独立行政法人福祉医療機構の WAM NET のホームページで最新の情報を得ることができるので，活用をお勧めする（章末文献欄参照）。

▌ II　障害者・障害児福祉の法律・制度の変遷（第3章図F参照）

1．障害者基本法

　「障害者基本法」は 1993（平成5）年に制定され，2011（平成23）年に大幅に改正された。歴史的には，身体障害者福祉法（1949［昭和24］年），知的障害

者福祉法（精神薄弱者福祉法として 1960［昭和 35］年），精神保健福祉法（精神衛生法として 1950［昭和 25］年）と，各障害者福祉法が制定され，その後障害者基本法（心身障害者対策基本法として 1970［昭和 45］年）が制定された。1981 年の国際障害者年を契機にノーマライゼーションの理念が徐々に浸透し，2003（平成 15）年に「措置制度」から「支援費制度」が導入された。その後，身体・知的・精神の 3 障害共通の制度である「障害者自立支援法」（2006［平成 18］年）が施行，さらに「障害者総合支援法」へ移行（2012［平成 24］年 6 月）した。

2．障害者・障害児への支援

　障害者支援に対する法律・制度の改革整備が進み，国連の障害者権利条約の批准（2014［平成 26］年 1 月）と「障害者差別解消法」が 2016（平成 28）年 4 月に施行され（成立は 2013［平成 25］年），日本の障害者を取り巻く法律や制度は大きく変化している。

　障害のある児童（以下，障害児）支援への体制整備も大きく変化している。すなわち，1947（昭和 22）年に制定された児童福祉法は，2012（平成 24）年に改正（さらに 2018［平成 30］年 4 月一部改正）され，障害児支援は基本的に児童福祉法の下で，各種支援の法令や制度が整備されることになった。障害種別は一元化され，児童福祉施設である障害児の入所施設・通所施設の体制整備，「放課後等デイサービス」「保育所等訪問支援事業」が開始されるなど，大きく変貌した。「障害者基本法」改正で第 17 条に新規収載された「療育」および，2014（平成 26）年 7 月の「障害児支援のあり方に関する検討会」報告では，本人の最善の利益保障（発達支援）だけでなく，子どもの育ちの基盤となる家族への支援（家族支援）を重視し，地域で関係機関が縦横連携（地域支援）し，共生社会の構築を図ることが目指されている。教育関係では，だれもが同じ教室で学ぶインクルーシブ教育が唱われているが，いまだ進んでいない（Ⅲ節，Ⅳ節で詳述）。

①障害児支援の管轄の変更──こども家庭庁の開設

　「こども基本法」とともに策定された「こども政策の新たな推進体制に関する基本方針」（2021［令和 3］年 12 月 21 日閣議決定）において，「こどもまんなか社会を目指すこども家庭庁の創設」が打ち出され，2023（令和 5）年度から，内閣府の下「こども家庭庁」が開設された。障害児の施策などは，厚生労働省社会・援護局障害保健福祉部から，こども家庭庁支援局障害児支援課に移管され，

一部は厚生労働省と共管となっている。

　なお，こども家庭庁成育局は，妊娠・出産の支援，母子保健，成育医療等，就学前の全てのこどもの育ちの保障と全てのこどもの居場所づくり等を管轄する。

　「障害者基本計画第5次」においては，「こども政策の新たな推進体制に関する基本方針」でこども家庭庁の創設が打ち出されたことを踏まえ，こどもの視点で，こどもを取り巻くあらゆる環境を視野に入れ，こどもの権利を保障し，こどもを誰一人取り残さず，健やかな成長を後押しすることとされている。障害のあるこどもに対しても，地域社会への参加・包容（インクルージョン）を推進する観点等を踏まえた，こどもと家族に対する妊娠期からの切れ目のない継続支援を早期から行うことが必要であり，この場合，成人の障害者とは異なる支援を行う必要性があることに留意することとする。

　なお，同基本方針における「こども」とは，大人として円滑な社会生活を送ることができるようになるまでの成長の過程にある者をいうとされている（内閣官房，2021）。

②障害児支援の実際

1）障害児通所支援（児童発達支援・放課後等デイサービス等）

　児童発達支援センターについて，障害の重度化・重複化や多様化を踏まえ，その専門的機能の強化を図るとともに，地域における中核的支援施設と位置づけ，地域の事業所等との連携や，障害児の医療的ケアを含めた多様なニーズに対応する機関としての役割を担うため，必要な体制整備を図る。2024（令和6）年度より，「医療型児童発達支援センター」はなくなり，「児童発達支援センター」の統一される。

2）障害児入所支援（医療型障害児入所施設・福祉型障害児入所施設）

　障害児入所施設についても，地域において，虐待を受けた障害児等への対応を含め，さまざまなニーズに対応するため，専門的機能の強化を図った上で，より家庭的な環境の整備等，必要な体制整備を図る。なお，これらの機関が，相互に連携しながら支援体制を構築することを推進する。

3）障害児の意見表明支援・意見形成支援（意思決定支援・意思形成支援）

　こどもの視点に立って，こどもの意見を聴く機会の確保等が重要とされ，障害児においても，こどもの意見形成支援・意見表明支援等に配慮した必要な支援等推進が提唱された（厚生労働省，2023a）。

4）医療的ケア児への支援（医療的ケア児法）

　医療的ケア児とは,「医療的ケア児及びその家族に対する支援に関する法律」の定義によると，日常生活および社会生活を営むために恒常的に医療的ケア（人工呼吸器による呼吸管理，喀痰吸引その他の医療行為）を受けることが不可欠である児童（18歳以上の高校生等を含む）のことである。

　児童福祉法の一部改正（第56条の6第2項：2016（平成28）年6月3日公布)によって医療的ケアが必要とされる児童への必要な措置が盛り込まれた。「地方公共団体は，人工呼吸器を装着している，障害児その他の日常生活を営むために医療を要する状態にある障害児が，その心身の状況に応じた適切な保健，医療，福祉その他の各関連分野の支援を受けられるよう，保健，医療，福祉その他の各関連分野の支援を行う機関との連絡調整を行うための体制の整備に関し，必要な措置を講ずるように努めなければならない」とされている。

　さらに，医療的ケア児及びその家族に対する支援に関する法律が2021（令和3）年6月18日に公布され，地域で，医療・保健，教育，福祉分野などにおいて，医療的ケア児及びその家族に対する支援体制の整備などの措置を講ずるものとされている。

5）発達障害

　発達障害は2005（平成17）年に「発達障害者支援法」が施行され（成立は2004年），2016（平成28）年に改定があった。発達障害は精神障害に含まれると位置づけされ，保健医療（母子保健を含む），福祉，教育，産業・労働の連携した支援の体制整備が進んでいる。

■ III　障害者基本法（2011［平成23］年改正）

　WHOの障害分類も変革を遂げ，ICIDHからICF分類となり，主に障害児の医療や福祉分野では，障害を克服するリハビリテーションや治療（医学モデル）から，障害児者の参加・活動を支援する，生活を支援する（社会モデル）への移行が進みつつある。以下に，関連した法律・制度について述べる。

1．障害と障害者とは

　障害者基本法（平成23年改訂）では，障害者を「身体障害，知的障害，精神障害（発達障害及び高次脳機能障害を含む）その他の心身の機能の障害（難病等に起因する障害を含む）（以下「障害」と総称する）がある者であって,障害及び社会的障壁により継続的に日常生活又は社会生活に相当な制限を受ける状態にあ

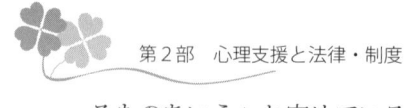

るものをいう」と定めている。

2．インクルーシブ教育

　障害児支援関連で，障害者基本法第17条に「療育」という項目が新設された。第16条では，教育の項目に，いわゆるインクルーシブ教育が書き込まれている。

（療育）第17条　国及び地方公共団体は，障害者である子どもが可能な限りその身近な場所において療育その他これに関連する支援を受けられるよう必要な施策を講じなければならない。

2　国及び地方公共団体は，療育に関し，研究，開発及び普及の促進，専門的知識又は技能を有する職員の育成その他の環境の整備を促進しなければならない。

（教育）第16条　国及び地方公共団体は，障害者が，その年齢及び能力に応じ，かつ，その特性を踏まえた十分な教育が受けられるようにするため，可能な限り障害者である児童及び生徒が障害者でない児童及び生徒と共に教育を受けられるよう配慮しつつ，教育の内容及び方法の改善及び充実を図る等必要な施策を講じなければならない。

とされているが，我が国におけるインクルーシブ教育の推進は進んでいない状況である。次節「障害者の権利に関する条約」の箇所で詳述する。

Ⅳ　障害者の権利に関する条約（障害者権利条約）の批准（国連）

　2006年，国連総会で「障害者の権利に関する条約（以下，障害者権利条約）」が採択された。障害者権利条約は，障害者の人権や基本的自由の享有を確保し，障害者の固有の尊厳の尊重を促進するため，障害者の権利の実現のための措置等を規定した，障害者に関する初めての国際条約。市民的・政治的権利，教育・保健・労働・雇用の権利，社会保障，余暇活動へのアクセスなど，さまざまな分野における取り組みを締約国に対して求めている。

　日本は，障害者基本法の改訂で，インクルージョンを基本とし，さらに「障害者差別解消法」の制定を行った上で，2014年1月20日，日本は141番目の締結国として障害者権利条約を批准した。この中には，「障害者差別解消法」のキーワードとなっている，1）障害に基づく「あらゆる差別の禁止」「合理的配慮の否定や不提供の禁止」，2）障害者の参加・包容（インクルージョン）とともに，条約の実施を監視する枠組みの設置，などが含まれている。

インクルーシブ教育と国際問題

インクルーシブ教育システムとは，包容する教育制度とも訳され，個々の幼児児童生徒の教育的ニーズに最も的確に応える指導を受けることのできるものとされている。だが，2022 年 9 月に我が国の障害者政策に対して国連の権利委員会から下記のような勧告があった。

　　委員会は，以下を懸念する。医療に基づく査定を通した，障害のある子どもの分離された特別教育が永続していること。障害のある子ども，特に知的障害，精神障害またはより集中的な支援を要する子どもが，通常環境での教育にアクセスできなくしている。また，通常学校に特別支援学級があること。

　　国の教育政策，法律及び行政上の取り決めの中で，分離特別教育を終わらせることを目的とし，障害のある子どもがインクルーシブ教育を受ける権利を認識すること。また，特定の目標，期間及び十分な予算を伴い，あらゆる教育レベルにおいてすべての障害のある児童／生徒が合理的配慮及び必要とする個別化された支援を提供されることを確保するために，質の高いインクルーシブ教育に関する国の行動計画を採択すること。

健常児と障害児とを区分けする特別支援教育が不平等とされ，インクルーシブ教育の推進が遅いことが危惧されている。

これを受け，2023 年に障害者基本計画（第 5 次）では，「インクルーシブ教育システムの推進」があらためて提言されることになった。「障害者基本計画第 5 次」においては，基本的考え方として，

- 障害の有無によって分け隔てられることなく，国民が相互に人格と個性を尊重し合う共生社会の実現に向け，可能な限り共に教育を受けることのできる仕組みの整備を進めるとともに，いわゆる「社会モデル」を踏まえつつ，障害に対する理解を深めるための取組を推進すること。
- 高等教育を含む学校教育における障害のある幼児児童生徒及び学生に対する支援を推進するため，障害のある幼児児童生徒及び学生に対する適切な支援を行うことができるよう環境の整備に努めるとともに，合理的配慮の提供等の一層の充実を図ること。
- 障害者が，学校卒業後も含めたその一生を通じて，自らの可能性を追求できる環境を整え，地域の一員として豊かな人生を送ることができるよう，生涯を通じて教育やスポーツ，文化等の様々な機会に親しむための関係施策を横断的かつ総合的に推進するとともに，共生社会の実現を目指すこと。

とされている。特にインクルーシブ教育については，

　　障害のある幼児児童生徒の自立と社会参加に向けた主体的な取組を支援するという視点に立ち，基礎的環境の整備を進めつつ，個別の指導計画や個別の教育支援計画の活用を通じて，幼稚園，小・中学校，高等学校，特別支援学校等（以下「全ての学校」という）に在籍する障害のある幼児児童生徒が合理的配慮の提供を受けながら，適切な指導や必要な支援を受けられるようにする。こうした取組を通じて，障害のある幼児児童生徒に提供される配慮や学びの場の選択肢を増やし，障害の有無にかかわらず可能な限り共に教育を受けられるように条件整備を進めるとともに，個々の幼児児童生徒の教育的ニーズに最も的確に応える指導を受けることのできる，インクルーシブ教育システム（包容する教育制度）の整備を推進する。

とされる。条約第24条において，「インクルーシブ教育システム」（inclusive education system）とは，人間の多様性の尊重等の強化，障害者が精神的および身体的な能力等を可能な最大限度まで発達させ，自由な社会に効果的に参加することを可能とするとの目的の下，障害のある者と障害のない者が共に学ぶ仕組みとされている。

　一方，日本では共に教育を受けることが教育関係者だけではなく保護者のなかでもこどもの権利として認識されず，いじめや学校制度の問題もあって，通級指導教室に限らず特別支援学級・学校で特別支援教育を受ける児童・生徒の数は増加している。

■ V　障害者自立支援法（2005［平成17］年成立）から障害者総合支援法（2012［平成24］年成立，2018［平成30］年一部改正）

1．障害者自立支援法：障害者の福祉サービスを「一元化」

　サービス提供主体を市町村に一元化した。障害の種類（身体障害，知的障害，精神障害）にかかわらず障害者の自立支援を目的とした共通の福祉サービスは，共通の制度により提供されるようになった。障害者の地域生活と就労を進め，自立を支援する観点から，障害者基本法の基本的理念にのっとり，これまで障害種別ごとに異なる法律に基づいて自立支援の観点から提供されてきた福祉サービス，公費負担医療等について，共通の制度の下で一元的に提供する仕組みを創設することとし，自立支援給付の対象者，内容，手続き等，地域生活支援事業，サービスの整備のための計画の作成，費用の負担等を定めるとともに，精神保健福祉法

等の関係法律について改正された（図1，2参照）。

2．障害者の日常生活及び社会生活を総合的に支援するための法律（以下，障害者総合支援法）（2012［平成24］年成立，2018［平成30］年一部改正）

「障害者自立支援法」から「障害者総合支援法」に移行となった（厚生労働省，2013）。本法は，日常生活・社会生活の支援が，共生社会を実現するため，社会参加の機会の確保および地域社会における共生，社会的障壁の除去に資するよう，総合的かつ計画的に行われることを法律の基本理念として，初めて「障害支援区分」が創設された（それまでの「障害程度区分」からの移行）。

各地域で支援の連携や体制についての協議の場「地域自立支援協議会」が設置された。自立支援給付は，給付費：国1/2，都道府県1/4，市区町村1/4の割合で負担する。身体障害，知的障害，精神障害サービス利用計画書が作成され，各種の給付がされる。

　1）介護給付：訪問系サービス（居宅介護，重度訪問介護など）・療養介護・生活介護・短期入所・重度障害者等包括支援・施設入所支援。
　2）訓練等給付。
　3）自立支援医療（医療費の1割の自己負担）。
　4）補装具作成。これらが支給や給付，助成される。

その他に，地域生活支援事業（相談支援，コミュニケーション支援，日常生活用具，移動支援，地域活動支援センター，福祉ホーム等）や，都道府県地域支援事業として人材育成と広域支援などがある。

なお，区分判定にあたっては，特に知的障害および発達障害を含む精神障害者の日常生活活動の自立・要支援の判定が曖昧で，判定者により判断が大きく異なることが発生しており，今後の判断・判定基準がより生活の困難さを評価できる改善を期待したい。

3．自立支援医療について

児童の場合，多くの自治体で子ども医療費助成を行っており，15歳（中学卒業）まで医療費の自己負担はない地域が多い。一方15歳を超えると，自己負担となるが，各種自立支援医療制度により，下記のような医療費の助成が受けられる（手続き等詳細は成書参照）。また地域差があるが，少子化対策の一つとして，自治体が医療費の自己負担分を18歳まで全額助成を延長しているところも多い。

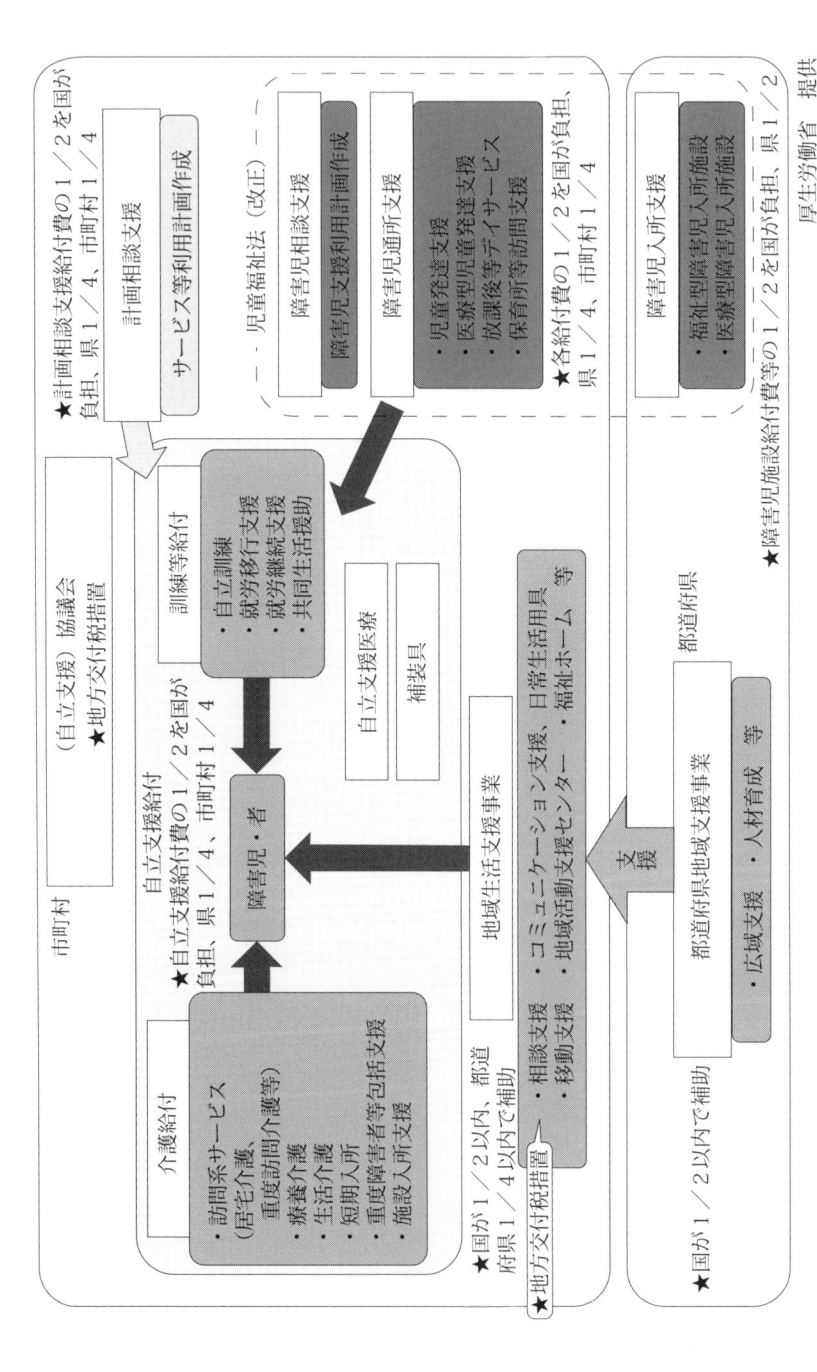

図１　児童福祉法・障害者総合支援法に基づく障害児支援・障害福祉サービスの体系（平成24年4月〜）

厚生労働省　提供

図2　障害児へのライフステージに応じた支援体制（児童福祉法・障害者総合支援法の改正（平成24年）厚生労働省）年齢に従い利用するサービスが変わっても、関係機関による重層的な支援が継続されることを期待。

1 ）精神通院医療：精神保健福祉法第 5 条に規定する統合失調症などの精神疾患を有する者で，通院による精神医療を継続的に要する者。

2 ）更生医療：身体障害者福祉法に基づき身体障害者手帳の交付を受けた者で，その障害を除去・軽減する手術等の治療により確実に効果が期待できる者（18 歳以上）。

3 ）育成医療：身体に障害を有する児童で，その障害を除去・軽減する手術等の治療により確実に効果が期待できる者（18 歳未満）。

4．障害児（その疑い）への支援について

① 児童福祉法（2012 ［平成 24］年改正，2018 ［平成 30］年 4 月一部改正）［第 7 章参照］

　障害児支援は，2012（平成 24）年児童福祉法改正により，障害種別が一元化され，支援サービスについては，指定相談支援事業所，児童相談所などに相談し，障害児支援利用計画書（案）に基づいて行政が調査を行い，サービスの支給要否決定が行われる（入所施設は都道府県，通所施設は市区町村が管轄）。現行では計画書は保護者が作成することも可能である（セルフプラン）。支給決定後，いわゆる受給者証が発行され，障害児支援利用計画書に基づいて障害児施設と契約し支援が開始となる。家庭の所得により負担額が決められている（給付費：国 1/2，都道府県 1/4，市区町村 1/4 負担）。通所施設は「個別支援計画書」を作成する。なお，支給（サービス）の量や内容は一定期間毎に確認（モニタリング）と見直しがされる。

　障害児入所施設は，医療型障害児入所施設（旧体系：肢体不自由児施設，重症心身障害児者），福祉型障害児入所（旧体系：知的障害，自閉症，視覚・聴覚障害）がある。また障害児通所支援では，児童発達支援事業，医療型児童発達支援事業，保育所等訪問支援，放課後等デイサービスなどサービスが再編された。2018 年 4 月からは，居宅訪問も可能となった。2024（令和 6 ）年度より，医療型児童発達支援事業は統合されることとなった。

　本人と家庭への経済的支援も重要である。表 1 に，例としてある自治体（板橋区）の障害児・者の福祉制度一覧を示したので参照されたい。

② 「障害児支援のあり方に関する検討会報告」2014 年 7 月厚生労働省

　障害児福祉分野においては，発達障害を含む，障害児およびその疑いのある子ども（以下，障害児）への発達支援，すなわち「療育」のあり方には，2011（平成 23）年改正の障害者基本法で，「第 17 条　療育」という項目が初めて法律に収載された。2014（平成 26）年 7 月に「障害児支援のあり方に関する検討会」の

報告書が厚生労働省より出された。基本理念として「障害児本人の最善の利益の保障（発達保障）」と子育ての基盤となる「家族支援」が重視され，身近な地域において「縦横連携」の推進が打ち出され，いわゆる「医学モデル」であった従来の「療育」やリハビリテーションから地域社会への参加・包容（インクルージョン）を推進する（国際生活機能分類〈ICF〉の参加・活動を支援する）「社会モデル」としての「療育」への変貌が求められている。

　また，児童福祉法（1947［昭和22］年法律第164号）に基づき，障害児に対して発達支援等を行う児童発達支援等を提供するとともに，障害者総合支援法に基づき，居宅介護，短期入所，障害児を一時的に預かって見守る日中一時支援等を提供し，障害児が身近な地域で必要な支援を受けられる体制の充実が図られている。これにより，障害児の発達段階に応じた，保育所等訪問支援および放課後等デイサービス等のサービスが始まっている。

　医療的ケア児及びその家族に対する支援に関する法律（2021［令和3］年法律第81号）に伴い，医療的ケアが必要な障害児等に対して，医療的ケア児支援センターが相談に応じ，情報の提供や助言その他の支援，関係機関等への情報提供と研修の実施などが図られるようになった。これにより，保健・医療・福祉・教育等の関係機関の連携促進が進められ，地域において包括的な支援が受けられるようになっている。また在宅で生活する重症心身障害児者について，専門的な支援の体制を備えた短期入所や居宅介護，児童発達支援等，在宅支援の充実が図られている。

③障害児支援の特徴

　障害児支援は，対象児童の年齢や障害特性から，障害者基本法，児童の権利条約，児童福祉法，成育基本法，ならびにこども基本法の下，母子保健・子ども子育て関連法・子育て世代包括支援などと併せて，重層的，縦横連携した支援が望まれる。例えば，「発達障害」は，何らかの脳の機能の障害と考えられており，脳科学の分野でさまざまな研究がされているが，残念ながら，根本治療法は確立していない。

　脳機能の異常から，発達の遅れや偏りが影響して，新生児期（出生後28日まで）より啼泣・嘔吐・眠らないなどの過敏症状が出現し，早期から育児負担となる場合や，3，4カ月の乳幼児健診で，眠らない・睡眠のリズムが整わない，癇が強いなど相談を受けることもある。視線が合わない，音や光にとても過敏や鈍敏であったりする。幼児期になると，集団活動が苦手，不器用，偏食，変わった

表1　主な障害児・者福祉制度一覧（板橋区　平成30年度）

制度名		身1	身2	身3	身4	身5	身6	愛1	愛2	愛3	愛4	精1	精2	精3	所得制限	一部負担	内容	窓口
医療	心身障害者医療費助成　マル障	○	○					○	○							○	○	保険診療の自己負担分の助成	区役所
	自立支援医療　更生医療	○	○	○	○	○	○									○	○	18歳以上（手帳所持必須）	福祉事務所
	自立支援医療　育成医療	○	○	○	○	○	○									○		18歳未満	
	自立支援医療　精神通院医療											○	○	○		○	○	精神通院医療費の助成	健康福祉センター
	小児精神障害者入院費助成											○	○	○			○	18歳未満　精神科入院治療費の助成	
税金・手当・年金等	所得税・住民税	○	○	○	○	○	○	○	○	○	○	○	○	○				税の控除・減免	税務署
	自動車税・自動車取得税	○	○	△	△	△	△											税の減免	都税事務所
	特別児童扶養手当	○	○	△	△			○	○	△	△	○	△	△		○		1級：月額51,700円 2級：月額34,430円	区役所
	障害児福祉手当	○	△					○	△			△				○		月額：14,650円	
	児童育成手当（障害手当）	○	○					○	○	△						○		月額：13,500円 脳性麻痺、筋ジスは 身体障害者手帳1～6級程度	
	重度心身障害者手当	○	○					○	○							○		月額：60,000円 都身障センターの判定による	
	特別障害者手当	○	○					○	○			△				○		月額：26,940円	
	心身障害者福祉手当	○	○	○				○	○	○	○							身障1,2級・愛の手帳1～3度 月額：15,500円 身障3級・愛の手帳4度 月額：10,000円 脳性麻痺、筋ジスは等級制限なし	
	心身障害者扶養共済（都制度）	○	○	○				○	○			△				○		加入者（保護者）が死亡又は 重度障がいとなった時に支給	
	国民年金障害基礎年金	○	○					○	△			○	△			○		1級：年額974,125円 2級：年額779,300円	
自立支援	自立支援給付　介護給付	△	△	△	△	△	△	△	△	△	△	△	△	△			○	居宅介護 短期入所 生活介護（入所・通所） 施設入所支援　など	福祉事務所 各施設 各事業所
	自立支援給付　訓練等給付	△	△	△	△	△	△	△	△	△	△	△	△	△			○	自立訓練 就労支援 グループホーム　など	
	自立支援給付　自立支援医療																	＊医療の欄参照	
	自立支援給付　補装具	△	△	△	△	△	△									○	○	補装具作製・修理費用の助成	

区分	サービス名	内容	窓口
自立支援	地域生活支援事業	日常生活用具の支給／移動支援／訪問入浴／日中支援 など	
	障害児通所支援	児童発達支援／放課後等デイサービス／保育所等訪問支援	
日常生活	都立公園の無料入場	窓口への手帳提示によって本人および介護人の入場無料	都立公園
	携帯電話料金の割引	本人が契約者である場合など割引率は各社による	各携帯電話会社
	心身障害者休養ホーム事業	指定保養施設（旅館など）の宿泊料の助成	福祉事務所
住宅	都営住宅の優先入居	抽選優遇制度（ポイント方式）	都住宅供給公社
	都営住宅使用料特別減額	所得による使用料の減額	公社
移動	都営交通の乗車証の発行	無料乗車証の発行	区役所
	民営バスの割引	第1種：本人および介護人5割引	
	鉄道運賃等の割引	第1種：本人および介護人5割引　第2種：本人のみ5割引	福祉事務所
	航空運賃の割引	本人および介護人の運賃割引　割引率は各社による	各航空会社
	有料道路の交通料金の割引	5割引	各鉄道会社
	駐車禁止除外車両ステッカー	家族の運転の場合は第1種のみ	福祉事務所
	タクシー運賃の割引	ステッカーの支付	警察署
	福祉タクシー or 自動車燃料費の支付	手帳の提示で運賃の1割引	乗務員
他	生活福祉資金の貸付	タクシー券か自動車燃料料支付のどちらかを選択	福祉事務所
	紙おむつの助成	生活資金・就業資金などの貸付	社会福祉協議会
区	板橋区緊急保護者事業（赤塚ホーム）	2才以上、常時失禁状態の重度身障者に支給、月上限枚数有り	福祉事務所
	ぬくもりサービス	保護者の病気、冠婚葬祭などで一時的に家庭介護が出来ないとき赤塚ホームでの介護	赤塚ホーム
		協力会員による家事援助、外出援助、見守りなど	社会福祉協議会

※ ○印概ね対象、△印は一部対象を示す

子，こだわりが強い，落ち着きがない，かんしゃく，強い反抗など，やはり「育てにくい子」として，保健所や保育園，医療機関，地域の子ども発達支援センターなどの相談対象となる。

　そのため，発達障害への早期介入支援においては，母子保健も含む子ども家庭福祉分野での子ども子育て支援・子育て世代包括支援の制度が先行して介入し，その後，障害福祉による支援（基幹相談，障害児支援利用計画書作成，受給者証発行，発達支援事業所との相談・契約と個別支援計画書やサポートファイル等を利用した関係機関が連携した障害児とその家族への支援）が重要となる。また学齢期（教育）への移行，就労への移行など，ライフステージに合わせて縦横連携が重要である。また，思春期・青年期に発生リスクが高くなる，適応障害や精神障害，さらに素行障害など社会的なトラブル発生を見据えた支援は青年期・成人の精神科との連携，協働が必要である。

VI　発達障害者支援法（2004［平成 16］12 月成立，2016［平成 28］年一部改正）

　2016（平成 28）年に一部改正されたが，2004（平成 16）年成立・翌年施行の発達障害者支援法の第 2 条では，「発達障害」とは，「自閉症，アスペルガー症候群その他の広汎性発達障害，学習障害，注意欠陥多動性障害その他これに類する脳機能の障害であってその症状が通常低年齢において発現するものとして政令で定めるものをいう」と定義された。これらの規定により法の対象となる障害は，ICD-10（疾病及び関連保健問題の国際統計分類）で定める，「心理的発達の障害（F80-F89）」と「小児（児童）期及び青年期に通常発症する行動及び情緒の障害（F90-F98）」である。

　また，法律上「てんかんなどの中枢神経系の疾患，脳外傷や脳血管障害の後遺症が，上記の障害（発達障害）を伴うものである場合においても，法の対象とするものである（同法第 2 条 関係）」としており，小児期低年齢発症の「高次脳機能障害」などもその症状が合致すれば含まれるとされる。

　なお，アメリカ精神医学会『DSM-5（精神障害の診断と統計マニュアル）』の診断基準の改定にともない「発達障害（神経発達症）」圏の診断が大きく変わり，その基準が利用され始めている。また 2018 年に WHO の ICD-11 が刊行されたが，日本語版は未刊のままである。診断名や用語が変更となる可能性がある。

▌VII　障害者虐待防止法（2011［平成 23］年成立）

「障害者」とは，身体・知的・精神障害その他の心身の機能の障害がある者であって，障害及び社会的障壁により継続的に日常生活・社会生活に相当な制限を受ける状態にあるものをいう（障害者基本法第 2 条 1）。

「障害者虐待」とは，①養護者による障害者虐待，②障害者福祉施設従事者等による障害者虐待，③使用者による障害者虐待をいう。障害者虐待の類型は，①身体的虐待，②ネグレクト，③心理的虐待，④性的虐待，⑤経済的虐待の 5 つである（児童虐待防止法の虐待の類型①〜④に，⑤経済的虐待が加わった）。障害児虐待は，一般の虐待より頻度が高い（4 倍から 13 倍との報告がある）。発達の遅れや偏り，その疑いは児童虐待の子ども側のハイリスク要因である。通告の義務の強化（2004 年）や児童相談所へ通告や相談の利便性を図るための「189」の 3 桁電話番号の開設，母子保健法・子育て世代包括支援をはじめ，医療や教育との連携の強化（児童福祉法の 2018［平成 30］年改正）など予防対策が講じられている。なお，18 歳までの障害児虐待は，家庭での発生は「児童虐待防止法」に基づいた対応となるが，施設内虐待は，障害児入所施設は「児童福祉法」に基づいた対応，通所施設・病院・学校内などは「障害者虐待防止法」に基づいた対応となる。

障害者虐待における虐待防止法制の対象範囲に関して，児童虐待防止法（2000［平成 12］年），障害者虐待防止法，65 歳以上が対象となる高齢者虐待防止法（2006［平成 18］年）の関係については，表 2 を参考にしてほしい。

さらに，2022（令和 4）年より，障害者施設・事業所においては，①虐待防止委員会の定期開催（年 1 回）およびその記録の従業者への周知徹底，②定期的な研修の実施，③虐待防止のための担当者の配置が，義務付けられた（厚生労働省，2023b）。

▌VIII　障害を理由とする差別の解消の推進に関する法律（以下，障害者差別解消法）

「差別的取扱いの禁止」と「合理的配慮の不提供の禁止」に代表される障害者差別解消法が 2016（平成 28）年 10 月施行された（成立は 2013［平成 25］年）。主な内容は，全ての国民が，障害の有無によって分け隔てられることなく，相互

表2　障害者虐待における虐待防止法制の対象範囲

所在場所＼年齢	在宅（養護者・保護者）	福祉施設　障害者自立支援法　障害福祉サービス事業所（入所系、日中系、訪問系、GH等含む）	相談支援事業所	介護保険法等　高齢者介護施設等（入所系、通所系、訪問系、居住系等含む）	児童福祉法　障害児通所支援事業所	障害児入所施設等（注1）	障害児相談支援事業所	企業	学校・病院・保育所
18歳未満	児童虐待防止法・被虐待者支援（都道府県）※	障害者虐待防止法・適切な権限行使（都道府県市町村）	障害者虐待防止法・適切な権限行使（都道府県市町村）	—	障害者虐待防止法（省令）・適切な権限行使（都道府県・市町村）注2	改正児童福祉法・適切な権限行使（都道府県）	障害者虐待防止法（省令）・適切な権限行使（都道府県・市町村）		
18歳以上65歳未満	障害者虐待防止法・被虐待者支援（市町村）	障害者虐待防止法・適切な権限行使（都道府県市町村）	障害者虐待防止法・適切な権限行使（都道府県市町村）	【特定疾病40歳以上】	（20歳まで）注2	【20歳まで】	—	障害者虐待防止法・適切な権限行使（都道府県労働局）	障害者虐待防止法・間接的防止措置（施設長）注3、注4
65歳以上	障害者虐待防止法　高齢者虐待防止法・被虐待者支援（市町村）	障害者虐待防止法・適切な権限行使（都道府県市町村）	障害者虐待防止法・適切な権限行使（都道府県市町村）	高齢者虐待防止法・適切な権限行使（都道府県市町村）	—	—	—		

※養護者への支援は、被虐待者が18歳未満の場合も、必要に応じて障害者虐待防止法も適用される。
なお、配偶者からの暴力を受けている場合は、配偶者からの暴力の防止及び被害者の保護に関する法律の対象ともなる。
注1）里親、乳児院、児童養護施設、障害児入所施設、児童心理治療施設、児童自立支援施設　注2）児童発達支援事業所・放課後等デイサービス、障害児相談支援……通報は市区町村、報告は都道府県　注3）精神科病院については、令和4年12月精神保健福祉法の改正がかかり、通告が義務付けられた。注4）：報告先は学校設置者
文科省：体罰の禁止の徹底（通知 2013年3月）教職員の性暴力の防止法（2022）：報告先は学校設置者

に人格と個性を尊重し合いながら共生する社会の実現に資することを目的とし，

　1）障害を理由とする差別等の権利侵害行為の禁止：何人も，障害者に対して，障害を理由として，差別することその他の権利利益を侵害する行為をしてはならない。
　2）社会的障壁の除去を怠ることによる権利侵害の防止：社会的障壁の除去は，それを必要としている障害者が現に存し，かつ，その実施に伴う負担が過重でないときは，それを怠ることによって前項の規定に違反することとならないよう，その実施について必要かつ合理的な配慮がされなければならない。
　3）国による啓発・知識の普及を図るための取り組み：国は，第1項の規定に違反する行為の防止に関する啓発及び知識の普及を図るため，当該行為の防止を図るために必要となる情報の収集，整理及び提供を行うものとする。

　「国及び地方公共団体の責務」「国民の責務」を明記し，さらに，「社会的障壁の除去の実施についての必要かつ合理的な配慮に関する環境の整備」に努めることを記し，行政機関等及び事業者における障害を理由とする差別を解消するための措置，行政機関等における障害を理由とする差別の禁止，事業者における障害を理由とする差別の禁止，国・地方公共団体等職員対応要領，事業者のための対応指針，相談及び紛争の防止等のための体制の整備・啓発活動・情報の収集，整理及び提供，さらに障害者差別解消支援地域協議会の設置や事務内容まで規定している。

　この法律に基づき，国の関係省庁（内閣府をはじめ，厚生労働省，文部科学省，国土交通省などの行政機関と地方自治体の行政機関がその対応に関する要領の作成，事業者についても事業分野別の指針（ガイドライン）などを策定した。2024（令和6）年4月より，一般事業者も「合理的配慮の提供」が義務化される。

　なお，現在の障害者差別解消法は，身体障害者等への合理的配慮などの対応が多いが，知的障害者，子どもへの差別的取り扱いの禁止や合理的配慮，意思決定支援などについて不十分な点もある。

■ IX　知的障害者福祉法

　知的障害者福祉法は，障害者自立支援法（現，障害者総合支援法）と併せて，知的障害者の自立と社会経済活動への参加を促進するため，知的障害者を援助するとともに必要な保護を行い，もって知的障害者の福祉を図ることを目的とするものである。

　就学前は児童福祉法の下，療育手帳の取得と障害児支援利用計画に基づく支援，

保育所・幼稚園等との協働（保育所等訪問事業，在宅訪問事業）。さらに学齢期は特別支援教育が受け得られ，卒業後には障害者総合支援法，就労支援，障害者雇用促進法に基づいて支援が計画され，実践される。

■ X　障害者雇用促進法

障害者の雇用の促進等に関する法律（障害者雇用促進法）は，身体障害者雇用促進法（1960［昭和 35］年成立）が 1987（昭和 62）年に改正され名称変更され，知的障害者も法律の対象となった。また 2006（平成 18）年には，精神障害者保健福祉手帳を所持する精神障害者も対象に含まれた。この法律の総則では，「障害者の雇用義務等に基づく雇用の促進等のための措置，雇用の分野における障害者と障害者でない者との均等な機会及び待遇の確保並びに障害者がその有する能力を有効に発揮することができるようにするための措置，職業リハビリテーションの措置その他障害者がその能力に適合する職業に就くこと等を通じてその職業生活において自立することを促進するための措置を総合的に講じ，もって障害者の職業の安定を図ることを目的とする」となっている。

2013（平成 25）年および 2017（平成 29）年に改正があり，障害者差別解消法を踏まえて，障害者に対する差別の禁止，雇用の分野における障害者と障害者でない者との均等な機会の確保等を図るための措置（以下「合理的配慮」という），雇用の分野における障害者と障害者でない者との均等な機会もしくは待遇の確保または障害者である労働者の有する能力の有効な発揮の支障となっている事情を改善するために事業主が講ずべき措置に関する指針が打ち出された（厚生労働省，2018）。

合理的配慮は，個々の事情を有する障害者と事業主との相互理解の中で提供されるべき性質のものとした上で，対象の範囲はすべての事業主となった。また，対象となる障害者の範囲は，身体障害，知的障害，精神障害（発達障害を含む）その他の心身の機能の障害があるため，長期にわたり職業生活に相当の制限を受け，または職業生活を営むことが著しく困難な者とされた。発達障害を含む精神障害が含まれるようになり，障害者手帳所持者に限定されなくなった。

また「高次脳機能障害」は，脳損傷に起因する認知障害で失語・失行・失認のほか記憶障害，注意障害，遂行機能障害，社会的行動障害などが含まれる。診断の補助となる，知能検査や認知機能その他の心理検査と MRI や脳波検査など医学的検査も併せ，総合的に診断するが，精神医学的診断は，ICD-10（WHO『国際

疾病分類第 10 版』）の精神および行動の障害（F00-F99）では，「F06　脳の損傷及び機能不全並びに身体疾患によるその他の精神障害」と「F07　脳の疾患，損傷及び機能不全による人格及び行動の障害」に該当する。

　障害者総合支援法では，高次脳機能障害者に対する相談支援は，地域生活支援事業で定めている，市町村が行う「一般的な相談支援」および都道府県が行う「専門性の高い相談支援」に位置づけられている。都道府県は，高次脳機能障害者への支援拠点機関および支援コーディネーターを配置し，高次脳機能障害者に対する専門的な相談支援，関係機関との地域支援ネットワークの充実，高次脳機能障害に関する研究等を行い，適切な支援が提供される体制を整備することとしている。また，自治体職員や福祉事業者等を対象に研修を行い，地域での高次脳機能障害者支援の啓発と普及を図ることが定められている。

XI　国際障害分類（ICIDH）から国際生活機能分類（ICF［ICF-CY］）へ

　ICIDH（国際障害分類［International Classification of Impairments, Disabilities and Handicaps]）は，WHO の国際疾病分類（ICD）の補助分類として 3 つのレベル分類①機能障害（impairment），②能力障害（disability），③社会的不利（handicap）を採用した。これに対して 2001 年の ICF（国際生活機能分類［International Classification of Functioning, Disability and Health]）では，身体・個人・社会の 3 つの視点から，個人の生活機能や障害，健康について分類をしている。生活機能（functioning）として，心身機能・構造（body functions and structures），活動（activities），参加（participation）に着目している。また障害（disability）については，機能障害（impairment），活動制限（activity limitation），参加制約（participation restriction）に分けた。それぞれと相互作用する背景因子（contextual factors）として，環境因子（environmental factors）と個人因子（personal factors）を示した。なお小児は 2006 年に ICF-CY（Child Youth）が発行されている。これらの考え方は，障害者基本法の改正や障害者差別解消法などに使用される語源となっている。

◆学習チェック表
□　障害者基本法の概要について理解した。
□　障害者権利条約の内容について理解した。
□　障害者総合支援法の概要を理解した。

□　自立支援医療について説明できる。
□　障害児の施策の流れを説明できる。
□　障害者差別解消法の概要を理解した。
□　障害者雇用促進法の要点を説明できる。

より深めるための推薦図書

　　DPI日本会議編（2012）最初の一歩だ！　改正障害者基本法―地域から変えていこ
　　　う．解放出版社.
　　二本柳覚編著（2016）これならわかる〈スッキリ図解〉障害者差別解消法．翔泳社.
　　二本柳覚編，鈴木裕介・遠山真世著（2018）これならわかる〈スッキリ図解〉障害者
　　　総合支援法［第2版］．翔泳社.

　　　文　　　献

独立行政法人福祉医療機構（2018）WAM NET（福祉・保健・医療の総合情報サイト）．http://
　　www.wam.go.jp/content/wamnet/pcpub/top/
厚生労働省（2013）障害者総合支援法（法律の概要）．http://www.mhlw.go.jp/stf/seisakunitsuite/
　　bunya/hukushi_kaigo/shougaishahukushi/sougoushien/index.html
厚生労働省（2018）障害者雇用のご案内―共に働くを当たり前に．http://www.mhlw.go.jp/
　　file/06-Seisakujouhou-11600000-Shokugyouanteikyoku/0000201963.pdf
厚生労働省（2023a）障害児入所施設・障害児通所支援事業所を利用するこどもの意見形成支
　　援・意見表明支援のための手引き（案）．in:【資料】令和4年度　障害者総合福祉推進事業
　　障害児入所施設及び障害児通所支援事業所を利用する障害のある子どもの権利擁護の在
　　り方に関する調査研究報告書．https://www.mhlw.go.jp/content/12200000/001113514.
　　pdf
厚生労働省（2023）障害者福祉施設等における 障害者虐待の防止と対応の手引き．厚生労働省
　　社会・援護局障害保健福祉部障害福祉課地域生活・発達障害者支援室．https://www.mhlw.
　　go.jp/content/001121499.pdf
厚生労働省HP（障害者福祉）：http://www.mhlw.go.jp/stf/seisakunitsuite/bunya/hukushi_kaigo/
　　shougaishahukushi/
厚生労働省HP（子ども・子育て）：http://www.mhlw.go.jp/stf/seisakunitsuite/bunya/kodomo/
内閣官房（2021）こども政策の新たな推進体制に関する基本方針について．https://www.cas.
　　go.jp/jp/seisaku/kodomo_seisaku/pdf/kihon_housin.pdf
内閣府（2023）障害者基本計画（第5次）．https://www8.cao.go.jp/shougai/whitepaper/
　　r05hakusho/zenbun/furoku_07.html
日本学校メンタルヘルス学会編（2017）学校メンタルヘルスハンドブック．大修館.
米山明（2013）障害児虐待の予防と対応―子ども虐待の予防とケアのすべて．第一法規.

福祉分野に関係する法律・制度
（3）高齢者福祉

小野寺敦志

⌐━ *Keywords*　介護保険，ケアマネジャー，後期高齢者医療制度，高齢者虐待，認知症，成年後見制度，新オレンジプラン，身体拘束，地域包括ケアシステム，超高齢社会

I　社会における高齢者の位置づけ

1．高齢化社会から超高齢社会へ

2018年現在の日本人口に占める高齢者人口の割合は，内閣府の『令和元年度高齢社会白書』によれば28.1％であり，約4人に1人が65歳以上の高齢者である（国による高齢者の定義は65歳以上である）。図1に示すように，日本の全人口に占める高齢者の割合は，右肩上がりに増加する一方で，日本の人口全体は2010年以降減少傾向にあることがわかる。日本は，1970年に高齢者人口が7％を超え高齢化社会に突入した。1995年には高齢化率が14％を超え高齢社会を迎え，2010年時点では高齢化率23％となり，超高齢社会を示す21％を超えていることがわかる（2007年に高齢化率21％となった）。わずか40年あまりで高齢化社会から超高齢社会に移行しており，諸外国の高齢化のスピードに比して，日本は国際的にも速いスピードで高齢化が進んできている。

このような日本の現状を受け，2017年には日本老年学会・日本老年医学会（2017）から高齢者に関する定義を，65歳から74歳を准高齢者，75歳から89歳を高齢者，90歳以上を超高齢者の3つに区分する提言がなされている。

2．人口の高齢化に対応した国の施策の展開

日本の高齢化に対する国の施策は，上述した高齢化率の増加に合わせて，変遷してきたといえる。一方で，内閣府の『令和元年度 高齢社会白書』によれば，図1に示されるように，高齢社会の課題は，全体的な人口減少の中で，高齢者人口の増加に対して少子化が進み，労働人口が減少していくことである。高齢化社会

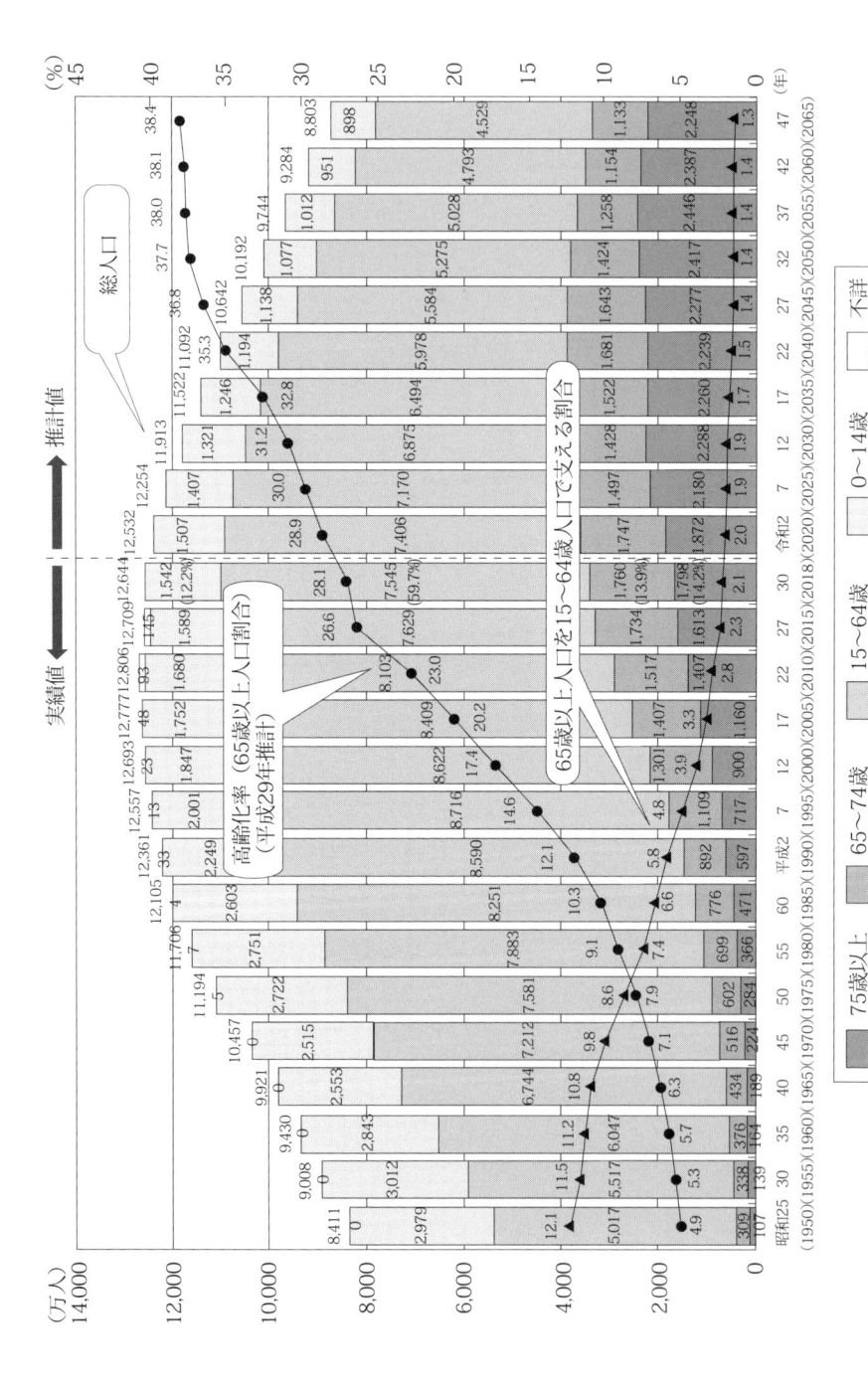

図1　高齢化の推移と将来推計（内閣府『令和元年度 高齢社会白書』2019年）

を迎えたときは，増える高齢者へ対応する施策が中心であり，そこには要支援者である高齢者への対応が中心であった。1980 年代には社会的入院や寝たきり老人の社会問題化を受けて，1989 年に「高齢者保健福祉推進十か年戦略」（ゴールドプラン）が策定され，1994 年にはその整備目標を上方修正した新ゴールドプランが策定される（第3章 図G参照）。

　高齢社会を迎えた 1995（平成 7）年には「高齢社会対策基本法」が制定された。これは「わが国における急速な高齢化の進展が経済社会の変化と相まって，国民生活に広範な影響を及ぼしている状況にかんがみ，高齢化の進展に適切に対処するための施策に関し，基本理念を定め，並びに国及び地方公共団体の責務等を明らかにするとともに，高齢社会対策の基本となる事項を定めること等により，高齢社会対策を総合的に推進し，もって経済社会の健全な発展及び国民生活の安定向上を図ること」を目的とするものである。そして第6条に記される高齢社会の指針となる「基本的かつ総合的な社会対策の大綱」が示された。2000 年には介護保険が施行され，「今後 5 か年間の高齢者福祉施策の方向」（ゴールドプラン21）が策定されている。

　しかし，全人口が減少傾向にある中で，2012 年に「高齢社会対策大綱」が見直され，高齢者を労働人口として確保し，国が支援するだけではなく国を支える生産年齢人口に組み込んでいく方向の施策が示されたといえる。2018 年には，ふたたび「高齢社会対策大綱」の見直しがなされ，超高齢社会を見据え，意欲能力に応じたエイジレス社会，高齢になっても生活できる地域コミュニティを作り出すことが示されている。

II　医療と福祉の総合的な提供による支援システムの構築

1．地域包括ケアシステム

　わが国の医療保険制度は，国民皆保険制度という掛け捨て型の強制加入保険である。これに倣って作られた制度が介護保険制度である。介護保険制度は，日本の少子高齢化とそれに伴う家族構成の変化を踏まえ，介護の社会化をうたった介護保険法（1997［平成 9］年成立）により 2000 年に施行された。医療費の支出においても高齢者医療費は増加傾向にある。背景には，団塊の世代が後期高齢者を迎える 2025 年に向けての医療費ならびに介護保険給付費の増加が見込まれる，いわゆる「2025 年問題」が指摘される。

　このような社会状況を踏まえ，持続可能な社会保険制度の確立を図るための改革

が推進され，地域包括ケアシステムの構築が策定された。これは，効率的かつ質の高い医療提供体制を構築するとともに，地域における医療および介護の総合的な確保を推進するものである。そのために制定された法律が2014（平成26）年に公布された「地域における医療及び介護の総合的な確保を推進するための関係法律の整備等に関する法律」（医療介護総合確保推進法）である。なお，本法の施行は医療法関係が2014年10月から，介護保険法関係が2015年4月からの順次施行である。

　この法律の概要は，都道府県単位で，医療と介護の連携強化のための新たな基金（地域医療介護総合確保基金）を設置し，医療面においては，病床の医療機能をもとに，地域医療構想（ビジョン）を医療計画において策定するとともに，医師確保支援を行う地域医療支援センターを設置するとしている。介護面においては，地域ケアシステムの構築と費用負担の公正化のために，予防給付を地域支援事業に移行し多様化し，特別養護老人ホームを中重度の要介護者を支える機能に重点化する。そして低所得者の保険料軽減と，一定以上の所得者の自己負担の引き上げである。

　地域包括ケアシステムの概念図は図2に示す通りである。図に示される通り，要介護状態になっても最後まで住み慣れた地域で暮らし続けるという在宅支援を基本とする。言い換えれば脱施設ケア指向による財源の抑制といえる。自分の住む住居を中心に，健康な生活を維持する支援から，医療や介護が必要になった場合の支援を一体的に提供していくシステムを地域に構築していくことがねらいである。このシステムを推し進めるために，いろいろな法律や制度がつくられている。次項から医療と介護にそれぞれについて述べていく。

２．高齢者医療の法律と制度

①後期高齢者医療制度

　高齢者医療制度は，2008年4月に，それまでの老人保健制度から，高齢者医療制度に変更となった。これは1982（昭和57）年成立の「老人保健法」が2006（平成18）年に「高齢者の医療の確保に関する法律」（高齢者医療確保法）に大幅な改定をしたことによる（改正健康保険法に定められた）。本法律の目的は，国民の高齢期における適切な医療の確保のため，医療費の適正化と健康診査等の実施，そして，高齢者の医療について，前期高齢者の保険給付費の負担の調整と後期高齢者のための制度の設置によって，国民保健の向上と高齢者の福祉の増進を図ることである。そして，基本理念に，自助として加齢に伴う変化を踏まえた健康の保持増進に務めることや，連帯としての費用の公平負担が示されている。

○ 団塊の世代が75歳以上となる2025年を目途に、重度な要介護状態となっても住み慣れた地域で自分らしい暮らしを人生の最後まで続けることができるよう、住まい・医療・介護・予防・生活支援が一体的に提供される地域包括ケアシステムの構築を実現していきます。

○ 今後、認知症高齢者の増加が見込まれることから、認知症高齢者の地域での生活を支えるためにも、地域包括ケアシステムの構築が重要です。

○ 人口が横ばいで75歳以上人口が急増する大都市部、75歳以上人口の増加は緩やかだが人口は減少する町村部等、高齢化の進展状況には大きな地域差が生じています。地域包括ケアシステムは、保険者である市町村や都道府県が、地域の自主性や主体性に基づき、地域の特性に応じて作り上げていくことが必要です。

地域包括ケアシステムの姿

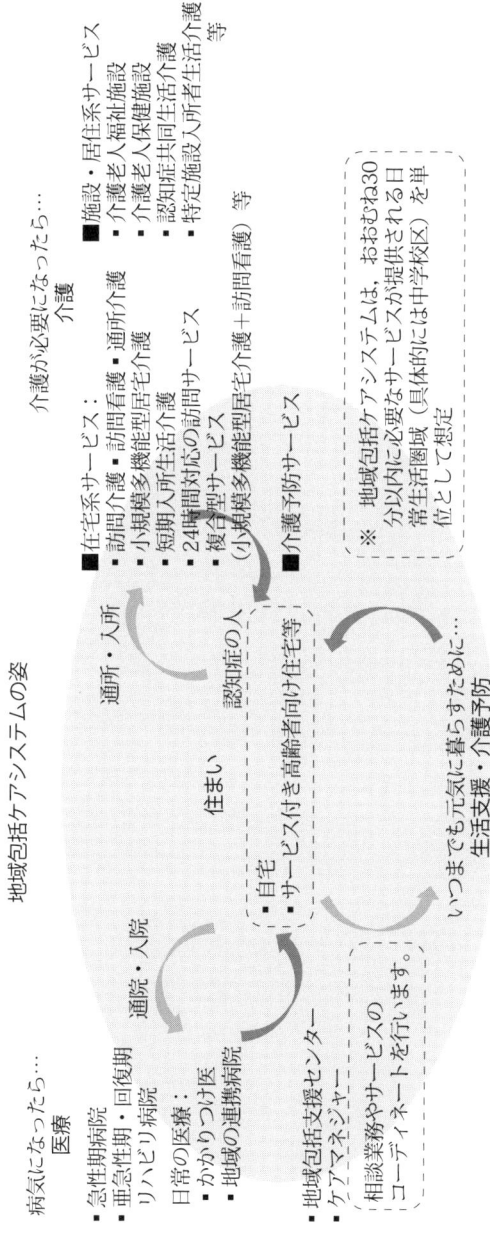

病気になったら…
医療
・急性期病院
・亜急性期・回復期リハビリ病院
日常の医療:
・かかりつけ医
・地域の連携病院

通院・入院　通所・入所

住まい
・自宅
・サービス付き高齢者向け住宅等

認知症の人

いつまでも元気に暮らすために…
生活支援・介護予防

地域包括支援センター
ケアマネジャー
・相談業務やサービスの
　コーディネートを行います。

老人クラブ・自治会・ボランティア・NPO等

介護が必要になったら…
介護
■在宅系サービス:
・訪問介護・訪問看護・通所介護
・小規模多機能型居宅介護
・短期入所生活介護
・24時間対応の訪問サービス
・複合型サービス
（小規模多機能型居宅介護＋訪問看護）
■介護予防サービス

■施設・居住系サービス
・介護老人福祉施設
・介護老人保健施設
・認知症共同生活介護
・特定施設入所者生活介護　等

※ 地域包括ケアシステムは、おおむね30分以内に必要なサービスが提供される日常生活圏域（具体的には中学校区）を単位として想定

図2　地域包括ケアシステム（出典：厚生労働省「地域包括ケアシステム」）

　それまでの老人保健法に基づく老人保健制度と，改定された法律に基づく医療制度である「後期高齢者医療制度」の大きな違いは，75歳以上の後期高齢者と65歳から74歳までの前期高齢者の保険の財源を分け，後期高齢者の財源を独立させたことである。これにより，75歳以上の高齢者はこれまでの医療制度を離れ「後期高齢者医療制度」に加入することになった。

②歴史的経緯

　厚生労働省の高齢者医療制度の説明サイトをもとに論じると，先述のとおり，日本の医療制度は国民皆保険制度によっており，この制度は1961年に実現し現在に至っている。この制度を土台に，日本は高齢化社会を迎え，1973年に国による70歳以上の高齢者に対して医療費を無料にする「老人医療費の無料化」が実施された。この実施主体は市町村であり，財源は公費を当て，その負担割合は国4：都道府県1：市町村1であった。

　1983年には後期高齢者医療制度の前身になる「老人保健制度」が創設された（これにより老人医療費は無料ではなくなった）。この制度の対象者は70歳以上の高齢者と65歳以上の寝たきり者であった。実施主体は市町村であり，財源は，公費に加え，医療保険の保険者（医療保険事業の運営主体）からの拠出金，被保険者による一部自己負担の組み合わせとなった。

　その後，前述のとおり日本の高齢化がさらに進み，公費負担，医療保険の保険者の拠出金の割合の見直しが何度も検討され，その割合が修正されていった。しかし，1）高齢者とそれ以下の若年層の費用負担関係が不明確であること，2）保険料を徴収する主体が医療保険の保険者であるがそれを使う主体が市町村という分離があること，3）加入する医療保険制度や市町村によって，保険料に高低差が生じているという課題から，制度自体の見直しがなされ，後期高齢者医療制度が創設された。その結果，上述の老人保健制度の課題点は，1）若年層と高齢者の費用負担の分担が明確化され，2）保険料徴収とそれを使うところを広域連合に一元化し，財政・運営責任が明確化され，3）都道府県ごとの医療費水準に応じた保険料を，高齢者全員で公平に負担する形になった。

　なお，後期高齢者医療制度と若年層のそれぞれの医療保険による制度は，医療機関の受診時に，目に見える違いはない。医療機関受診でその相違を確認できるのは，医療保険証の提示の際であり，医療費の支払いの際の自己負担の割合である。つまり，日常場面で，制度の相違を意識することはあまりないであろう。

3．高齢者介護の法律と制度

①介護保険法

　厚生労働省による介護保険制度の概要に基づくと，現在の高齢者介護は，1997（平成9）年に成立し2000（平成12）年に施行された介護保険法に基づく介護保険制度による。それ以前は，措置制度という市町村が実施主体として公費により住民にサービスを提供する制度であった。先述した「ゴールドプラン」「新ゴールドプラン」の施策を経て介護保険制度が導入された。

　「この法律は，加齢に伴って生ずる心身の変化に起因する疾病等により要介護状態となり，入浴，排せつ，食事等の介護，機能訓練並びに看護及び療養上の管理その他の医療を要する者等について，これらの者が尊厳を保持し，その有する能力に応じ自立した日常生活を営むことができるよう，必要な保健医療サービス及び福祉サービスに係る給付を行うため，国民の共同連帯の理念に基づき介護保険制度を設け，その行う保険給付等に関して必要な事項を定め，もって国民の保健医療の向上及び福祉の増進を図ることを目的」としている。なお下線部の「尊厳を保持し」は2005年の改正時に追加され，2006年から施行された。

　厚生労働省の介護保険の保険料の説明に基づくと，介護保険制度の被保険者は40歳以上の国民であり，65歳以上を第1号被保険者，65歳未満を第2号被保険者に区分している。第1号被保険者の保険料は，保険者である市町村が介護保険給付費の約21％に相当する額を保険料として割り当てる。第2号被保険者の保険料は，介護保険給付費の29％相当であり，各医療保険者（例：国民健康保険，厚生年金保険）を通じて保険料が徴収される。なお保険制度ではあるが，介護保険料の50％は国と地方自治体の税金により賄われている。

　介護保険制度のサービスを利用するためには，要介護認定されることが必要である。申請先は保険者である市町村になる。地域包括支援センターは，出先機関として，相談，申請支援等の対応を担当している。

　要介護認定は，被保険者の申請により，要介護認定調査結果と主治医意見書にもとづき要介護認定審査会の審査を経て行われる。要介護度は，要介護に該当しない自立を除き，要支援1，要支援2，要介護1，要介護2，要介護3，要介護4，要介護5の7つに区分される。要介護度により，介護保険サービスを利用する際の支給限度額が決まっている。年金収入等の所得額により，利用者の自己負担額は1〜3割と異なる。介護保険サービスは，居宅サービスと入所サービスに大別される。サービスの利用は，ケアプランを作成し，それに基づいて提供される。介護支援専

門員（ケアマネジャー）が，ケアプラン作成ならびにサービス利用の支援を行うことが一般的である。

②歴史的経緯

　高齢者介護の基本となる法律は，1963年に制定された老人福祉法である。本法は「老人に対し，その心身の健康の保持及び生活の安定のために必要な措置を講じ，もって老人の福祉を図ること」を目的とし，高齢者への敬愛と高齢者が生きがいを持てる生活の保障ならびに高齢者自ら老化に伴う変化を知り健康を保持し社会的活動に参加する努力，能力と希望に応じた社会的活動への参加の機会が与えられることを基本理念としている。これらに基づきサービスの提供等に必要な事項が定められている。

　1986年の老人保健法改正に伴い老人保健施設が設置され，これまでの特別養護老人ホームに加えて，利用期間に制限はあるものの，入所サービス施設が追加された。そして2000年に介護保険制度がスタートした。

　小野寺（2017）による概観では，介護保険制度以降の介護に関する施策として2003年の『2015年の高齢者介護～高齢者の尊厳を支えるケアの確立に向けて～』で認知症ケアが高齢者介護の重点課題の1つとして示された。この中で，高齢者の自立の程度に関わらない「尊厳の保持」の重要性が示された。先述のとおり2006年の介護保険法改正の際に，第1条の目的に「尊厳の保持」が追記された。2008年には「認知症の医療と生活の質を高める緊急プロジェクト」が示され，認知症の専門医療機関である認知症疾患医療センターの全国整備など，医療における認知症治療の促進が提案された。この認知症疾患医療センターには，専任の臨床心理技術者（2019年4月以降診断報酬上は「公認心理師」に統一された）を配置することとなっている。

　2012年には「認知症施策推進5か年計画（オレンジプラン）」が示され，地域生活継続を前提にしたケアや支援の方向性が示された。2015年にはオレンジプランを見直した「認知症施策推進総合戦略（新オレンジプラン）」が示され，認知症施策のさらなる促進が示された。この新オレンジプランでは，認知症当事者が安心して住み慣れた地域で生活できるように，医療や介護，住民への啓発，まちづくりなど，総合的な活動を推進する内容である。医療や介護においては，早期に認知症の鑑別診断が行われ，速やかに適切な医療・介護等が受けられる初期対応の体制として，認知症初期集中支援チームを設置するとしている。また認知症当事者やその家族を含め，地域の人や専門家と相互に情報を共有しお互いを理解し合う「認知

症カフェ」等の場を作ることも重要な活動としている。この新オレンジプランは，認知症当事者の意見を取り入れつつ施策の策定や推進を行っていくことを重視している点が，大きな特徴である。

　2019年6月には「認知症施策推進大綱」が首相官邸の「認知症施策推進関係閣僚会議」によって取りまとめられた。超高齢社会にともない認知症は社会課題となり，国際的にも認知症に関する国家戦略の策定が進展していることを踏まえ，日本の取り組みモデルを積極的に発信し，認知症の人が地域で自分らしく暮らし続けることができる社会の実現を目指して作成された。本大綱の基本的な考え方は「共生」と「予防」である。共生は，認知症になっても希望を持ち，住み慣れた地域で尊厳をもって生活できる社会を目指すものである。この点は，今後，障害福祉施策と連携されるべきものといえる。予防は，認知症にならない1次予防ではなく，認知症診断後の進行を遅らせる，認知症の進行を緩やかにするという，2次予防，3次予防が中心である。この考えの元に，「1．普及啓発・本人発信支援，2．予防，3．医療・ケア・介護サービス・介護者への支援，4．認知症バリアフリーの推進・若年性認知症の人への支援・社会参加支援，5．研究開発・産業促進・国際展開，の5つの柱」に沿った施策が推進される。

③高齢者の自立と尊厳を支える

　要支援もしくは介護状態になり，自立性が低下した状態にある高齢者の自立や尊厳が損なわれないようにするために展開されてきた制度や法律について概観する。

　厚生労働省の身体拘束ゼロ作戦推進会議（2001）から『身体拘束ゼロへの手引き〜高齢者ケアに関わるすべての人に〜』の報告書が取りまとめられた。これは2000年の介護保険制度のスタートを受け，高齢者の人権，生活の質（Quality of Life）の観点から福祉医療の現場で行われている身体拘束を廃止する方向で見直したものである。この中で，身体拘束を行う際には「切迫性（利用者本人又は他の利用者等の生命又は身体が危険にさらされる可能性が著しく高いこと）」「非代替性（身体拘束その他の行動制限を行う以外に代替する介護方法がないこと）」「一時性（身体拘束その他の行動制限が一時的なものであること）」の3つの条件を満たす「緊急やむをえない場合の身体拘束」に限ることが提言され，現在この条件を満たさない身体拘束は不適切なケアの対象となっている。

　2006（平成18）年には「高齢者虐待の防止，高齢者の養護者に対する支援等に関する法律」いわゆる高齢者虐待防止法が施行された。「この法律は，高齢者に対する虐待が深刻な状況にあり，高齢者の尊厳の保持にとって高齢者に対する虐

待を防止することが極めて重要であること等にかんがみ，高齢者虐待の防止等に関する国等の責務，高齢者虐待を受けた高齢者に対する保護のための措置，養護者の負担の軽減を図ること等の養護者に対する養護者による高齢者虐待の防止に資する支援のための措置等を定めることにより，高齢者虐待の防止，養護者に対する支援等に関する施策を促進し，もって高齢者の権利利益の擁護に資することを目的（第 1 条）」としている。ここで虐待者は，家族親族が該当する養護者と介護保険等のサービス提供者が該当する養介護施設従事者等に大別される。虐待内容は身体的虐待，介護放棄（ネグレクト），心理的虐待，性的虐待，経済的搾取の 5 つである。法律により毎年，高齢者虐待の現状が調査報告されている。

　2000（平成 12）年に民法の改正に伴い創設された成年後見制度について，高齢者施策に関する点を概観する（第 13 章参照）。認知症の有病率が今後増加すると予測される中，日常生活での判断力の低下に伴い成年後見制度を必要とする人が増加することを踏まえ，高齢者の権利擁護の観点から，制度の利用促進を図っている。内閣府による成年後見制度の現状（2017）によれば，2016（平成 28）年施行の「成年後見制度の利用の促進に関する法律」とともに，「成年後見利用促進連携・相談体制整備事業」を開始し，社会福祉協議会や地域包括支援センター等の相談機関やネットワーク構築などの体制整備を行っている。

　2023 年 6 月 14 日に議員立法で「共生社会の実現を推進するための認知症基本法」が成立した。その目的は「認知症の人を含めた国民一人一人がその個性と能力を十分に発揮し，相互に人格と個性を尊重しつつ支え合いながら共生する活力ある社会（＝共生社会）の実現を推進」していくことである。7 つの基本理念が提示され，それに呼応した 8 つの基本施策の策定が国に義務付けられた。都道府県には「認知症の人及び家族等」の意見聴取の努力義務が，国には「認知症施策推進関係者会議」への「認知症の人及び家族等」の参加が定められ，当事者の意思の反映の機会が保証されたといえる。

■ III　高齢者と社会

1．高齢者の雇用促進

　最後に，高齢者の自立支援，社会活動の継続を支援するための制度と法律を概観する。厚生労働省の『高年齢者雇用安定法の改正〜「継続雇用制度」の対象者を労使協定で限定できる仕組みの廃止〜』によれば，2013（平成 25）年に改正施行された高年齢者等の雇用の安定等に関する法律（高年齢者雇用安定法）は「定

年の引上げ，継続雇用制度の導入等による高年齢者の安定した雇用の確保の促進，高齢者等の再就職の促進，定年退職者その他の高年齢退職者に対する就業の機会の確保等の措置」を行うことがあげられている。そして60歳定年の事業主には，65歳までの雇用を確保するため，定年の引上げ，定年後の継続雇用制度の導入，定年の定めの廃止のいずれかの措置を導入することを義務づけている。ゆえに，必ず定年を65歳とすることが義務づけられているわけではない。

　また，2016（平成28）年には障害者差別解消法が施行され，障害による差別の解消，障害の種別に応じた「合理的配慮」が求められるようになった。2018（平成30）年4月から改定障害者雇用促進法が施行され，障害者雇用義務の対象に精神障害者が加わり，民間企業の雇用率がアップした。40歳以上64歳未満の若年性認知症者も，発症初期から軽度期は，これらの制度を活用することによって，就労継続が可能である。しかし，認知症が診断された時点で就労ができないと誤解する本人や家族，雇用主がいるため，これらの誤解を解消する必要がある。

　上記に加え，内閣府男女共同参画局（2017）によれば，国土交通省による高齢者や障害者等に優しい住まいづくり，まちづくり，公共交通機関の整備，総務省の情報バリアフリー環境等の整備，警察の道路交通におけるバリフリーの整備など，高齢者や障害者等の自立を容易にする社会基盤の整備が進められている。

2．公認心理師と高齢福祉領域

　公認心理師として高齢者支援に関わる際には，要介護者としての高齢者，能力と自立の程度に応じて社会参加している高齢者の2つの側面があることを押さえておくことである。特に後者は，産業労働分野と重複する支援になる。これまで概観してきた通り，医療，福祉，介護，産業労働，障害福祉に加えて，国土交通省など，横断的な領域の制度や法律が関与する分野である。関連する制度や法律の変更を定期的に確認しながら，業務にあたることが求められる。

◆学習チェック表
□　日本の超高齢社会の概要を理解した。
□　高齢者のための医療制度について理解した。
□　介護保険の概要を理解した。
□　地域包括ケアシステムについて説明できる。
□　認知症の人のための施策を理解した。
□　高齢福祉における公認心理師の役割を理解した。

文　　献

厚生労働省（2014）第 106 回市町村職員を対象とするセミナー（資料）．http://www8.cao.go.jp/shougai/suishin/sabekai.html（2018 年 5 月 6 日検索）

厚生労働省（2016）平成 28 年版 厚生労働白書．

厚生労働省・身体拘束ゼロ作戦推進会議（2001）身体拘束ゼロへの手引き〜高齢者ケアに関わるすべての人に〜報告書．

厚生労働省老健局（2023）「共生社会の実現を推進するための認知症基本法について」（社会保障審議会介護保険部会（第 107 回）資料 4　令和 5 年 7 月 10 日．https://www.mhlw.go.jp/content/12300000/001119099.pdf

厚生労働省：地域包括ケアシステム．https://www.mhlw.go.jp/stf/seisakunitsuite/bunya/hukushi_kaigo/kaigo_koureisha/chiiki-houkatsu/（2020 年 3 月 5 日検索）

厚生労働省：高齢者医療制度．http://www.mhlw.go.jp/stf/seisakunitsuite/bunya/kenkou_iryou/iryouhoken/koukikourei/index.html（2018 年 4 月 29 日検索）

厚生労働省：介護保険制度の概要．http://www.mhlw.go.jp/stf/seisakunitsuite/bunya/hukushi_kaigo/kaigo_koureisha/gaiyo/index.html（2018 年 4 月 30 日検索）

厚生労働省：介護保険の保険料（第 2 号被保険者）http://www.mhlw.go.jp/topics/kaigo/zaisei/sikumi_04.html（2018 年 4 月 27 日検索）

厚生労働省：高年齢者雇用安定法の改正〜「継続雇用制度」の対象者を労使協定で限定できる仕組みの廃止〜．http://www.mhlw.go.jp/seisakunitsuite/bunya/koyou_roudou/koyou/koureisha/topics/tp120903-1.html（2018 年 5 月 6 日検索）

厚生労働省：報道発表資料，今後 5 か年間の高齢者保健福祉施策の方向〜ゴールドプラン 21 〜．http://www1.mhlw.go.jp/houdou/1112/h1221-2_17.html（2018 年 4 月 27 日検索）

厚生労働省：障害者雇用促進法の概要．http://www.mhlw.go.jp/stf/seisakunitsuite/bunya/koyou_roudou/koyou/shougaishakoyou/03.html（2018 年 5 月 6 日検索）

高齢社会福祉ビジョン懇談会（1994）21 世紀福祉ビジョン〜少子・高齢社会に向けて〜．国立社会保障・人口問題研究所．

前田展弘（2012）高齢社会対策大綱の改定と今後の対策視点〜急がれる真の「人生 90 年時代」への転換．ジェロントロジージャーナル（ニッセイ基礎研究所），12-009.

内閣府男女共同参画局（2017）男女共同参画白書　平成 29 年版．

内閣府（2017）成年後見制度利用促進施策の実施状況　成年後見制度の現状〈平成 29 年 4 月〉．http://www.cao.go.jp/seinenkouken/houkoku/（2018 年 5 月 6 日検索）

内閣府（2018）平成 29 年度 高齢社会白書．

内閣府：障害を理由とする差別の解消の推進．http://www8.cao.go.jp/shougai/suishin/sabekai.html

日本老年学会・日本老年医学会（2017）「」

小野寺敦志（2017）認知症ケア研究の現況と今後の可能性．日本認知症ケア学会誌，16(3):591-598.

首相官邸：認知症推進推進関係閣僚会議．https://www.kantei.go.jp/jp/singi/ninchisho_kaigi/index.html

総務省行政管理局：e-Gov 電子政府の総合窓口．http://www.e-gov.go.jp/index.html

教育分野に関係する法律・制度
（1）基本編

佐藤由佳利

⊶ *Keywords*　教育委員会，チームとしての学校，教育基本法，学校教育法

I　はじめに

　日本で育ち，暮らしている限り，教育と無縁で生きている人はいない。当然，その奥には法律があるのだが，教育を受ける側としては，これを意識していなくても，生活をしていけることが多い。しかし公認心理師として，スクールカウンセラー等の教育に携わる仕事をする場合には，そうはいかない。学校教諭は，教員養成課程の中で，基本的な学校教育に関わる法律については学んできている。また法律改正の際には，教育委員会を通じて各学校に情報が伝わってくる。今まで，心理専門職は，残念ながら，そうした情報が入ってくる状況になかった。これからは意識して，情報を得て，法律の枠組みの中で私たちが仕事をしているのだということを自覚する必要がある。なぜならば，私たちや子どもたち，そして学校を守ってくれるのが法律であり，それを教職員と共有することで，連携や協働は基本ベースに立つことができるからだ。

　いわゆる教育法規の中でも公認心理師として必要不可欠なものを教育六法（2017）から抜粋し，表1に示した。昨今，教育関連の法規と，福祉分野の法規の壁は薄くなっていると言われ，教育分野で仕事をする公認心理師は，両方の法律を知っておく必要がある。さらに，保護者が精神障害に罹患している時には精神保健福祉法の知識が必要となり，離婚の問題を抱えている時には家庭裁判所の仕組みについて知る必要があり，子どもが児童虐待を含む何らかの犯罪被害者等になって裁判を起こしたいと言った時には犯罪被害者等基本計画などについて知っておく必要がある。第 10 章では教育に関する基本的制度や法律について紹介し，第 11 章では教育分野の心理支援において必要となる法律や制度にふれる。法

表1　公認心理師として特に必要な法律

基本編	子ども法編
・日本国憲法	・児童憲章
・児童の権利に関する条約	・児童福祉法
・教育基本法	・子どもの貧困対策の推進に関する法律
学校教育編	・子ども・子育て支援法
・学校教育法	・児童虐待の防止等に関する法律
・いじめ防止対策推進法	・少年法
学校保健編	・子ども・若者育成支援推進法
・学校保健安全法	**国際教育法規編**
福祉・文化編	・児童権利宣言
・障害者基本法	
・発達障害者支援法	

教育小六法（2018）から筆者編集

律や制度はミニマムのものを示しつつ，実例もふまえ実際の運用について述べる。

▮ II　教育基本法と学校教育法

　教育分野の基本となるのは教育基本法であり，1947（昭和22）年に制定され，2006（平成18）年に改正されている。そこには，「我々は，日本国憲法の精神にのっとり，わが国の未来を切り拓く教育の基本を確立し，その振興を図るため，この法律を制定する」とある。教育基本法では，教育の目的や，それを実現するための目標について記されている。いわば，日本が国として考える，教育理念である。例えば，教育の機会均等（第4条）や，義務教育（第5条），教育行政における国と地方公共団体の関係なども言及されている。「すべて国民は，ひとしく，その能力に応じた教育を受ける機会を与えられなければならず，人種，信条，性別，社会的身分，経済的地位又は門地によって，教育上差別されない」（第4条）という教育の機会均等に関する文章は，教育の根幹をなすものといえよう。日本は単一民族で人種差別など無いと考える人もいるが，国連の子どもの権利委員会から，日本での教育において，さまざまな差別の是正がなかなか行われないことへの指摘があった。また不登校の多さについては，子どもが喜んでいくような学校体制が作られていないという学校教育の問題として指摘されたこともある。昨今は性同一性障害者への差別是正も大事な観点であり，文部科学省は2015（平成27）年に「性同一性障害に係る児童生徒に対するきめ細かな対応の実施等について」を通知した。

　2018（平成30）年，文部科学省が，某中学が行った総合学習の授業内容を尋

ねるということがあった。背景に政治家の関与が疑われ，これが教育基本法第 16
条の「不当な支配に服することなく，国民全体に対し直接に責任を負って行われ
るべきものである」に反するのではないかと議論になった。そもそも第 16 条は，
戦前，政府の関与により教育が歪められたことを鑑み，作られたものである。文
部科学省でも，第 16 条の説明として，「教育と国民の関係を規定したもので，教
育が国民の信託にこたえて，国民全体に対して直接責任を負うように行われるべ
きであり，党派的な不当な支配の介入や，一部の勢力の利益のために行われるこ
とがあってはならないことを示したものである」としている。このように教育は
国の施策の影響を受けるものの，ある程度の独立性があるものとして守られてい
る。文部科学省，教育委員会，各学校の関係については後述する。

　学校教育法は 1947（昭和 22）年に制定され，その後，改正を重ねている。教
育基本法が理念をうたっているのに対し，この法律では，学校とは何かを定義づ
け，設置要件や，どのような構成員で成立しているか等について具体的に書かれ，
幼稚園から大学，特別支援教育などについても個々に定められている。義務教育に
ついても詳しく触れられており，保護者が子に 9 年の普通教育を受けさせる義務
のことであるという定義（第 16 条）がある。不登校の子どもや，その親が，「義
務教育なのだから，学校に行かなくてはならない」と，学校に行くことが子ども
の義務であるかのように語ることがあるが，これは間違いである。子どもが教育
を受けるのは，義務ではなく，学習権という権利である。

　そのため 2016（平成 28）年に「義務教育の段階における普通教育に相当する
教育の機会の確保等に関する法律（教育機会確保法）」が制定された。これは，「教
育基本法及び児童の権利に関する条約等の趣旨にのっとり，不登校児童生徒に対
する教育機会の確保，夜間等において授業を行う学校における就学機会の提供そ
の他の義務教育の段階における普通教育に相当する教育の機会の確保等を総合的
に推進」することを目的とし，「国及び地方公共団体は，不登校児童生徒に対す
る適切な支援が組織的かつ継続的に行われることとなるよう，不登校児童生徒の
状況及び不登校児童生徒に対する支援の状況に係る情報を学校の教職員，心理，
福祉等に関する専門的な知識を有する者その他の関係者間で共有することを促進
するために必要な措置その他の措置を講ずるものとする」（第 3 章 9 条）とあり，
不登校児童生徒に対しての学習支援が求められ，また心理支援に対しての専門的
知識の必要性が重視されている。これに基づき，文部科学省は地方公共団体にお
いて適応指導教室（教育支援センター），不登校特例校を整備することを決めた。
適応指導教室は，市町村の教育委員会が不登校の小中学生を対象に，学習等の援

助をする教室のことであり，学校との連携が良いことから教員が勧めることが多い。しかし不登校支援に関しては，それぞれの機関の特徴があるため，それを熟知し，その子どもに合った機関を勧めることが大事である。

文部科学省は 2021（令和 3）年に事務連絡「やむを得ず学校に登校できない児童生徒等への ICT を活用した学習指導等について」を送付している。これは新型コロナウイルス感染症により登校できない子どもたちへの対応として示されているが，これにより学校の ICT 教育は進み，不登校児童生徒の学びにも役立っている。ICT の活用は単に「勉強」だけではなく，規則正しい生活や学校と児童生徒との関係をつなぐことが目的とされている。

学校教育法には経済的理由により就学困難な児童生徒への援助についても書かれている（第 18 条）。学校には就学支援援助の制度があるが，スクールカウンセラーをしていると，保護者自身が制度を使うための申請用紙を書けないという事例に出会うことがある。こうした事情に気づいた時には，学校の事務職や教員と連携し，手続きが円滑に行われるように支援する必要がある。制度はスクールソーシャルワーカーと協働して当たることが良いこともあるが，基本的なことは公認心理師も押さえておきたい。

2017（平成 29）年，学校教育法施行規則が一部，改正され，スクールカウンセラーとスクールソーシャルワーカーが初めて法の中に位置づけられた。スクールカウンセラーの職務は「心理に関する高度な専門的知見を有する者として，不登校，いじめや暴力行為等の問題行動，子供の貧困，児童虐待等の未然防止，早期発見，支援・対応等のため，これらを学校として認知した場合や災害等が発生した場合等において，児童生徒，保護者，教職員に対して，カウンセリング，情報収集・見立て（アセスメント），助言・援助（コンサルテーション）等に従事すること」とされた（教育相談等に関する調査研究協力者会議，2017）。

■ III　学習指導要領と生徒指導提要

学習指導要領と生徒指導提要は，教育基本法や学校基本法に定めた教育の目的を達成するための二本柱である。

学習指導要領とは，全国どこの学校でも一定の水準が保てるよう，文部科学省が定めている教育課程（カリキュラム）の基準であり，約 10 年に一度改訂される。教科書や時間割は，これを基に作られている。その目指すところは，学校での学びを人生や社会に生かそうとする「学びに向かう力，人間性」，実際の社会や

生活で生きて働く「知識及び技能」，未知の状況にも対応できる「思考力，判断力，表現力」の3つをバランスよく育むことである。

　直近の改訂は，2017（平成 29）年から 2018（平成 30）年にかけて行われ，教科書や時間割は 2020（令和 2）年度から小学校を始めとして順次変わってきた。改訂は，社会の変化に応じて行われ，1989（平成元）年には高等学校家庭科が男女必修化，2008（平成 20）年には外国語活動が小学校に導入され，2015（平成 27）年には道徳が教科となった。さまざまな教科教育は知識を得ることだけではなく，それらを通して豊かな心と健やかな体の育成がなされることも重視されている。

　2018（平成 30）年の高等学校学習指導要領には 40 年ぶりに保健体育編として「精神疾患」に関しての記述が入った。その解説の中で「精神疾患は，精神機能の基盤となる心理的，生物的，または社会的な機能の障害などが原因となり，認知，情動，行動などの不調により，精神活動が不全になった状態であることを理解できるようにする」ことが目標として掲げられている。またその予防策や社会の偏見の除去についても触れられている。これらに伴い，スクールカウンセラーが教員向け研修や生徒向け講演を頼まれることも増えている。

　改訂された学習指導要領では，集団場面で必要な指導や援助を行うガイダンスと，個々の児童生徒の多様な実態を踏まえ，一人ひとり人が抱える課題に個別に対応した指導を行うカウンセリングについて明記しており，児童生徒の発達支援には双方が必要であるとしている。また教育目標の実現に向けて地域や子どもの発達に応じて教育課程（カリキュラム）を編成・実施・評価そして改善していくカリキュラム・マネジメントが重視されている。すなわち，教育目標は画一ではなく，個々の生徒に合わせて設定される。2016（平成 28）年に教育機会確保法が制定され，不登校の子どもを学校に戻すことを目標にするのではなく，その子どもにあった学習環境を整えることが示されたが，新学習指導要領でも，多様な子どもたちのニーズに応えた学習が書きこまれた。もう 1 つ重視されているのが，主体的で対話的な学びを行うアクティブ・ラーニングである。グループ学習や考えさせる学習が導入されている。しかし，公認心理師が関わる子どもたちの中には，ただ机に座って授業を聞くことはできても，グループで話し合いをすることができないとか，決まった答えがなく，自分で能動的に臨機応変に工夫していかなくてはならなくなるとパニックを起こすような子どもも少なくない。こうした授業がいつ行われるのか，それが子どもにどういう影響を与えるのかを把握し，教員と連携しながら対応することも必要な場合がある。

　生徒指導提要は 2010（平成 22）年に制定され（文部科学省，2010），2022（令和 4）年に改訂された。オンラインで PDF をダウンロードすることができる。生徒指導というと，非行に対しての指導ととらえる人は多いだろうが，現在，非行は激減し，むしろ不登校や発達の問題，いじめや自殺の低年齢化などが学校における大きな問題となってきた。それに伴い，生徒指導は事後の対応より，事前の予防に力を入れるようになってきた。予防に関してはスクールカウンセラーの協力を得ていくことが推奨されており，チーム会議のメンバーとして参加することや，リスクマネージメントのアセスメントチームに参加することにも触れられている。スクールカウンセラーとして赴任した際には，どのようなメンバーでどのような会議が行われているのかを確認し，スクールカウンセラーとしての参加を申し出てみるのもよいかもしれない。

　また 2022（令和 4）年にはこども基本法とこども家庭庁設置法が成立し，2023年より施行されている。こども基本法は，憲法，子どもの権利条約の精神にのっとり全ての子どもが「心身の状況，置かれている環境などにかかわらず，その権利の擁護が図られ，将来にわたって幸福な生活を送ることができる社会の実現」を目指すと宣言されている。ただ具体的な施策については今のところ示されておらず，学校内でどのように実施していけばよいのかはむしろ生徒指導提要を参照されたい。

　今までの生徒指導提要には教育相談の章があったが，新生徒指導要領は第Ⅰ部生徒指導の基本的な進め方と，第Ⅱ部個別の課題に対する生徒指導に分かれ，その全てに教育相談が統合される作りとなった。第Ⅱ部の中には，いじめ，暴力行為，非行，児童虐待，自殺，中途退学，不登校，インターネット・携帯電話に関わる問題，性に関する課題，多様な背景を持つ児童生徒への生徒指導（ここに発達障害，精神疾患，いくつかの家庭の問題等が入っている。それぞれの事項について，知識と対策が示されている。相談されたときに教員がどう答えたらいいかについて具体的に示されており，スクールカウンセラーにも役立つものであると考えられる。

　自殺予防については，スクールカウンセラーが研修を依頼されることが多く，若年者の自殺対策については喫緊の課題であり，文科省のホームページには，自殺対策基本法，自殺総合対策大綱と共に「教師が知っておきたい自殺予防（学校における自殺予防教育導入の手引き）」「子供の自殺が起きたときの緊急対応の手引き」「子供の自殺が起きたときの背景調査の指針」等が掲載されているので，目を通しておきたい。

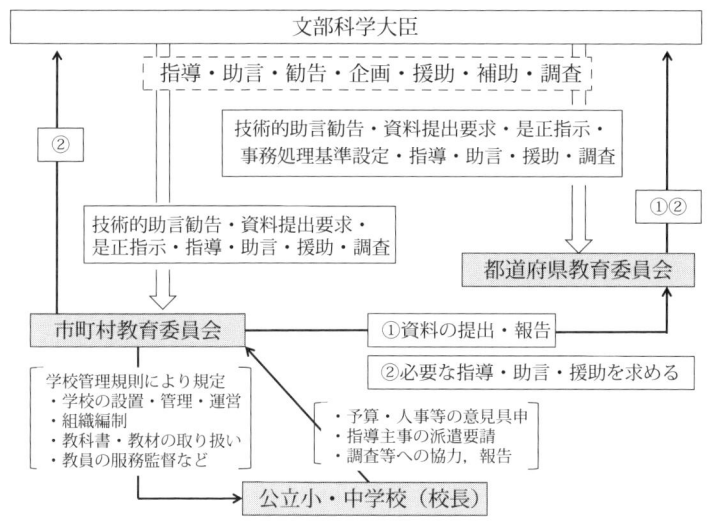

図1　文部科学省と教育委員会と学校との関係（柳林［2011］の図を筆者編集）

　しばしば教員がスクールカウンセラーに依頼することで無力感を強めたり，教員とスクールカウンセラーが互いに責任を押し付け合ったり，疑心暗鬼になることもある。公認心理師は汎用性のある資格なので，もし教育現場での臨床の経験が薄い場合には，こうした教員固有の心理にも精通し，互いを尊重しながら要支援者である子どもたちへの支援を行うことを心がけたい。生徒指導提要にはスクールカウンセラーの職務や，学校が連携すべき外部連携先として福祉分野，医療分野，司法分野のさまざまな機関についての内容やスタッフなどについても書かれているので，ぜひ目を通していただきたい。

■ Ⅳ　教育行政と学校との関係

　文部科学省，教育委員会，学校の関係を図1に示した。教育委員会の位置づけは，地方教育行政の組織および運営に関する法律（地教行法と略）と，地方自治法に定められている。教育委員会は各都道府県や市町村に置かれ，知事や市町村長からは独立している。5～6名の教育委員から構成され，合議で意思決定をする。ただし，学校などで何か事故などが起き「教育委員会に報告した」という時には，この教育委員会を支える事務組織を指していることが多い。教育委員会で働く事務職員を指導主事等と言い，ほとんどは教職経験者が登用されている。

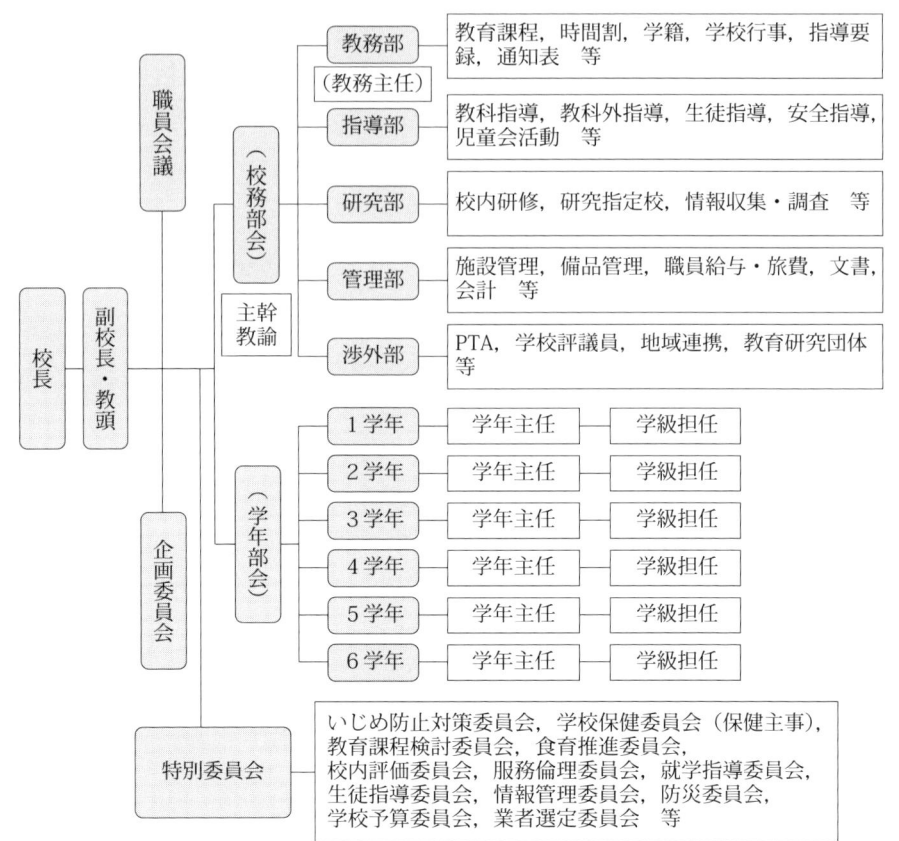

教務部 （教務主任）	教育課程，時間割，学籍，学校行事，指導要録，通知表　等	
指導部	教科指導，教科外指導，生徒指導，安全指導，児童会活動　等	
研究部	校内研修，研究指定校，情報収集・調査　等	
管理部	施設管理，備品管理，職員給与・旅費，文書，会計　等	
渉外部	PTA，学校評議員，地域連携，教育研究団体等	
1学年	学年主任	学級担任
2学年	学年主任	学級担任
3学年	学年主任	学級担任
4学年	学年主任	学級担任
5学年	学年主任	学級担任
6学年	学年主任	学級担任
特別委員会	いじめ防止対策委員会，学校保健委員会（保健主事），教育課程検討委員会，食育推進委員会，校内評価委員会，服務倫理委員会，就学指導委員会，生徒指導委員会，情報管理委員会，防災委員会，学校予算委員会，業者選定委員会　等	

図2　学校の組織図（例）

　図1から明らかなように，文部科学省と教育委員会，学校は1本の上下関係の中にあるわけではない。それぞれが果たす役割が決まっており，教育の地方自治が尊重されている。教育委員会と学校の関係も，一方的なものではなく，学校自治が尊重されている。教育が政治的関与を受けないように，配慮されていることが分かる。

　学校教育法では，教育委員会が学校を管理し，校長がその責任者として学校全体を管理運営することとなっている（第37条）。しかし学校は組織として，全教員がそれぞれの役割分担をしている。このような仕組みは，毎年度，各学校で校務分掌組織図や担当表が作成されているはずなので，スクールカウンセラーとして赴任した際には，入手し，それぞれの分掌の役割について役割について理解しておくと，その学校がどのように組織されているかが分かる。図2に校務分掌の

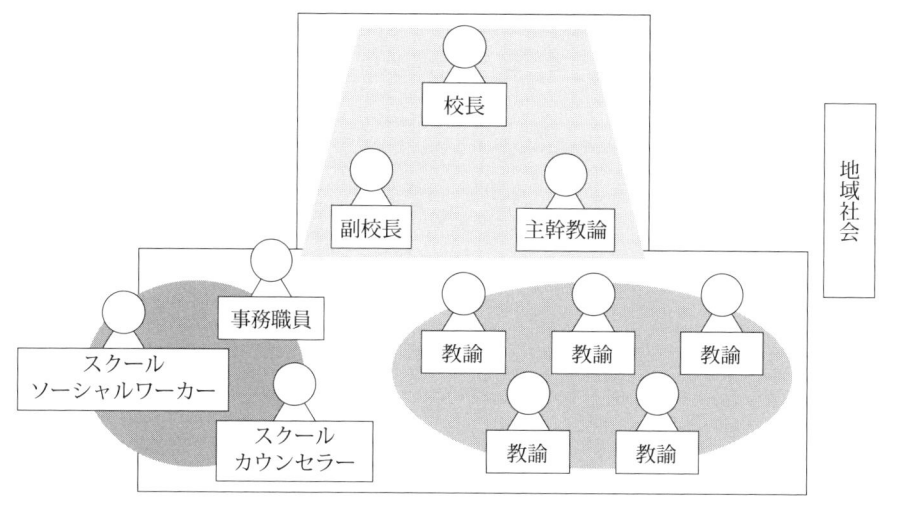

図3 チームとしての学校（中央教育審議会［2015］から一部改変）

例を示した。スクールカウンセラーがどの分掌に属しているかも重要な情報である。分掌内の委員会として生徒指導と教育相談を分ける場合，生徒理解という名前の委員会として1つにしている場合，養護教諭とのつながりから保健安全に区分している場合等，学校によってさまざまであり，そこに学校がスクールカウンセラーをどのようにイメージし，期待しているかが見えることもある。

　従来，スクールカウンセラーは組織としては生徒指導の中に入れられていることが多かった。しかし，保健支援や生徒指導から分かれて教育相談へと移されていることもある。

■ V　チーム学校

　2017（平成29）年にチーム学校運営の推進の法律案が国会に提出された。これは中央教育審議会（2015）の答申「チーム学校」に基づくものである。前述したように，子どもの抱える問題は多様化・複雑化しており，それらに対応する教員の負担も大きくなっている。国際的に見ても，日本の教員の労働時間は長く，それでいて授業や授業研究に使える時間は短い。さらに教員以外の専門職が占める割合も，他の先進国に比べて著しく低い。こうした現状への対応として生まれてきたのがチームとしての学校の考え方である。

　大きな柱としては，教員が授業等の専門性を高めることができるように，①専

門能力スタッフ等の配置を進めること，②管理職がリーダーシップを高め，学校のマネジメントを行うこと，③教職員や専門能力スタッフ等の多職種で学校を組織していくこと等である。

　図3にチームとしての学校のイメージ図を示した。ここから分かるように，チームとして学校が運営されていくには，まず校長のリーダーシップの下，学校のマネジメント機能が強化される必要がある。これが図の1番上の部分である。次に教職員の指導体制の充実。これが2番目となる。次に教員以外の専門スタッフの参画があり，そこにスクールカウンセラーやスクールソーシャルワーカーを始めとする教員以外の専門家がおり，さらに学校の外の地域社会との連携がある。

　しかしながらこうした専門家を学校における標準的な職にするならば，いくつかの課題がある。第1に学校における専門職として有意義な仕事ができる人材の養成が必要である。教員は，学校で働くものとして，学校法規等を大学で学ぶが，公認心理師の多くはその機会を得ない。第2に安定した職として考えるならば正規職員として国庫負担で雇用する必要があろう。しかし，スクールカウンセラーを常勤の正規職員とすることには，その外部性の担保から議論がある。すなわち，スクールカウンセラーは，外部性があることにより，児童生徒あるいは保護者が「学校の外の人」に相談がしやすい側面があるということである。しかし，単年度の契約であるために，スクールカウンセラーが学校からの評価を気にしてしまい，対等に物が言えないという側面や，非常勤であるために，専門職として育ちづらいという側面もあり，ここに関しては，未だ結論を見ない。また大学や大学院での教育においてスクールカウンセラー養成は十分であるとは言えない。実習先として学校でカウンセリングを行える環境が少ないことがその一因と考えられる。教育実習のように学校での実習が行えるとともに，学校内に公認心理師の指導ができる人材を確保する必要がある。これらも今後の課題であろう。

　以上，教育の場に必要な基本的な法律について述べた。しかし心理の専門家として教育に関わるものは，医療や福祉へと子どもたちをつなぐこともあり，司法と関わることもある。教育関連の法規だけではなく，子どもに関わる多方面の法規への知識が必要となる。それらについては第11章でもふれている。

■ VI　学校保健安全法

　学校保健安全法は学校保健法として1958（昭和33）年に制定されたものであるが，2009（平成21）年に改正されて学校保健安全法となった。学校における

児童生徒等および職員の健康の保持増進を図る保健管理と，教育活動が安全な環境で実施され児童生徒等の安全の確保を図る安全管理に関しての必要な事項を定めたものである。

　学校保健には，保健教育と保健管理の 2 領域があり，これを円滑に推進するための組織活動で構成される。組織活動を担うものとして学校保健委員会があり，学校教職員のみならず学校医や PTA の会長などを含むが，スクールカウンセラーなどが入ることもある。

　改正により安全教育が組み込まれたのは，近年，事故や事件，災害などに児童生徒が巻き込まれることが多いことから，安全に関する基本的事項を理解して，安全について適切な意思決定ができることを目指しているものである。学習指導要領の中にも安全学習は位置づけられている。学校における安全管理の中には，危機管理も含まれており，危機がいったん収まった後には心のケアも求められる。非常勤職であることが多いスクールカウンセラーには，事故や事件の連絡が入らないことがある。学校の緊急連絡体制を確認し，スクールカウンセラーにも連絡が入るようにしておくことも必要である。スクールカウンセラーについては文部科学省がスクールカウンセラー等活用事業実施要領を出しているが，この中に通常のスクールカウンセラー以外に，被災した児童生徒等の心のケア，教職員・保護者等への助言・援助を行うことなどが緊急配置として位置づけられている。

　学校での保健室の設置や養護教諭の職務も本法で定められている。養護教諭は健康相談活動を行うものとされており，中央教育審議会答申（2008 ［平成 20］年）によれば，養護教諭は学校保健活動の推進の中核的役割を果たしており，スクールカウンセラー等と連携して子どもの健康課題に関するコーディネーターの役割を果たすものとされている。保健体育審議会答申（1997 ［平成 9］年）においては，児童生徒のいかなる訴えの背後にも心的要因があることを念頭に置いた上で心身の観察，問題の背景の分析，解決のための支援，関係者との連携を行うことが健康相談活動であるとされている。すなわち，養護教諭は学校全体の心身の健康に関する情報を集約しており，スクールカウンセラーの業務上，連携が欠かせない。また例えば児童虐待に関しても，文部科学省は 2007（平成 19）年に「養護教諭のための児童虐待対応の手引き」を出しており，一般教諭向けのものよりもかなり詳細である。こうしたものに目を通しておくことも役立つ。

◆学習チェック表
☐　教育に関わる法律について理解した。

□　教育行政に関わる法律について理解した。
□　生徒指導提要について理解した。
□　チームとしての学校について理解した。
□　スクールカウンセラーの学校での位置づけについて理解した。

より深めるための推薦図書

　市川須美子・小野田正利・勝野正章ら（2018）教育小六法［平成 30 年度版］．学陽
　　書房．

　文部科学省（2010）生徒指導提要．

　坂田仰・黒川雅子・河内祥子・山田知代（2017）図解・表解 教育法規［新訂第 3 版］．

　　文　　　献

中央教育審議会（2015）チームとしての学校の在り方と今後の改善方策について（答申）．
　　https://www.mext.go.jp/b_menu/shingi/chukyo/chukyo0/toushin/1365657.htm（2020 年
　　1 月 20 日取得）

市川須美子・小野田正利・勝野正章ら（2018）教育小六法［平成 30 年度版］．学陽書房．

教育相談等に関する調査研究協力者会議（2017）児童生徒の教育相談の充実について─学校
　　の教育力を高める組織的な教育相談体制づくり（報告）．https://www.pref.shimane.lg.jp/
　　izumo_kyoiku/index.data/jidouseitonokyouikusoudannjyuujitu.pdf

文部科学省(2010)生徒指導提要．http://www.mext.go.jp/a_menu/shotou/seitoshidou/1404008.
　　htm

大貫隆志・武田さち子・住友剛（2013）指導死．高文研．

柳林信彦（2011）第 1 章 教育の基本と学校運営に関わること．In：窪田眞二編：すぐわかる！
　　教育法規．学陽書房，pp.33-87.

教育分野に関係する法律・制度
（2）心理支援編

佐藤由佳利・元永拓郎

Keywords　いじめ対策，スクールカウンセラー，守秘義務，児童の権利に関する条約，教育の機会均等

I　はじめに

　第10章では教育に関する基本的制度や法律について紹介した。第11章においては，それらもふまえながら，教育分野における心理支援に関連する法律や制度にふれる。まず，子どもの権利と児童福祉に関する制度について，学校との関連も含め説明する。次に特別支援教育および発達障害児支援についてふれる。そして，いじめ，不登校といった教育現場の心理的問題への対応に関する諸施策にふれた上で，教育分野における心理支援としてのスクールカウンセラー制度に言及する。最後に，子ども・若者育成支援に関する施策と高等教育機関での制度について説明する。

II　児童の権利に関する条約と児童福祉

　教育分野に関しては，日本国憲法と教育基本法の他に，もう1つ，押さえておくべき重要な国際法がある。それが国連の「児童の権利に関する条約」である（第7章参照）。一般に子どもの権利条約／児童の権利条約とも言われている。この条約は1989年に国連で採択され，1994年に日本も批准した。条約の中には，子どもの生きる権利，発達する権利，保護される権利，参加する権利の4つの柱がある。条約を批准すると，国連に定期的に報告書を提出することになる。その報告書に基づいて，国連の子どもの権利委員会が，今後の対策について指摘する。過去に5回の報告が行われており，委員会からの指摘により，日本はさまざまな対

策をしてきている。

　従来の日本の法律では，子どもは保護されるものであり，指導されるものであった。ここに「子どもの権利」という考え方が入ってきた。歴史的に見れば，子どもは大人を小さくしたものであり，大人と同じように働かされていた時代を経て，子どもはこれから育っていく，大人とは違う発達課題をもつ存在であると認められるようになり，その間に過酷な状況に陥らないように保護が必要な対象となった。世界的に子どもの権利についての論議が行われるようになったのは，1960年代だと言われている。

　本条約の中でも特に大事とされるのが，第12条の「自己の意見を形成する能力のある児童がその児童に影響を及ぼすすべての事項について自由に自己の意見を表明する権利を確保する」とした子どもの自己決定や自由な意見表明に係る部分である。

　小中学校におけるスクールカウンセリングでは自発来談は極めて少なく，そのほとんどは，教員からの相談，あるいは保護者からの相談から始まり，「それでは本人に会ってみましょうか」となる。例えば，リストカットをしている中学生女子がいたとする。担任教師からの紹介で会ってはみたものの，本人に来談意志はなく，カウンセリングに来ても，「別に興味があったから，手首を切ってみただけ。悩みなんかない」と，それ以上のことを話さない。こういう場合は少なくない。これをスクールカウンセラーが「本人の意志が大事です。問題ないと言っていますから，これで相談は終わりです」としたら，専門家としての力量を問われることになる。公認心理師における「自己の意見」とは，表面的に現れたものだけではなく，その奥に隠れた心理状態や，人格構造，家族状況等々をアセスメントした上で，隠れた意図を見出していきつつ，ラポール（信頼関係）を築いていくものであるからだ。もしかしたら，この中学生女子は，今まで，親をはじめとする大人から裏切られ，大人への信頼を失っているのかもしれない。もしかしたら，何か大人には言えない秘密を抱えて葛藤しているのかもしれない。いろいろな仮説を立てながら，どこに糸口があるのか，この子とつながる窓はどこにあるのかを探っていくことになる。

　不登校の子どもが学校に行かないのは，本人の意志であるとみなしていいかどうかも難しいところである。友だちがいて，勉強もわかれば，本当は学校に行きたいのかもしれない。これを，学校に行かないという現象を自己の意見の表明と考えるのか，等しく教育を受ける権利が阻害されているとみなすのか。不登校一つとっても，こうした条例や法律に鑑みて対応することが必要である。子どもは

　その年齢に応じた自己の意見を形成しているのであり，それを表明する権利があることは，念頭に置いておく必要がある。学校組織にいると，教員や保護者の意見を聞きつつ，子どもの意見を聞くことが忘れられることがある。出口（2012）は，深刻なケースでは，スクールカウンセリングが学校や親の立場で行われており，生徒の側に立っているかどうか疑問であるものが多いと指摘している。

　日本の法律には，教育基本法にも学校教育法にも，子どもの権利という考え方はあまり入っていない。大人たちは，子どもの意志を尊重したり，子どもの意見に耳を傾けることに慣れていないともいえる。そのような中でスクールカウンセラーが子どもの声に耳を傾けると，時として，学校体制や大人の論理とは相対することがある。公認心理師としては，さまざまな立場の声に耳を傾け，どの声も無視されることなく尊重され，十分に表明できることに力を貸すことが必要である。近年，こども基本法が制定され，こどもの権利擁護について明確に示されている。

　子どもに関する福祉関係の法律としては，児童福祉六法（児童福祉法，児童扶養手当法，特別児童扶養手当等の支給に関する法律，母子及び父子並びに寡婦福祉法，母子保健法，児童手当法）の他，児童虐待の防止等に関する法律，少年法，子ども・若者育成支援推進法，こども基本法等がある。

　児童福祉法は，1947年に制定され，その後何度も改正されている。子どもの福祉に関わる最も大事な法律といえる。第2条で，「国及び地方公共団体は，児童の保護者とともに，児童を心身ともに健やかに育成する責任を負う」となっており，児童，保護者，妊産婦等の定義が示され，児童自立生活援助事業，放課後児童健全育成事業，里親，児童福祉施設，障害児施設支援，知的障害児施設支援等々について書かれている。これを読むと，児童に関する福祉にどのようなものがあり，その役割がどのようなものであるかがわかる。そしてこれらを遂行していくために，児童福祉審議会が各都道府県に置かれている。児童相談所の設置義務や職員，その役割について定めているのも本法である。第6条3で，要保護児童を「保護者のない児童又は保護者に監護させることが不適当であると認められる児童」と定義づけ，これに基づき，地方公共団体は，要保護児童の適切な保護を図るため，関係機関等により構成され，要保護児童およびその保護者に関する情報の交換や支援内容の協議を行う要保護児童対策地域協議会（「要対協」と略されることが多い）を置くようになった。家庭環境が複雑な児童生徒については，地域の要対協で協議されていることが多いので，スクールカウンセラーとしても確認しておくと良い。

　子どもと関わる上で，児童虐待の防止等に関する法律（児童虐待防止法）は忘れることはできない。心理面接の場面で児童虐待に気づくことも少なくない。児童虐待で一番多いのは，ネグレクトである。顔色が悪い，極端に痩せている，面接で向かいあうと臭気がする等から，養育がきちんとなされていない疑いを抱くことがある。そのような際には，どのような生活をしているか等を子どもから聞き，教員からの情報も得て，学校として対応を協議することになる。子どもは，「自分が食べすぎるから，食事をもらえないだけ」と，あたかも自分が悪いような言い方をすることもある。摂食障害の可能性があるのか，ネグレクトなのかも十分にアセスメントしたい。第5条には，「学校，児童福祉施設，病院その他児童の福祉に業務上関係のある団体及び学校の教職員，児童福祉施設の職員，医師，保健師，弁護士その他児童の福祉に職務上関係のある者は，児童虐待を発見しやすい立場にあることを自覚し，児童虐待の早期発見に努めなければならない」とある。スクールカウンセラーもまた，「児童虐待を発見しやすい立場にある」ことを自覚しておくべきである。

　児童虐待は，身体的・性的・ネグレクト・心理的の4種類であったが，2004年の改正で，心的虐待の中に面前DVが含まれることになった。子どもの前で，配偶者間暴力が行われることは，子どもに直接暴力がなかったとしても，心的虐待になる。なお，「家庭内暴力」という場合，日本では子どもから親への暴力を指すことが多い。そのため配偶者間（未婚も含む）暴力をDVと呼び，区別している。児童虐待に関しては，暴力をふるっている親の育ち（養育環境），アルコール依存症や精神疾患の有無などの情報も，可能な限り親面接等から情報を得ておいた方がよい。こうしたことは，教職員は慣れていないことが多いので，公認心理師が支援できるところである。なお，14条において，躾であったとしても，暴力は禁止されていることを覚えておきたい。配偶者暴力防止法（DV防止法）は2023年に改正され，被害者と同居する子への電話等禁止命令が出せるなど，保護命令制度が拡充している。スクールカウンセラーをしていると，DVによる転居，転校と出会うことも多いので確認しておきたい。

　こども基本法は，2022（令和4）年に成立した，この法律は，「次代の社会を担う全てのこどもが，生涯にわたる人格形成の基礎を築き，自立した個人としてひとしく健やかに成長することができ，心身の状況，置かれている環境等にかかわらず，その権利の擁護が図られ，将来にわたって幸福な生活を送ることができる社会の実現を目指し」（第1条抜粋）制定されている。教育分野でも重要な法律である。

Ⅲ　特別支援教育

　中央教育審議会（2005）が出した答申「特別支援教育を推進するための制度の在り方について」によると，特別支援教育とは，「障害のある幼児児童生徒の自立や社会参加に向けた主体的な取組を支援するという視点に立ち，幼児児童生徒一人一人の教育的ニーズを把握し，その持てる力を高め，生活や学習上の困難を改善又は克服するため，適切な指導及び必要な支援を行うもの」とされている。「特殊教育」から「特別支援教育」への単なる名称変更ではなく，児童生徒が必要としているニーズに広く応えようとする理念がここにある。

　この理念の背景には，発達障害者支援法（2004）により，発達障害児者への総合的な支援の充実が求められるようになったこともある。この法律については第8章でふれている。この法律を受けて，学校教育法が2006（平成18）年に改正され，特別支援学校や特別支援学級の設置などが定められた。これを受け文部科学省は，特別支援教育の推進についての通知を行い（2007），「知的な遅れのない発達障害も含めて，特別な支援を必要とする幼児児童生徒が在籍する全ての学校において実施される」とし，「障害のある幼児児童生徒への教育にとどまらず，障害の有無やその他の個々の違いを認識しつつ様々な人々が生き生きと活躍できる共生社会の形成の基礎となるものであり，わが国の現在及び将来の社会にとって重要な意味を持っている」という考えを示した。これらは，インクルーシブ教育（障害者基本法：第8章）やインクルージョン（障害者権利条約：第8章）の考え方に通じる。

　中央教育審議会初等中等教育分科会では，2012（平成24）年に「共生社会の形成に向けたインクルーシブ教育システム構築のための特別支援教育の推進」の報告をまとめ，合理的配慮とは，「障害のある子どもが，他の子どもと平等に「教育を受ける権利」を享有・行使することを確保するために，学校の設置者および学校が必要かつ適当な変更・調整を行うことであり，障害のある子どもに対し，その状況に応じて，学校教育を受ける場合に個別に必要とされるもの」であり，「学校の設置者及び学校に対して，体制面，財政面において，均衡を失した又は過度の負担を課さないもの」と定義した。そして合理的配慮については，2013（平成25）年に成立し2016（平成28）年に施行された障害者差別解消法において法律としても位置づけられた。

　第8章でもふれているが，2012（平成24）年の児童福祉法改正によって，障

害種別が一元化され，障害児通所支援のひとつとして，放課後等デイサービスが位置づけされた。放課後等デイサービスとは，「学校に就学している障害児に，授業の終了後又は休業日に，生活能力の向上のために必要な訓練，社会との交流の促進その他の便宜を供与すること」と定義され，「支援を必要とする障害のある子どもに対して，学校や家庭とは異なる時間，空間，人，体験等を通じて，個々の子どもの状況に応じた発達支援を行うことにより，子どもの最善の利益の保障と健全な育成を図るもの」とされている（厚生労働省，2015）。子どもの地域社会への参加・包容（インクルージョン）を考えると，地域社会での子育て支援との連携が課題となろう。

■ Ⅳ　いじめについて

　いじめが社会問題となったのは 1980 年代からであるが，その後何回かいじめに関連した大きな事件が発生し，なかでも大津市の事件をきっかけとして，2013（平成 25）年に「いじめ防止対策推進法」が成立，施行されるに至った。この法律の第 1 条では，「いじめが，いじめを受けた児童等の教育を受ける権利を著しく侵害し，その心身の健全な成長及び人格の形成に重大な影響を与えるのみならず，その生命又は身体に重大な危険を生じさせるおそれがあるものであることに鑑み，児童等の尊厳を保持するため，いじめの防止等（いじめの防止，いじめの早期発見及びいじめへの対処をいう。以下同じ。）のための対策に関し，基本理念を定め，国及び地方公共団体等の責務を明らかにし，並びにいじめの防止等のための対策に関する基本的な方針の策定について定めるとともに，いじめの防止等のための対策の基本となる事項を定めることにより，いじめの防止等のための対策を総合的かつ効果的に推進することを目的」としている。またいじめの定義を「当該行為の対象となった児童等が心身の苦痛を感じているもの」とし（第 2条），いじめられた児童の立場にたって対応することが原則として示された。
　そして同法第 11 条に基づき，「いじめの防止等のための基本的な方針」（以下「基本方針」と言う）を文部科学大臣が定めた（文部科学省，2015, 2017 改定）。基本方針では，国や地方公共団体，学校が行うべき事項を具体的に定めているが，特に学校が「学校におけるいじめの防止等の対策のための組織」を常設し，いじめを特定の教職員で抱え込まず学校が組織的に対応し複数の目による状況の見立てを行うことや，必要に応じて，心理や福祉の専門家であるスクールカウンセラー・スクールソーシャルワーカー，弁護士，医師，警察官経験者など外部専門家

等が参加することの必要性を示している。その他，いじめの予防や相談体制，いじめに対応するための人材育成等で，スクールカウンセラーの役割が強調されている。

　また，「いじめにより当該学校に在籍する児童等の生命，心身又は財産に重大な被害が生じた疑いがあると認めるとき」「いじめにより当該学校に在籍する児童等が相当の期間学校を欠席することを余儀なくされている疑いがあると認めるとき」といった同法 28 条に定める重大事態が発生した場合，いわゆる第三者調査委員会による調査を行うとしている。この調査に関して，文部科学省は 2017（平成 29）年に，「いじめの重大事態の調査に関するガイドライン」を定めた。この中で，調査組織については公平性・中立性が確保された組織が客観的な事実認定を行うことができるよう構成することとし，「弁護士，精神科医，学識経験者，心理・福祉の専門家等の専門的知識及び経験を有するものであって，当該いじめの事案の関係者と直接の人間関係又は特別の利害関係を有しない者（第三者）について，職能団体や大学，学会からの推薦等により参加を図るよう努めるもの」としている。この第三者委員会での心理専門職の役割も重視されている。

　また，2023(令和 5) 年には，「いじめ問題への的確な対応に向けた警察との連携等の徹底について（通知）」「いじめ防止対策推進法等に基づくいじめ重大事態への適切な対応等の徹底について（通知）」「いじめ重大事態調査の基本的な対応チェックリスト」の配布について（事務連絡）」が，文部科学省から発出されている（文部科学省，2023）。

■ V　不登校について

　2016（平成 28）年に「義務教育の段階における普通教育に相当する教育の機会の確保等に関する法律」（教育機会確保法）が制定され，不登校への学習権を「教育基本法及び児童の権利に関する条約等の趣旨にのっとり，不登校児童生徒に対する教育機会の確保，夜間等において授業を行う学校における就学機会の提供その他の義務教育の段階における普通教育に相当する教育の機会の確保等を総合的に推進」することを目的とし，「国及び地方公共団体は，不登校児童生徒に対する適切な支援が組織的かつ継続的に行われることとなるよう，不登校児童生徒の状況及び不登校児童生徒に対する支援の状況に係る情報を学校の教職員，心理，福祉等に関する専門的な知識を有する者その他の関係者間で共有することを促進するために必要な措置その他の措置を講ずるものとする」（第 3 章 9 条）とあり，

不登校児童生徒に対しての学習支援が求められ，また心理支援に対しての専門的知識の必要性が重視されている。

　この法律も受けて文部科学省（2019）は「不登校児童生徒への支援の在り方について」を通知し，支援の視点を「不登校児童生徒への支援は，"学校に登校する"という結果のみを目標にするのではなく，児童生徒が自らの進路を主体的に捉えて，社会的に自立することを目指す必要があること。また，児童生徒によっては，不登校の時期が休養や自分を見つめ直す等の積極的な意味を持つことがある一方で，学業の遅れや進路選択上の不利益や社会的自立へのリスクが存在することに留意すること」としている。スクールカウンセラーやスクールソーシャルワーカーの活用が強調されている他，不登校児童生徒に対する多様な教育機会の確保として，「不登校児童生徒の一人一人の状況に応じて，教育支援センター，不登校特例校，フリースクールなどの民間施設，ICT を活用した学習支援など」を挙げている。特に新型コロナウイルス感染症拡大により，児童生徒への 1 人 1 台端末が進み，不登校を含む登校できない自宅にいる子どもたちと学校とをつなぐ試みが進んでいるところである。スクールカウンセリングも ICT を利用して行う学校も徐々に増えてきた。

　スクールカウンセラーをしていると，不登校の背景に，子どもが親の精神疾患を心配して分離不安を起こしていたり，逆に親が子どもを学校にやると被害にあうという妄想をもつことで登校を妨げていることがわかったりすることがある。このような時には，校内連携はもとより，児童相談所や保健センターなどとも連携することが必要である。教育基本法で定められている，親が子どもに対して負うている義務を放棄していると同時に，児童虐待防止法に基づくネグレクトにも当てはまる。その一方で，親の精神障害の観点からは，精神保健福祉法も関係する。学校に関わる心理職であっても，全ての領域についてある程度の法律的知識が必要な所以である。

■ VI　スクールカウンセラー制度について

　大学における心理支援としての学生相談は歴史があるが，小中高等学校おけるカウンセリングが導入されたのは，1995 年の文部省（当時）によって始められた「スクールカウンセラー活用調査研究委託事業」による。都道府県ごとに，スクールカウンセラーが小学校，中学校そして高等学校の各数校に 1 名配置されること（全国で 154 校での配置）からスタートしたが，その有効性が確認されて，

2001 年からは，「スクールカウンセラー活用事業補助」となり，都道府県がスクールカウンセラーを配置する際の補助を国が行う制度として整備されることとなった。国の補助率は当初 2 分の 1 であったが，現在は 3 分の 1 となっている。

　最新（2018）のスクールカウンセラー等活用事業実施要領（文部科学省，2018）によると，「教育支援体制整備事業費補助金（いじめ対策・不登校支援等総合推進事業）交付要綱第 20 条の規定に基づき，スクールカウンセラー等活用事業の実施について必要な事項を，本実施要領で定めるものとする」となっている。また，事業の趣旨としては，「公立の小学校，中学校，義務教育学校，高等学校，中等教育学校，特別支援学校及び地方公共団体が設置する児童生徒の教育相談を受ける機関（以下「学校等」という。）に児童生徒の心理に関して高度に専門的な知識・経験を有するスクールカウンセラー又はスクールカウンセラーに準ずる者（以下「スクールカウンセラー等」という。）を配置するとともに，24 時間体制の電話相談を実施し，教育相談体制を整備する。また，被災した児童生徒等の心のケア，教職員・保護者等への助言・援助等を行うため，学校等（公立幼稚園を含む。）にスクールカウンセラー等を緊急配置する」としている。スクールカウンセラーの選考にあたっては，公認心理師，臨床心理士，精神科医他から，都道府県または指定都市が実績をふまえ行うこととなっている。

　なお，学校教育法施行規則の 2017（平成 29）年改正により，「スクールカウンセラーは，学校における児童の心理に関する支援に従事する」と法的に位置づけられた。またスクールソーシャルワーカーについても，「学校における児童の福祉に関する支援に従事する」と明記された。この施行規則改正には，中央教育審議会（2015）の「チームとしての学校の在り方と今後の改善方策について」の答申を受けて行われたものであり，チーム学校に向けての法的位置づけという流れを把握したい。

　また，スクールカウンセラーについては，上記の国の事業とは別に，市町村などの地方公共団体が予算を立てて採用するものもある。これらは，国の事業によるスクールカウンセラーと区別して，市町村採用スクールカウンセラーと言われる場合もある。市町村採用スクールカウンセラーの業務は，国の事業のカウンセラーに準じている場合が多いが，週当たりの日数が国の事業よりも多い勤務となっている傾向がある。

　スクールカウンセラーに関しては常勤が望ましいのではないかという議論があり，一部自治体や私学では常勤になっているところもある。スクールカウンセラーに関する実態調査等も行われており，常勤または勤務時間増によってスクールカ

ウンセラーの業務をどのように充実させることができるか検討が進んでいる（日本臨床心理士会，2023）。スクールカウンセラーの専門性を高めていくためのさらなる議論が必要となっている。

VII　その他必要な法律や制度

　教育分野でその他必要な法律や制度として，少年法，子ども若者育成支援推進法，国立大学法人法等を挙げたい。少年法は，少年非行に関する法律であるが，学校に在籍する児童生徒が犯罪または触法行為を行った際には，重要な法律となる。この少年法に関する制度は，第 14 章で述べる。

　中学を卒業，あるいは高校を退学する生徒が，その先の進路が決まっていない場合がある。その際には，子ども・若者育成支援推進法（2009［平成 21］年成立）を知っておくと良い。これは，修学も就業もしていない子ども・若者が社会生活を円滑に営むことができるよう，支援することを目的とした法である。2010年には子ども・若者支援地域協議会設置・運営指針が内閣府より示され，各地に「子ども・若者総合相談センター」ができた。推進法に基づき 2016 年に定められた子ども・若者育成支援推進大綱には，「学校における相談体制の充実」としてスクールカウンセラーへの言及があり，また「4．子供・若者の成長を支える担い手の養成（2）専門性の高い人材の養成・確保」の中でも，思春期の心理関係専門職についての言及がある。実際，多くの子ども・若者総合相談センターには心理職を配置しており，これからも期待されるところである。

　国立大学法人法は，2003（平成 25）年に成立したが，第 22 条に国立大学法人の行う業務の第 2 項として，「学生に対し，修学，進路選択及び心身の健康等に関する相談その他の援助を行うこと」としており，学生に対する心理支援を強調している。この考え方は，国立大学のみならず，私立大学にも準用されるものと理解したい。またこれに先立ち 2000（平成 12）年の文部科学省報告「大学における学生生活の充実方策について（通称「廣中レポート」）では，「教員中心の大学」から「学生中心の大学」への視点転換が提起され，その取り組みの 1 つとして，学生相談をすべての人間形成を促すものとして捉え直し，専門的な心理的面接技能を有するカウンセラー等の充実を求めていることにも注目したい。

　児童生徒の自殺対策に関して，2016（平成 28）年改正の自殺対策基本法にふれたい。この改正によって，心の健康の保持に係る教育および啓発の推進等が第 17 条に規定され，特に学校については，「学校に在籍する児童，生徒等に対し，

各人がかけがえのない個人として共に尊重し合いながら生きていくことについての意識の涵養等に資する教育又は啓発，困難な事態，強い心理的負担を受けた場合等における対処の仕方を身に付ける等のための教育又は啓発その他当該学校に在籍する児童，生徒等の心の健康の保持に係る教育又は啓発を行うよう努めるもの」としている。

　また自殺対策大綱では，重点施策の一つとして示した国民一人ひとりの気づきと見守りを促すための「児童生徒の自殺対策に資する教育の実施」として，「学校において，体験活動，地域の高齢者等との世代間交流等を活用するなどして，児童生徒が命の大切さを実感できる教育に偏ることなく，社会において直面する可能性のある様々な困難・ストレスへの対処方法を身に付けるための教育（SOSの出し方に関する教育），心の健康の保持に係る教育を推進するとともに，児童生徒の生きることの促進要因を増やすことを通じて自殺対策に資する教育の実施に向けた環境づくりを進める」としている。2022年の改正では，新型コロナウイルス感染症学代の影響を踏まえた対策としてICT活用の推進や子ども家庭庁との連携などについての対策が強化されている。学校で行うべき具体的な自殺対策のための教育としては文部科学省より「子供に伝えたい自殺予防（学校における自殺予防教育導入の手引き）出ており，教育領域に携わる心理職は目を通しておきたい。

■ VIII　個人情報と守秘義務について

　学校でカウンセリングをしている時に迷うのが，守秘義務である。学校によっては，カウンセリング通信や相談室の前の広報等で，「秘密は守られます」というような文面を入れているところも多い。自分の個人オフィスでカウンセリングをしている場合には，当然，オフィス以外に秘密を漏らすことはない。一方病院等であれば，医師はカルテ，看護師は看護記録をつけ，それぞれの情報が病院の関係者内で共有される。心理職がカルテに記録した内容も同様に共有されることになる。そのような共有の仕組みを基盤として多職種連携が行われることとなる。では学校では，カウンセリングで話された内容は，カウンセリングルーム内で留められるものであろうか。それとも，病院のように組織内で共有されるものであろうか。

　小中学校では，保護者の知らないままにカウンセリングが行われることを学校は嫌う。まして，どの児童生徒を対象にカウンセリングが行われたかを教員が把

握していない学校はほとんどないだろう。しかし，子どもによっては，保護者にも学校にも知られたくない場合もある。スクールカウンセラーはまずは，なぜ知られたくないのか，何を知られたくないのかを子どもに聞く。内容によっては，保護者の関与が不可欠な場合もあるが，保護者への連絡は避けるか，先延ばしにした方がいい場合もある。後者の場合には，関係している教員に専門家としての見解と根拠を述べ，納得してもらう必要がある。

クライエントから教員への口止めをされることもある。「妊娠した」「性被害にあった」「違法薬物を摂取している」「SNSで知り合った人のところに行くつもりだ」等である。しかも「言ったら死ぬ」という脅しをかけてくることもある。しかしこれらはどれも生命の危機に関わるものであり，スクールカウンセラーの胸に収めておいてよいものではない。可能な限り，「あなたを助けるために，私1人では対応できないので，先生たちと相談したい」と伝えていく必要がある。子どもを説得するためには，どの教員に，何を伝えたら，何が起きるのかを，スクールカウンセラー自身がよくわかっており，また教員に対しての信頼感があることが前提になる。責任を学校側に投げるような気持ちがあると，それは確実に子どもに伝わる。相談内容によっては，いわゆる管理職対応（管理職のみが知り，一般教員には知らされない）になることもある。一瞬の判断が必要である。

いじめ自殺事件として知られている「大津市立中学校におけるいじめに関する第三者調査委員会の調査報告書」（2013）では，スクールカウンセラーが制度上，校長の指揮下にあり，学校の下請け機関になっていると警告し，スクールカウンセラーはより外部性が大事であり，学校や教育委員会に対して中立的な立場を維持すべきであると提言されている。スクールカウンセラーの立ち位置は，とりわけ，こうしたいじめ問題に関して問われることとなる。

法的にはいじめ防止対策推進法（2013年施行）があり，これに基づいて，各学校でいじめの防止等のための対策に関する基本的な方針が策定されている。スクールカウンセラーとして赴任後にまずはその内容を確認した上で，原則としては学校内のチームの一員として動く必要がある。しかし一方で，大津市の場合にあるように，学校の取り組みとは異なる対応が，児童生徒の安全の確保にとって重要であるという見立てがある場合は，スクールカウンセラーは外部性を重視した立ち位置を取ることが求められるであろう。このような判断が求められるのが，専門性を持つスクールカウンセラーの難しさでもあるが，学校に心理専門職が配置されている意義でもある。

学校問題としては「指導死」という言葉もある（大貫ら，2013）。生徒指導や，

教員からの厳しい指導の後に自殺することを指す。教員への不満は，意外にスクールカウンセラーに語られることは少ない。しかし学校の外部のカウンセラーを紹介すると，そこでは語られることも多い。スクールカウンセラーとは，クライエントからは学校内の人として見られ，教員からは学校外の人として見られやすい微妙な立場にある。そうしたことを自覚した上で仕事をしていくことになる。

　長谷川（2003）は，「チーム内守秘義務」の視点から，スクールカウンセラーは厳しい倫理規定を有しているとしながらも，「スクールカウンセリングの活動はチームとしての相談活動であることが多く，『個人内守秘義務』というよりも『チーム内守秘義務』を負う」としている。しかし秀嶋（2017）は，スクールカウンセラーに関して「この『チーム内守秘義務』については，法律家の立場でも，十分検討されていない課題である」としている。さらに出口（2012）もまた，法律家の立場から，「集団守秘義務は厳密な意味での守秘義務と対立するところがあり，安易にこの考え方によるのは疑問である。やはり，カウンセリングの基本に立ち返り，カウンセラーはクライエントである子どもに対する守秘義務を有するという方法を再認識する必要がある」としている。

　筆者は，多くの若い心理専門職が，大学で守秘義務について学び，スクールカウンセラーとしての研修会で，教員との連携や報告義務について学び，混乱と葛藤の中にありつつも，教育委員会から雇用され，次年度も雇用してもらうために，勢い，学校側に立たざるを得ない弱い立場にあることを見てきた。スクールカウンセラーが，安心して生徒の守秘義務を守り，学校や教育委員会に対して中立的な立場を維持するためには，個人の研鑽も必要だが，制度上の身分保障やスクールカウンセリングという営みへの社会的理解の促進も必要だと考えている。スクールカウンセラーがチーム学校の中に位置づけられるとするならば，チームの一員としてどのように専門性が確保されるか，そして専門性の中でもクライエントへの守秘義務をどう守り，一方で学校全体でのチームによる支援をどう展開するか，さらなる議論が求められよう。

◆学習チェック表
□　子どもの権利について理解した。
□　児童福祉に関わる法律について理解した。
□　スクールカウンセラーの守秘義務について理解した。
□　不登校への施策について理解した。
□　いじめ対策のための制度について理解した。

より深めるための推薦図書

　荻上チキ（2018）いじめを生む教室—子どもを守るために知っておきたいデータと知識．PHP 新書．

　山野則子・野田正人・半羽利美佳編（2012）よくわかるスクールソーシャルワーク．ミネルヴァ書房．

文　　献

中央教育審議会（2005）特別支援教育を推進するための制度の在り方について．https://www.mext.go.jp/b_menu/shingi/chukyo/chukyo0/toushin/__icsFiles/afieldfile/2017/09/22/1212704_001.pdf

中央教育審議会初等中等教育分科会（2012）共生社会の形成に向けたインクルーシブ教育システム構築のための特別支援教育の推進．https://www.mext.go.jp/b_menu/shingi/chukyo/chukyo3/044/attach/1321669.htm

中央教育審議会（2015）チームとしての学校の在り方と今後の改善方策について（答申）．https://www.mext.go.jp/b_menu/shingi/chukyo/chukyo0/toushin/1365657.htm（2020.1.20 取得．）

出口治男（2012）スクールカウンセリングにおける子どもの法的位置．In：伊藤千晶編：心理臨床の法と倫理．日本評論社，pp.79-108.

長谷川啓三（2003）学校臨床のヒント—集団守秘義務の考え方．臨床心理学，3(1); 122-144.

秀嶋ゆかり（2017）「秘密保持」と「手続きの透明性」を巡って．臨床心理学，17(1); 38-43.

厚生労働省（2015）放課後等デイサービスガイドライン．https://www.mhlw.go.jp/file/05-Shingikai-12201000-Shakaiengokyokushougaihokenfukushibu-Kikakuka/0000082829.pdf

文部科学省（2000）大学における学生生活の充実方策について（報告）．https://www.mext.go.jp/b_menu/shingi/chousa/koutou/012/toushin/000601.htm

文部科学省（2007）特別支援教育の推進について（通知）．https://www.mext.go.jp/b_menu/hakusho/nc/07050101/001.pdf

文部科学省（2014）子供に伝えたい自殺予防—学校いおける自殺予防教育導入の手引き．https://www.mext.go.jp/a_menu/shotou/seitoshidou/__icsFiles/afieldfile/2018/08/13/1408017_002.pdf

文部科学省（2015，2017 改定）いじめの防止等のための基本方針．https://www.mext.go.jp/component/a_menu/education/detail/__icsFiles/afieldfile/2019/06/26/1400030_007.pdf

文部科学省（2017）いじめの重大事態の調査に関するガイドライン．https://www.mext.go.jp/component/a_menu/education/detail/__icsFiles/afieldfile/2019/06/26/1400030_009.pdf

文部科学省（2018）スクールカウンセラー等活用事業実施要領．https://www.mext.go.jp/a_menu/shotou/seitoshidou/1341500.htm

文部科学省（2019）不登校児童生徒への支援の在り方について（通知）．https://www.mext.go.jp/a_menu/shotou/seitoshidou/1422155.htm

日本臨床心理士会（2023）文部科学省令和4年度いじめ・不登校支援等推進事業報告書．スクールカウンセラー及びスクールソーシャルワーカーの常勤化に向けた調査研究．http://www.jsccp.jp/suggestion/sug/pdf/r4_sc_joukinka_houkokusho.pdf

大貫隆志・武田さち子・住友剛（2013）指導死．高文研．

大津市立中学校におけるいじめに関する第三者調査委員会（2013）調査報告書．http://www.city.otsu.lg.jp/kosodate/kenzen/taisaku/1442305508389.html

第12章

司法・犯罪分野に関係する法律・制度（1）刑事

福田修治

⊶ *Keywords*　刑法第39条，警察官通報，起訴前鑑定，更生保護法，精神保健鑑定，精神鑑定，心神喪失者等医療観察法，ストーカー規制法，犯人蔵匿等罪，秘密漏示罪

I　刑法の定義，機能

　刑法とは犯罪と刑罰に関する法律である。しかし犯罪とは，刑罰とは，そして犯罪と刑罰とを規定する要素とはなんだろうか。現代社会では，犯罪に対し刑罰が加えられる。すなわち犯罪とは何かという問いに対しての答えが，刑罰によって科される行為であるといえるだろう。では刑罰とはなんだろうという疑問も生じてしまう。形式論だが，刑罰は一定の法律違反の行為に対して国家が加える制裁としての苦痛の賦課であり，国家にとっては秩序維持の手段としての意味を持つ。

　第1に，刑罰は私人による復讐の繰り返しを禁止することによって，秩序を回復するといった機能を持ち，第2に，秩序破壊者を懲らしめることによって，秩序を維持する機能をもつのだ。

　例えば，刑法第199条では「人を殺したものは，死刑又は無期若しくは5年以上の懲役に処する」と規定しているが，殺人を処罰の対象にすることは，古今東西を問わず認められてきた。法律の規定がなくともその行為自体がすでに反道徳的な殺人のような犯罪を「自然犯」と呼び，法律の規定があって初めて犯罪とされる「法定犯」とは区別してきた。

　歴史的にも，「殺すなかれ，姦淫することなかれ，盗むなかれ」などは，エホバの神のモーセの十戒に見られる戒律である。この十戒のうちの5から10までは人と人に関する項目であり，刑法との関連を示している。

　日本が国家として成立するのは，7世紀唐の律令体制を取り入れたことを端緒

とした。律令とは東アジアでみられる法体系であり，国家や社会秩序を維持する規範として機能し，特に律は現在の刑法に相当する。すなわちわが国においても，国家という社会が成立する根幹として律＝刑法は存在してきたのだ。

心理学領域において，刑法にあたるものは超自我であろう。エディプス期において，近親相姦願望が親からの去勢という脅し＝懲罰によって心的葛藤を生じさせ，本能・願望等を抑圧し，親からの禁止を内在化することで，超自我は形成される。そして超自我は自我に対し，監視，裁判官のような役割を果たし，自我の社会的順応行動の根源と考えられている。

■ II　わが国の司法制度に関して

現在わが国における司法制度は，具体的事件に関して当事者から提起された争訟に対し，法を適用し，宣言することによってこれを裁定する国家作用，制度である。このような作用を営む機関が裁判所である。すなわち裁判所が営む法的作用を「司法」と呼ぶ。

刑法とは，どういう行為が犯罪となり，それがどの程度の罰を科せられるものかを定めた法律をいう。すなわち法治国家に属する限り，法律に触れる行為を犯せば，刑法によって裁かれることになる。

犯罪が法律上成り立つためには，①構成要件該当性，②違法性，③有責性，の3要件を満たす必要がある。

犯罪の成立要件の第1は構成要件該当性である。刑法は，殺人，窃盗，放火など社会に有害な行為を類型的に取り上げて，これに一定の刑罰という効果を結び付けており，これを犯罪構成要件と呼び，犯罪になるためにはまずこの犯罪構成要件に当てはまることが必要となる。

第2の成立要件は違法性である。構成要件に該当した行為も，例えば正当防衛のような特定の場合には法律上許されている。犯罪であるためには法律上許されないものでなければならない。法律上許されないという性質は違法性と呼ばれる。すなわち犯罪は違法な行為でなければならない。

第3の要件は有責性（責任）である。構成要件に該当し違法な行為であっても，それが行為者の責任に帰しえない限り犯罪とはならない。その行為に出たことが非難に値する場合，すなわち行為の是非を弁別できる能力があり，故意または過失という責任条件を備え，さらにそれ以外の適法行為に出ることが期待可能であったといえる場合に犯罪が成立するのである。

　また違反行為者が，年齢その他の点につき，社会人として十分法律の要求に従って行動ができたはずだ，という行為者その人についての年齢的・心理的・道義的な要件が備わらなければ，その違反行為を犯罪として処罰することはできない。

　例えば幼児が起こした失火により死者が出たとしても，この幼児を処罰せよと糾弾する人はいないだろう。違反行為をしたことについて，社会から非難を受けるに値する行為者その人についての要件が責任と呼ばれる。責任のない者の行為は犯罪にならないのだ。

　刑法は行為者が刑法上の責任を負えるだけの能力を持っている者（責任能力者）であることを要件とする。つまり物事の是非善悪を判断し，その判断に従って行動できる能力をもつ者が責任能力者であるとし，この能力がない者を責任無能力者，この能力の低い者を限定責任能力者とする。

　したがって，犯罪の成立要件である有責性の観点から，責任能力に何らかの問題を有する精神障害者が触法行為を起こした場合，犯罪は成立しないことになる。

III　心理職にとっての司法制度

　精神医療従事者も措置入院患者の治療以外に触法精神障害者（刑罰法令に触れる行為をした精神障害者）に接する機会は少ないのだが，2005 年の医療観察法施行後，指定医療機関等において触法精神障害者の治療および処遇が注目されており，そこでは，精神科医だけでなく，精神保健福祉士や公認心理師・臨床心理士もチーム医療の一員として対応に追われている現状がある。

　心理職にとって従来から司法と犯罪領域の関連法規は，心理テスト等にて精神鑑定業務に携わる場合や，司法システムから精神保健システムに移行され措置入院患者の治療にあたる場合，法務心理技官において認識が必要であった。

　一方治療中のクライエントに触法行為が発覚し，対応に苦慮することは多い。したがって治療対象者に触法行為が生じた状況で，適切な対応を遂行するための指針となる法律への理解も必要と思われる。

IV　触法精神障害者に対する司法システムと医療システム

　精神障害者が刑罰法令に触れる行為（触法行為）を起こした場合，一般の犯罪者と同様に司法的処遇過程＝司法システム（事件認知，被疑者として逮捕，被告

として起訴，裁判，刑罰法令に基づく処罰，刑事施設，出獄）に基づき対処され，その経過中に医療システムが適宜関与している。

　まず，最初に触法精神障害者に対するその法的処遇過程を時間軸に沿って述べ，同時に精神医療現場で起きているさまざまな触法精神障害者の処遇上の問題点も指摘したい。

1．処遇の経過

①事件認知〜逮捕

　触法行為が発生し，被害者や目撃者が警察に通報すると，警察法に基づき警察は触法行為を認知し，警察官職務施行法に基づき，被疑者を保護，逮捕し，取調べを行なう。このプロセスにおいて，精神障害者の疑いがあり，かつ自傷他害のおそれがありと判断された場合は，精神保健福祉法第23条の規定に基づき警察官通報が行なわれ，精神保健鑑定が実施される。すなわち，司法システムから医療システムに処遇は移行される。一方，警察官に精神障害と認知されなかった場合，検挙され，検察官に送致される。

②起訴

　警察から送致された事件に対し，検察官は捜査を行なう。事件捜査を遂げると検察官の裁量如何で起訴・不起訴が決定される（刑事訴訟法第248条）。この捜査中に被疑者が精神障害者あるいはその疑いが明らかになり，司法精神鑑定の必要があると検察官が判断すると，起訴前鑑定が実施される。

　起訴前鑑定には，刑事訴訟法第223条から第225条に基づく鑑定留置による嘱託精神鑑定と，短時間で実施される簡易精神鑑定の2種類がある。

　この起訴前鑑定の結果をもとに，被疑者が心神喪失により不起訴，ないしは心神耗弱のため起訴猶予相当と，検察官の判断がなされた場合，精神保健福祉法第24条の規定により，検察官通報が実施され，被疑者は医療システムに移ることとなる。

　一方，上記の起訴前鑑定の結果，完全責任能力がある，または心神耗弱・限定責任能力であっても公判が維持できると，検察官が判断を下すと，被疑者は起訴され裁判が開始される。

③裁判

　公判において，被告人の犯行時の責任能力に疑問が生じれば，刑事訴訟法第

165 条から第 168 条の規定に基づき，裁判官の命令による精神鑑定（公判鑑定）が開始される。そして刑法第 39 条の規定により，被告人が心神喪失または心神耗弱に該当するかの法律判断がなされる。被告人の犯行時の精神状態を心神喪失と裁判官が判断すれば，無罪の判決がなされる。また心神耗弱と判断がされた場合は，軽減された刑罰が宣告される。

　心神喪失により無罪判決になった場合，または心神耗弱により，懲役刑，禁錮刑以外の判決ないし執行猶予判決が下された場合は，精神保健福祉法第 24 条に基づく検察官通報が行使され，医療システムに移ることとなる。

　また公判中の被告人が精神異常をきたし，精神鑑定の結果心神喪失と判断されれば，公判手続きは停止され，被告人は精神科治療機関で治療され，心神喪失の状態から回復した場合，再度公判にもどることになる（刑事訴訟法第 314 条）。刑が確定した場合，被告人は受刑者となり，刑事施設・矯正施設に収容される。

④刑事施設

　刑事施設には，刑務所，少年刑務所，そして拘置所がある。拘置所は未決拘禁者（勾留中の被告人および被疑者をいう）を収容する。また刑務所および少年刑務所は，主として懲役，および禁錮の刑に処された者のための施設である。刑事施設内での処遇はすべて「刑事収容施設および被収容者等の処遇に関する法律」（刑事収容施設法，旧監獄法）によって規定され，人格特性や個人の問題点などを踏まえた矯正処遇が実施されている。

　心理技官は，受刑者の改善更生を図るため，面接や各種心理検査を行い，犯罪に至った原因，今後処遇上の指針を決める業務を担っている。心理技官の処遇調査により各受刑者は処遇指標が指定され，処遇指標に応じた個々の処遇要領に基づき，矯正処遇が実施されている。

　また精神的な異常が認められた場合，医務課で治療がなされ，より専門的治療の必要性が判明した場合は，医療刑務所に移送して治療を行なっている。

　医療刑務所は全国に 4 カ所あり，刑の執行停止を避け専門的治療と処遇が受けられるように設置されている。

⑤出所（出獄）

　出所後の処遇に関しては，更生保護法（犯罪者予防更生法と執行猶予者保護観察法を統合した新法として 2008 年 6 月に施行された。就労など社会生活を通じ

て社会復帰を目指し，再犯を防ぐのが目的）の規定に基づき，仮釈放（拘留およ
び労役場留置については仮出場）が許される。精神障害受刑者の場合，2009（平
成21）年から，出所時に福祉につなぐ特別調整という制度が始まった。また出所
の時点で，自傷他害のおそれのある場合，精神保健福祉法第26条の規定に基づ
き矯正施設長通報が行われ，精神保健システムに移行される。

　上記処遇過程を通し，精神障害が疑われた場合，精神鑑定を実施し，心神喪失
ならびに心神耗弱を理由に無罪ないし不起訴処分になった触法精神障害者は，刑
事施設に収容されず，行政処分の一つである精神保健福祉法の措置入院制度で対
応されている。そしてわが国の措置入院の大部分は刑事司法機関が関与した入院
となっている。

　また2016年施行された，再犯の防止等の推進に関する法律では，犯罪者はそ
の特性に応じ，矯正機関収容中だけでなく，社会復帰後も，公認心理師等の専門
家による必要な指導，支援が受けられるようになった。ここにおいて，犯罪者は，
犯罪の責任の自覚および被害者の心情を理解することで，再犯の防止に繋がるこ
とが期待されている。

2．法律の概要

　触法精神障害者の処遇上重要であり，かつ近年成立した法律の概要に関して考
察する（第3章 図I 参照）。

①刑法

　刑法第39条：精神障害などの生物学的要件のゆえに，自己の行為の是非善悪
を弁識する能力が欠如している場合を心神喪失（責任無能力）といい，この能力
が低いものを心神耗弱（限定責任能力）という。刑法は犯罪行為者が刑法上の責
任を負えるだけの能力を持っている者（責任能力者）であることを要件とする。
すなわち刑事事件の場合，心神喪失の場合には罪を犯していることが証明されて
も，不起訴処分または無罪となり刑罰を免れ，心神耗弱の場合は刑を軽減され
る。

②刑事訴訟法

　犯罪の嫌疑の存する場合に，事実の存否を明らかにして刑罰を科すか否か，ま
た科す場合，いかなる質・量の刑罰を科すか等を判断するための手続きの総体を
刑事司法手続きと呼び，この刑事手続きの基本的事項について規定するものが刑

事訴訟法である。

　以下に挙げる法律は，2000 年以後，被害者側の人権の問題がマスコミや政府を動かした結果，成立した法律である。その概要を示し考察する。

③ストーカー規制法（ストーカー行為等の規制等に関する法律：2000［平成 12］年成立：法律第 81 号）

　1999 年の女子大学生に対する元恋人による殺人事件（桶川ストーカー事件）後，社会的な注目を受け成立した法律である。被害者は刑法上の脅迫罪，名誉棄損罪，強要罪等の被害を受け，警察に相談していたが，警察は何の捜査もせず事件を放置した結果，殺害された。ストーカー行為はそれまで刑法上軽犯罪法違反などの軽い部類に分類されていたため放置されたと推定される。本規制法の要旨は，ストーカー行為を処罰する等，ストーカー行為について必要な規制を行うとともに，相手方に対する援助の措置を定めることを目的とする。

　8 項目のつきまとい等をして不安を覚えさせることの禁止（第 3 条），警告（第 4 条），禁止命令（第 5 条），警察本部長等の援助等（第 7 条），罰則（第 13 条）などの規定が定められている。

　また 2012 年 11 月の逗子ストーカー殺人事件では，1,000 通を超える嫌がらせメール後，事件が生じている。メールの内容も他のつきまとい行為や脅迫罪等の犯罪行為に該当せず，立件困難と判断されたための事件と思われた。よって，電子メール送信等の行為の規制も改正で追加され，現在では，SNS を用いたメッセージ送信等やホームページ等への書き込みも規制の対象である。

④心神喪失者等医療観察法

　2002 年の池田小事件を契機に，重大犯罪を起こした精神障害者の処遇対策に関して，従来の保安処分問題とあわせて検討され，政府主導で，2003（平成 15）年に成立した。

　この法律の目的は，「心神喪失または心神耗弱の状態で重大な他害行為（殺人，強盗，傷害，放火，強制的性交等，強制わいせつ）を行った者に対して，継続的かつ適切な医療並びにその確保のために必要な観察及び指導を実施し，病状改善，再発防止，社会復帰を促進させる」とする。法律の意義は，司法システムと医療行政システムとの連携がなされたことである。裁判所の関与によって，精神保健審判員 1 名と裁判官 1 名の合議体を中心に，指定入院機関の管理者，保護観察所の長，指定通院機関の管理者との連携の下，ａ）鑑定，ｂ）入院の継続，ｃ）退

院の許可，ｄ）処遇の延長または通院期間の延長，ｅ）再入院，が審議され，触法精神障害者を強制的に医療手続内に置いて，治療，犯罪予防を試みるシステムである。

精神保健福祉士は，本法によって新設された精神保健参与員，社会復帰調整官として，裁判所における審判から，医療機関における対象者の処遇，地域での社会復帰援助まで幅広く関わっている。

また壁屋（2006）は，「司法精神医療は新しい分野であるが，指定入院機関では多職種チームでリスクアセスメントを軸に治療が進められており，その中で臨床心理士が重要な位置を占めている，また触法精神障害者の中心病理である，衝動性や怒りのコントロールに対する，臨床心理士が担う認知行動療法的アプローチは治療の重要な意味を持つ」としており，この点に関して公認心理師の活躍も期待できるであろう。

一方，佐藤（2006）によると，この医療観察法は実質的には保安処分であり，極めて問題のある制度として，批判している。保安処分とは犯罪者や，責任能力制度により心神喪失・心神耗弱となった精神障害者など，将来犯罪行為を起こす危険性がある特定の対象者に対して，司法的措置により刑罰とは別の処分を補充するないし，犯罪要因を取り除く治療を内容とした強制入院などの処分をすることができる制度であり，「再犯のおそれ」という理由で拘束できる一種の予防拘禁制度であり，議論も多い。

■ V　臨床と司法とのかかわりと課題

臨床現場で生じるさまざまな司法システムと医療システムの連携の問題に関して，措置入院事例を通して考察する。

警察官は保護した者が精神科に通院中，あるいは通院歴や入院歴がある場合には，有責性を問えないと予定調和的に扱う傾向がある。すなわち現場の警察官の判断だけで，なんら刑事司法的な手続きがなされずに，精神保健福祉法第23条に基づき精神保健システムへ移送され，精神保健システムへの移送後は司法システムへ再移送する制度はなく，移送後の処遇は医療側の裁量にすべて任される。また警察官通報においては，精神科の専門知識の乏しい警察官の判断に大きく左右され，23条通報か送検かの判断基準が明確でないことが問題となる。

また花輪（2006）によると，多くの一般精神病院現場において，精神保健システム移送後の法的枠組みのない状況は，①移送後重大な触法行為を行った場

合でも他の障害者とまったく同様の処遇を受け，医療側の責任や精神障害者の危険性のみ強調される，②重大な触法精神障害者の担当医師は，その処遇や退院の決定に際し，医学的配慮を超えた社会的配慮まで担わざるを得ず，早すぎる退院を生む一方で，再犯への懸念から必要以上の長期入院をも出現させている，という。

　次に 23 条通報と措置入院制度の問題が如実に表れた事例を紹介したい。2016 年 7 月の相模原障害者施設殺傷事件（19 人刺殺，26 人重軽傷）では，事件前，衆議院議長宛ての犯行予告，同施設職員に対する重度障害者の安楽死容認発言のため，施設から警察署に通報され，警察署も 23 条通報を行った結果，措置入院に至っている。診断は人格障害であり，尿検査で大麻陽性反応も判明した。しかし指定医は警察には通報はせず，他害行為の恐れは消失したと判断し，12 日間の入院で退院した。そして 5 カ月後凶行に及んでいる。

　事件後，厚生労働省は中間報告において，「市の対応は不十分であり，病院も本来は退院後に必要なケアや復帰プログラムを検討しないまま退院していたことが明らかにされた。また他の精神障害の可能性や心理状態の変化，生活環境の調査や心理テストが行われなかったこと」を問題とした。以下に本事例の問題点を考察したい。

　1）通報段階で，警察は殺人予備罪（刑法第 201 条；殺人実行の着手以前の凶器の用意，現場の下見等の準備行為），殺人予告による脅迫罪などで捜査，送検することなく，即日現場の警察官判断で司法システムから医療システムに移行させ，以後全ての処遇は精神保健福祉法によって実施された。

　そもそも精神保健鑑定による措置入院は，現在の病状，状態像から把握される近未来の危険性や，それを防止するための治療の必要性に基づく短期間の拘束を行うことであり，過去の危険な行為を根拠として将来の自由剥奪を定める刑法上の保安処分とは異なる。

　また措置入院における自傷他害のおそれの認定は，将来の危険な行為の予測ではなく，「現在の危険性」の認知を意味しており，精神科医にも認定可能であるが，司法的措置である保安処分制度における，「将来における再犯のおそれ」の認定は精神科医には不可能と認識されている。本事例は花輪（2006）の指摘通り，医療側の判断で 12 日間という早すぎる退院を生み，退院後の事件の大きさゆえ，司法的規定のない医療側の責任のみが強調される結果となった。

　2）捜査段階で，罪刑法定主義（ある行為を犯罪として処罰するためには，立法府が制定する法令において犯罪行為の内容，刑罰をあらかじめ明確に決めてお

かなければならないこと）の原則との兼ね合いに問題があり，殺人予備罪等は問えないと判断され送検は見送られたと推定される。また未だ犯罪を起こしていない状況では，措置入院制度の「他害のおそれ」を拡大解釈し，犯罪の予防拘禁の代用として，この制度が使われたと思われた。すなわち警察官判断で処遇が司法から医療システムに全面移行されたことに問題があったと思われる。

■ Ⅵ　治療および支援対象者が触法行為を生じた場合の対応に関して

　外来および入院治療中の患者に触法行為の疑いが生じた場合，その対応に苦慮することは想像に難くない。筆者も患者の違法行為（放火，不法薬物摂取）が入院（任意入院）後に発覚し，病院側が警察に通報し，逮捕，起訴され，執行猶予判決に至った２事例を経験している。薬物事例の場合，治療者が enabler（依存症者の家族や周囲の人たちが，回復を心では望んでいるが，本人の問題行動の処理に奔走し，本人自らの直面化を妨げ，薬物摂取を結果的に維持，加担してしまうこと）にならず，患者に違法性を認識させることの必要性（直面化）を重視した結果，司法の介入を仰いだ。放火事例の場合，「職員への腹いせに短絡的に放火に至った」との本人の供述が認められたため，司法システムに処遇を移行する結果となった。本薬物事例においては，治療者は患者が罪を犯したことを知っているのに捜査機関に通報しないことは，犯人蔵匿等罪（刑法第 103 条）にならないのか，公務員の場合なら，告発義務（刑事訴訟法第 239 条２項）を負うのではないのか，他方で捜査機関に通報することは秘密漏示罪（刑法第 134 条）に当たらないのか，と熟慮を要した。

　伊東（2006）によると，「患者が罪を犯したことを知ったのに通報しない，という消極的な行動である限りは，犯人蔵匿等罪には当たらない」と述べている。犯罪の捜査や摘発への協力は一般的に秘密漏示罪の成立を妨げる正当な理由にあたり，治療過程で採取した患者の尿が覚醒剤陽性反応を示した場合，それを捜査機関に通報することは正当行為（刑法第 35 条）として許容される。また患者の違法行為を捜査機関に通報するか否かという問題は，基本的に患者との信頼関係の破綻が治療にとって，著しい悪影響が生じる蓋然性のある場合は，通報しないことが正当行為（刑法第 35 条）とみなされ，違法性は阻却されると判断できる。

　一方，欧米では，病院内の触法行為であっても，精神病症状と関連が薄い場合には，司法機関へ告発するようになっており，「精神障害であるから，何をやっても罰せられない」という誤解を修正させ，患者を告発することにより患者に自ら行

った行為の重要性を認識させることができる利点があるという（五十嵐, 1997）。すなわち本放火事例のような，治療的配慮を伴った明確な基準に基づいて患者の触法行為を告発することは，犯罪抑止にも繋がると考えられよう。

■ VII　まとめ

精神科医でさえも，精神鑑定業務に携わるか，措置入院患者の治療以外に触法精神障害者に接することは稀であろう。医療観察法施行後，心の専門家たる心理職も精神保健福祉士も触法精神障害者に接する機会は増加しているため，その法的枠組みを知悉しておく必要性が存する。国家資格である公認心理師のこの分野での位置づけは，ますます高まるものと考えられる。

また精神鑑定業務における心理テスト，法務技官としての分類業務，などの特殊な場面に限らず，保健医療や福祉，教育といった実践場面において，要支援者が触法行為を犯す状況に出会うことはあるだろう。その際に支援関係を損なうことなく適切に対応する法的根拠を知識として持つことは有用である。

最後に，触法精神障害者の処遇制度には，司法と精神科医療，刑罰と治療，社会の安全保護と患者の人権などの対立概念のバランスをとる必要性とその困難さが現実に存在し，今後いかにして司法と医療が両立する制度を確立するかが，公認心理師を含めわれわれの使命であろう。

◆学習チェック表
□　刑法第 39 条の内容が理解できた。
□　司法システムと医療システムの関連について理解できた。
□　ストーカー規制法の概要を理解した。
□　心神喪失者等医療観察法の成立の意義と措置入院制度との相違が理解できた。
□　触法精神障害者の処遇過程が時間軸に沿って理解できた。

より深めるための推薦図書
　　前田雅英（2015）刑法各論講義. 東京大学出版会.
　　村井敏邦（2005）刑法. 岩波書店.
　　法務省法務総合研究所（1997）犯罪白書. 大蔵省印刷局.

文　　献
花輪昭太郎（2006）司法精神医療の現状と問題点. In：松下正明総編集：司法精神医学 5　司法精神医療. 中山書店，pp.38-49.
五十嵐禎人（1997）英国における近年の触法精神障害者の処遇. 精神科治療学, 12(8); 991-992.

伊東研祐（2006）刑事訴訟法. In：松下正明総編集：司法精神医学 1　司法精神医学概論. 中山書店, pp.205-213.

壁屋康洋（2006）臨床心理士の学ぶべきこと. In：松下正明総編集：司法精神医学 5　司法精神医療. 中山書店, pp.259-262.

佐藤直樹（2006）刑法 39 条はもういらない. 青弓社.

司法・犯罪分野に関係する法律・制度（2）家事

町田隆司

Keywords　家庭裁判所，調停と審判，夫婦間紛争，離婚，DV，親権，面会交流，成年後見制度

■ 1　はじめに

　「家族」は人間集団の最小単位のひとつである。愛情や血縁関係のもと複数の人々が，相互に精神的に結びつき，または共同生活を営むことにより，精神的経済的な安寧を見出している。喜びや悲しみ，その他さまざまな感情が共有される。社会はいろいろな形で進化し発展していくが，家族が夫婦と子どもを基本単位として存在することは，太古から現在まで変わるものではない。時代によって大家族か小家族（核家族）の違いはあるとしても，今後も「家族」は家族であろう。

　しかし，「家族」が人間集団である以上，いいことばかりではない。葛藤が生じ紛争化したり悲劇を生んだりすることは，いくらでもある。その代表的なものが夫婦間紛争と親子間紛争である。夫婦間の葛藤が高まり，精神的にも身体的にも耐えがたい状態に発展すると，関係解消を目指す離婚紛争となる。親子間葛藤も同様，例えば児童虐待や高齢者虐待などの不幸な事態となる。親子間葛藤が夫婦間紛争と異なるのは，関係解消ができないことであろうか。えてして被害を受けるのは，常に弱者である子どもや高齢者である。

　このような紛争になったとき，法律の専門家だけでなく，心の専門家である公認心理師も間に入り，適宜助言することにより，紛争を解決に導いたり，その当事者の苦痛を和らげたりすることができれば，当事者にとって幸いなことである。例えば，当事者が「相談に乗ってほしい。配偶者とうまくいっていない」と尋ねてきたとき，心理師はどのように助言対応すればいいだろうか。また逆に，どのように対応すると問題になるであろうか。本章は，公認心理師として，知ってお

いたほうがいい，夫婦間の問題・親子間で生じる問題・そして成年後見制度についての基礎知識をまとめたものである。

▌ II　夫婦間の問題

夫婦間の紛争にはいろいろなものがあるが，ここでは，①夫婦間紛争の実際を概観し，②離婚の種類とその展開について述べる。そして，夫婦間紛争で争点になりやすい③DVと④子の親権，⑤ハーグ条約問題をとりあげ，最後に⑥心理師が夫婦間紛争を聞くときの留意点について検討する。

1．夫婦間紛争の実際

まず，統計数字から離婚の実態を見てみたい。厚労省の「人口動態統計速報（令和4年12月分）」によると，2022（令和4）年に結婚した夫婦は51万9,823組だが，離婚した夫婦は18万3,103組であったという。婚姻組数の3分の1に達する離婚の組数は，やはり多いというべきであろう。また，離婚した夫婦のうち，未成年の子どもがいた夫婦は，内閣府の「結婚と家族をめぐる基礎データ（令和3年11月20日）」によるとおよそ11.1万組（全体の57.6％）で，親の離婚を経験した未成年の子どもの数は，19.4万人であった。1年間に生まれる子どもの総数がおよそ80万人であることからすると，この数字もかなり多いと言っていいであろう。なお，成年年齢を満18歳とする民法改正（令和4年4月施行）により，18歳，19歳は未成年でなくなり，「未成年の子どもの数」の概念が変化したため，比較統計がしにくくなっている。

また，裁判所の司法統計（家事第15表）によると，2022（令和4）年に終局した夫婦関係についての調停総件数（婚姻費用分担も含む）は5万7,062件であった。うち夫側からの申立てによるものは1万5,176件で，その動機は，性格の不一致・精神的虐待・家族親族との折合いが悪い・異性関係などが多い。他方，妻側の申立てによる件数は4万1,886件で，その動機は，性格の不一致，生活費を渡さない，精神的虐待，暴力（DV）などが多くなっている。実際，夫婦間が揉めたとき，その争点が一致しているとは限らず，それぞれ別に話を聞くと，全く別な主張と理由が展開されることもある。例えば，夫が妻の浮気を問題にする一方，妻は夫のDVを問題にするというようなパターンである。夫婦間紛争は，「藪の中」に喩えられるとおり，外からは事実関係がよく見えない。さらに感情の高まりが事態をわかりにくくする。「全て相手が悪いので，何が何でも相手が全ての責任を取るべき」「相

手のすることなすこと全てが許せない。気に入らない」といった具合である。

2．離婚の種類とその展開

　日本では，結婚が男女両性の合意で成立するのと同じように，離婚も男女両性の合意で成立する。離婚合意と未成年の子の親権の合意があれば，戸籍役場に離婚を届け出るだけで済む「協議離婚」をすることができる。その簡便さから，日本では離婚全体の約9割がこの協議離婚である。もっとも，離婚にあたり，解決しなければならないことは，他にも子の養育費や面会交流・財産分与・慰謝料・年金分割など，いろいろな事項がある。協議離婚届用紙に養育費と面会交流についてのチェック欄が設けられたのは，これらを確認するためである。協議離婚の話し合いができない状況であるが，それでも離婚を希望するときは，家庭裁判所に「夫婦関係調整」というタイトルの調停を申し立てて，裁判所の中で相手と話し合いをすることになる。これが「調停離婚」である。

　家庭裁判所の調停は，その当事者が，申立書，事情説明書，申立て手数料として収入印紙1,200円，郵便切手84円10枚等，そして戸籍謄本等の必要書類を用意すれば，簡単に申し立てることができる。通常，裁判官1名と非常勤公務員である調停委員2名が調停委員会を構成し，調停を担当する。調停の進行方法は，まず基本的な注意事項を説明したのち，相手方に控室で待ってもらい，申立人から主張とその理由を聞く。次に，申立人に控室で待ってもらい，入れ替わりに相手方から主張とその理由を聞きつつ，申立人の主張等を伝える。これをくり返すことにより，双方の主張が合意に近づくように働きかけていく。通常は1回の調停で合意に達することは少なく，1カ月程度の間隔を置いて数回調停を開くことになる。そして，主張が合致した時点で調停成立となる。司法統計（家事第16表）によると，全体の約58.1％にあたる3万3,170件が申立て後6カ月以内に終結している。

　調停は，公平・公正・中立を貫くことが基本であるため，申立人が有利とか，女性が有利といったことはない。調停委員会は，それぞれの主張と理由，そしてその背景事情などを聴いたうえで，両者にふさわしい解決策を提案する。例えば，妻が夫のDVを理由に子を連れて実家に帰り，離婚と子どもの親権，養育費月額5万円，夫と子の面会交流は3カ月に1回と主張して，調停を申し立てたとする。残された夫がDVを認めて離婚に応じ，子の親権を妻に委ねる代わりに，養育費の減額と，子どもへの頻回の面会を主張した場合を仮定してみよう。調停委員会は，破綻原因に争いがないことから，離婚条件のみを調整すれば解決すると理解し，例えば，養育費月額3万円と月1回の面会交流を提案して，双方に合意を促

す。合意できれば調停成立となる。

　しかし，破綻原因に争いがあり離婚条件も合意できないとなると，調停の成立は難しくなる。上記の例でいうと，妻の DV 被害の主張に対し，夫が「DV は身に覚えがない。子を返せ」として事実を争う姿勢を示し，子の親権を主張する場合である。このようなとき，家庭裁判所調査官[注1] が裁判官の指示に基づき，調停に立会い，事実の調査を行うことで，争点の整理や心理的調整をはかることもある。調停委員会は，第三者の立場から客観的に見て，どのような解決が双方に望ましいかを検討し，双方に調停案を提示し合意を働きかける。ケースによっては，夫に子を引き渡したらどうかと提案することもありうる。調停は，合意を強制するものではないため，最終的に平行線となれば不成立となる。また，合意があっても，裁判所に出頭できない事情があったり，または意地や面子にこだわり調停成立を拒否したり等の事情で「審判離婚」（調停に代わる審判）となることもあるが，これは極めてまれである。これらの諸手続きは，家事事件手続法に明記されている。

　調停不成立となってもなお離婚を希望する場合，次の解決手段は「裁判離婚」となる。これは訴訟という構造の中で，夫婦間に離婚を認める原因があるか否かを，裁判官が判断するものである。民法第 770 条は，配偶者の不貞行為，悪意の遺棄，3 年以上の生死不明，回復しがたい強度の精神病，その他婚姻を継続し難い重大な事由があると判断された際，離婚が認められることになっている。また，最近は裁判外紛争解決手続き（ADR）による離婚紛争の解決も試みられ，増えている。これは裁判手続きにより長い時間を要するより，簡易かつ迅速で柔軟な解決をするために，弁護士等が当事者双方の依頼に基づいて行う裁判所を介さない話し合いである。合意したら，その内容を公正証書化し，協議離婚届を出すというパターンが多い。

3．DV をめぐる問題

　「DV」とはドメスティック・バイオレンス（Domestic Violence）の略称であり，夫婦間紛争によくある争点の一つである。DV は身体的暴力に限らず，精神的暴力・経済的圧迫・性的強要も含んでいる。2023（令和 5）年内閣府の「女性に対する暴力の現状と課題」によると，令和 4 年に配偶者暴力相談支援センターに持ち込まれた相談件数は 12 万 2,010 件となっている。中でも精神的暴力の割合が

注1）家裁調査官は，大学や大学院で心理学や社会学等の専攻者を対象とした最高裁実施の総合職採用試験（家裁調査官補採用試験）で採用される常勤職員である。調停や審判に立会い，当事者に調査をするのが仕事である。

いちばん多く，全体の64.8％を占めている。

　ところで，DVの原因は単純でない。本来，夫婦は愛情に基づく対等な信頼関係により関係が維持されているが，何らかの出来事や感情変化等でその関係が崩れると，別の関係，例えば支配服従の関係が生じる。えてして，加害者は加害の自覚が低く，加害行為を「教育やしつけ」と合理化したり，「たいした暴力でない」「DVはでっち上げで大袈裟」と過小評価したりする。しかし，被害者にとって，DVは耐え難い苦痛である。外部から見えにくいだけに，深刻な精神的身体的被害に至る場合も少なくないので，DV有無の正確な診断は非常に重要である。対応する場合，必要な心理面接に応じる一方，専門関係機関を紹介して対処することも重要であろう。各都道府県や市町村には，DV防止法（配偶者からの暴力の防止及び被害者の保護等に関する法律）に基づいて設置された「配偶者暴力相談支援センター」があり，必要に応じて被害者のカウンセリングや，緊急時の安全確保（シェルター等の利用），自立促進のための情報提供等が受けられることになっている。また，被害者支援の一環として，加害者に働きかけることで加害者に自らの暴力の責任を自覚させる「配偶者暴力加害者プログラム」を試行実施している自治体もある。

　さらに，「配偶者（同居していた内縁関係も含む）が自分に近寄らないようにしてほしい」等の希望がある場合，DV防止法により，被害者への接近禁止命令，子又は親族への接近禁止命令，電話やメール等の禁止命令，住居からの退去命令を求め，地方裁判所に訴訟を起こすことができる。審理の結果，これら保護命令が発令されたにもかかわらず，加害者が違反した場合，1年以下の懲役又は100万円以下の罰金とする罰則規定もある。しかし，最終的には，前節であげた家庭裁判所における離婚調停や離婚訴訟の中で，根本から解決するのが基本となろう。

4．親権をめぐる問題

　夫婦間紛争の中でなかなか合意できない争点が，子どもの親権をめぐる争いである。離婚は合意できても，どちらが子どもの親権者となって監護養育するかをめぐり，対立することは多い。このような場合，裁判所は「子の福祉」を基軸に，まずは当事者双方で話し合い考えるように助言している。しかし，それで結論が出ない場合，家裁調査官が調査をして解決の提案をすることもある。夫婦関係調整調停の場合，未成年者の親権の合意ができなければ不成立となるが，離婚後に親権者変更等を求めた調停であれば，不成立後に審判で裁判官が結論を出すことになる。

　ところで，親権とは，法律上「未成年者の監護・養育のために認められた権利

義務の総体」であり，婚姻時は共同親権だが，離婚後は単独親権となることになっている（民法第818,819条）。親権を考えるうえで「子の福祉」に適うか否かのポイントとなるものは，次の通りである。

①親権者としての適格性（どちらの親が子の求める親権に応える能力を持つか）
②子の意向（子自身はどちらの親権を希望しているか）
③監護環境の継続性（今まで監護養育してきた者が継続して監護することでどうか）
④子のために用意された環境の比較（どちらの環境が子に望ましいか）
⑤非監護親となる者と子との面会交流のあり方（どう考えているか）
⑥その他（不当な連れ去りでないこと，兄弟姉妹をなるべく離さないこと等）

　ここで，子の年齢や発達上の特性その他によって，①～⑥のどれに比重を置くかが異なってくる。子どもが未就学であれば，①親権者としての適格性等が重視されるが，子どもの意思や判断力がはっきりしてくれば，②子の意向の比重が高くなる。実際，子の年齢が15歳以上の場合は，子の意見を聞かなければならない（家事事件手続法第65条，258条）とされている。また，かつては③監護環境の継続性を重視することが多かったが，最近はむしろ，離婚したのちも虐待等の問題がない限り，非監護親とのつながりを維持していくことが望ましい（両親の紛争に巻き込まれるデメリットよりも，非監護親との交流を失うデメリットのほうが大きい）という観点から，面会交流をどのように考えているかを重視する判例も出ている。

　また，子どもにとって，自分の両親が自分をめぐって争うのは，非常に辛いことである。紛争に巻き込まれた子どもが親の離婚に抱く思いはさまざまで，DV親から開放された安堵感を述べることもあるが，なかには怒りや恨みを訴えたり，逆に親を裏切ってしまった罪障感や後悔・対象喪失感等を口にすることもある。多くは平静を装うとしても，家庭内外に不適応反応（家庭内暴力や不登校・非行等）を起こしたり，神経症や精神疾患，PTSD等の症状に訴えたりすることもある。子どもがどのような反応を示しているか，その原因は何によるものなのか，慎重な見極めが必要であろう。以上のように，親権問題が争点になると，考慮するべきポイントは多く，どこに比重を置くかもケースバイケースでもあるため，紛争が激化するとなかなか解決困難になりやすい。

5．ハーグ条約をめぐる問題

　ハーグ条約とは，1980年10月に，オランダのハーグ国際私法会議で採択され

た条約で正式名称を「国際的な子の奪取の民事面に関する条約」という。その目的は，①国境を超えた不法な子の連れ去りや留置がもたらす有害な効果から子どもを保護すること，②子の常居所地国への子の迅速な返還を確保すること，③子と親との面会交流の権利の保護を確実にすることにある。日本は長く未締結であったが，2013 年 5 月の通常国会で条約締結が承認されたことを受け，2014 年 4 月 1 日，国内法（ハーグ条約実施法）が施行され，条約を発効させた。ハーグ条約は，2022（令和 4）年 11 月現在，世界の 103 カ国が締結している。

　ハーグ条約に基づいた紛争には，例えば，日本人と外国の方とが結婚し，外国で生活して子どもも生まれたが，夫婦不和となり，日本人親が合意なくいきなり子どもを日本に連れ帰る場合であろう。条約締約国の外国人親は，日本の家庭裁判所に，子どもが 16 歳未満であれば子どもを元の居住地国に返還することを求める審判を申し立てることができる。実際，返還が認められたケースもあり，国際基準に従った問題解決が図られるようになったといえよう。その一方，審判決定にもかかわらず，日本人親が子どもの引き渡しを拒否するケースもある。もちろん，日本人親の側にもいろいろな事情があったにちがいないが，国際離婚では「連れ出した者勝ち」は通用しない。ただ，抵抗する親子を無理やり引き離すことはできないため，現在のハーグ条約実施法は，実効性に問題があるという指摘もある。国際離婚は背景に文化や社会習慣の違いもあるため，こじれると一筋縄では解決できない。

6．心理師が夫婦間紛争を聴くときの留意点

　紛争はできるだけ揉めないうちに解決するに越したことはない。当事者間の「協議」で全て解決すれば，それに越したことはないが，「離婚調停」や「離婚訴訟」になることもある。既述したように，感情がこじれて紛争が激化することも多い。紛争で傷ついた心を癒してほしいと考えて，心理師の扉を叩くこともあろう。そのようなとき，離婚制度や手続きの基礎知識を持っておくことが望ましい。心理的な支えになると同時に，専門機関を紹介するのも期待される役割になるであろう。

　ところで，公認心理師は，主に来談者自身に由来する心理的問題を扱うため，通常，来談者と一対一関係の中で，その解決を支援する。対象は来談者自身である。しかし，夫婦間紛争となると，扱う対象は来談者とその配偶者・子どもとの関係となる。それでも，来談者とその配偶者の目指すものが関係修復で一致していれば，マリッジ・カウンセリング（夫婦療法，カップル・セラピーとも言う）という形で双方に同時に働きかける関与もありうるが，紛争が激化すると，とて

も双方に働きかけることはできなくなる。場合によると，相手配偶者がどのような人なのかわからないにもかかわらず，心理師に「裁判所に提出するので，自分の正当性を評価する上申書を書いてほしい。有利な意見書を書いてほしい」と依頼してくることもあろう。当事者は藁をもすがる心境であるため，うっかりすると，心理師も紛争の中に巻き込まれ，相手から訴えられることにもなりかねない。心理師としての倫理観が試されるような事態にもなりうる。少なくとも，来談者が今語っている内容は，主観的感覚なのか客観的事実なのか，客観的事実とすればそれはどのような証拠に基づくのかを，十分意識しておく必要があろう。「すぐ離婚できますよ」「子どもはすぐ帰ってくるから心配は無用です」といった安心感を与えるための安易な助言は，かえって後で当事者を混乱させることになりかねない。また，来談者の代理人として法的な行動をとると，非弁行為（弁護士資格のない者が弁護活動をすること）とみなされかねないので，注意が必要である。

■ III　親子間で生じる問題

　親子間の問題にはいろいろなものがあるが，ここでは，公認心理師が留意しておくべきものとして，1．別居または離婚後の面会交流をめぐる紛争と，2．児童虐待が見込まれる際の児童の施設入所許可（児童福祉法第28条）を取りあげたい。

1．別居または離婚後の面会交流をめぐる紛争

　面会交流とは，離婚後又は別居中に，子どもを監護養育していない方の親が，子どもとの面会等を行うことである。しかし，監護養育していない親が「子どもに会いたい」と思っても，監護養育している親や子ども自身が抵抗するなどして，会えない事態になることがある。当事者同士の話し合いで解決できれば問題はないが，解決できないときは家庭裁判所の調停や審判になることがある。親同士は都合で別々に住むとしても，子どもにとっては，一般に，非監護親と定期的に面会し交流していくことが望ましいので，家庭裁判所は「子の福祉」に適うかぎり，原則的に面会交流を実行する方向で判断するが，実際はケースの状況に応じて，以下の3通りのパターンがある。

　　①自発的かつ自由に当事者間で連絡を取り合い面会交流が行える。
　　②ルールを定め第三者の見守りなど慎重な配慮のもとで面会交流を行う。
　　③手紙や写真の交換，Zoomなどのテレビ電話による間接的な交流をする。

　双方が合意して安心して①の面会交流をできるのが最も望ましい。しかし，夫婦間や親子間の葛藤から，当事者のいずれかが面会交流に抵抗感を抱くと，②③のパターンにならざるをえなくなる。一般に②③となるのは，ア）虐待等かつて子の福祉を害する事態があった場合，イ）子が非監護親を強く拒否している場合，ウ）非監護親側に精神的問題や薬物依存等の問題がある場合，そしてエ）その他（例えば，子が乳幼児で監護親側の協力がなければ面会できないときなど）であろうか。②の第三者の見守りとは，面会交流支援団体を利用するというもので，多少の料金はかかる（例えば，家庭問題情報センター FPIC では 1 回 15,000 〜 25,000 円で付き添い援助をしている）としても，安全で確実に行えるという利点がある。もちろん，教育的な働きかけやカウンセリング等によって，③から②へ，②から①へ改善できれば，それに越したことはない。家庭裁判所では，事案にもよるが，調停の中で児童面接室を使い，試験的に面会交流を行うこともある。これは，監護親の面会交流への抵抗感を低減させるとともに，非監護親には今後の面会交流の仕方を考えてもらうのがねらいである。

　ところで，離婚全体の 9 割を協議離婚が占めているなか，離婚届出用紙にチェック欄が設けられた（民法第 766 条）ものの，協議不十分なまま非監護親が子どもに会い，感情の高ぶりから無理心中などの不幸な結末になっては意味がない。別居や離婚後の面会交流が幅広く社会に認知されるには，教育的働きかけやカウンセリングを受けやすくすることも必要であろう。また，子ども自身に，面会交流の意向を聞くのも重要だが，子の意向だけでそれが決まったと思わせないようにする配慮も重要である。筆者の経験だが，一時の感情で「会いたくない」と言ったばかりに，長く非監護親を傷つけたと後悔している子がいた。

　また，「子どもを不当に連れ去られ，面会交流の調停を申し立てたが，相手が拒むため，なかなか解決しない」と，不満を訴える非監護親も多い。個々の事情にもよるので一概には言えないが，一度別居や離婚で関係が離れ，子どもを囲い込むと，非監護親を排除しようという心理が働く。実際，子どもの意向を聴取すると，監護親側は無意識的に子が面会を拒否することを期待し，子どもも監護親の意向をくみ取り，無意識的に「（非監護親に）会いたくない」と言ってしまうことがある。葛藤の再燃を恐れて不安になるあまり，面会交流に拒否的になる。これを非監護親から見ると，かつては親和的な関係を保っていたはずの子どもが，急に他人行儀なよそよそしい雰囲気になったと感じてしまう。これを片親疎外（Parental Alienation）というが，筆者の感触では，夫婦間が高葛藤であればあるほど，この傾向がある。欧米では，離婚後も共同親権制度がふつうであるため，週 4 日は母

親で週3日は父親という具合に，交替監護を定めることさえあるのに対し，日本では月1回程度という頻度設定が，統計的に多いパターンである。日本の社会文化は，まだ面会交流を積極的に実行するには至っていないのかもしれない。最近，家庭裁判所では，調停で面会交流が争点になっている親を中心に「親ガイダンス」を行い，「子の福祉」につながる円滑な面会交流が行えるよう助言指導している。

2．児童虐待が見込まれる際の施設入所許可

保護者（親権者）が子どもを虐待し，その者に監護をさせておくことが子の福祉を害するため，子を施設入所させることが望ましいとされるものの，保護者がそれに同意しないとき，児童相談所長の申立てにより，家庭裁判所が施設入所の承認をすることができる（児童福祉法第28条）とされている。家庭裁判所では，このような申し立てがあると，家裁調査官が担当の児童福祉司・子ども本人・そして保護者（親権者）に調査を行う。問題は，①実際にその監護養育が子の福祉を害するような不適切なものであるか（虐待があったか否か），②子を施設に入所させることがその改善に利するか，③保護者が施設入所に反対しているかどうかが，ポイントとなる。

児童虐待が起きる原因は，DVと同様，個々さまざまであり，一概には言えない。子ども家庭庁統計によると，2022（令和4）年度に全国の児童相談所が児童虐待相談に対応した件数は21万9,170件という莫大な数字になっている。児童虐待には，身体的虐待のみならず，ネグレクトや性的虐待，心理的虐待も含まれている（児童虐待防止法第2条）。虐待親は「しつけ」「教育」など何某かの理屈をつけて自分の行為を正当化することが多いが，子どもは自分の受けている監護養育が虐待とわからず，中には加害行為をそのまま愛情と受け止めていることさえある。事実が見えにくいだけに，適正な診断が必要となる。

ところで，2017（平成29）年の児童福祉法改正により，家庭裁判所が都道府県に対し保護者の指導を勧告できることが明記された（児童福祉法第28条4項）。これは，今まで児童相談所と保護者が対立的になり，十分な子どもの保護になっていなかったという反省に基づいている。また，2カ月を超えて児童の一時保護をする場合は，家庭裁判所の承認を得ることが必要となった（同第33条5項）。これは，原則2カ月以内とはいえ，一時保護が親子を分離する手続きであるため，司法による確認を設定したものである。

■ IV　その他，家庭裁判所が扱う審判，成年後見制度について

　家庭裁判所は，家庭内で生じた，その他さまざまな種類の法律上の問題の解決も図っている。例えば，失踪宣告，養子縁組，成年後見制度など多種多様なものがある。誰でもこれらの単語は，一度は聞いたことがあるであろう。失踪宣告とは，7年以上にわたり生死所在とも不明の場合，その人を戸籍上死亡したものとみなす手続きである。養子縁組は，本来，親子関係ではない人と人の間に，法律上の親子関係を創設する手続きである。元の実親子関係を残しつつ新たな養親子をつくる普通養子（子から見ると親が増えることになる）と，元の実親との関係を遮断し新たな養親子関係を実親子と同等にする特別養子（実親は他人になる）の2種類がある。いずれも，調査官が事実背景を調査することが多い。

　成年後見制度は，最近数が増えているため，少し詳しく論じていきたい。成年後見制度とは，認知症や知的障害・精神障害などによって，物事を判断できる力が十分でない方の権利を守るため，その援助者（後見人等）を裁判所が選任することにより，法律的に保護援助する制度である。ご本人の判断能力がどの程度残存しているかによって，後見（判断能力が全くない），保佐（判断能力が著しく不十分），補助（判断能力が不十分）という3類型がある。家庭裁判所は，成年後見等の申立てがあると，申立書や医師の診断書・照会書などから，実際にご本人の判断能力が低下し援助が必要であるか否か，後見人等にどの程度の権限を与えるかを，審理している。後見人等は親族に担ってもらうことが多いが，親族内に意見の対立があったり，妥当な親族がいなかったりすると，弁護士や司法書士，社会福祉士などの専門職を選任することもある。成年後見等の申し立てが認容されると，法務局に登記される。後見人等の主な職務は，財産管理（金融機関との取引その他を後見人等が代理する）と身上監護（介護サービスや施設入所等の契約その他を後見人等が代理する）であり，後見人等がその任務を果たしているか否かを，家庭裁判所は定期的にチェックしている。後見人等が不正にご本人の財産を使用していたことが発覚したとき，家庭裁判所はその損害を回復させるよう指導する。場合によっては，業務上横領の罪で，その後見人等を刑事告発することさえある。また，判断能力が不十分になる前に，将来に備えて，あらかじめ「誰にどのような支援をしてもらうか」の契約をしておく任意後見制度もある。任意後見契約は，あらかじめ公証役場で公正証書を作成しておき，実際に本人の判断力が低下した段階で，家庭裁判所で監督人を選任することにより発効する。

　高齢化社会と言われて久しく，家庭裁判所に申し立てられる後見等の事件は多い。司法統計によると，2022（令和 4 ）年の成年後見関係の申し立て件数は全国で 3 万 9,719 件であった。また，2016（平成 28）年には「成年後見制度利用促進法」が制定され，2017（平成 29）年にはその基本計画が閣議決定され発表された。それによると，成年後見制度が，①利用者にとってメリットを感じるような制度運用で，②地域連携のネットワークを構築し，同時に③後見人等による不正行為の防止をはかること，が期待されている。公認心理師が後見人等を直接担うことは少ないであろうが，心のケアが求められてくる中，場合によると，成年後見利用について意見を求められることもありうるであろう。

Ⅴ　おわりに

　家庭裁判所で扱う「家族」の諸問題について，公認心理師が相談を受けたとしたら，どのような点に留意したら良いかという観点で，本章をまとめた次第である。家庭裁判所の専門領域になってしまうため，わかりにくい点も多いかと思われるが，夫婦間紛争や親子の面会交流，成年後見制度等について，家庭裁判所がどのような業務を行っているかが，おわかりいただけるのではいかと考える。今後，国家資格である公認心理師への社会の期待が高まるに従い，公認心理師の職域が広がってくると同時に，責任も問われることとなる。正確な知識のもと，来談者への適切な説明助言と心理的援助は，今後，重要な課題になると考えられる。

◆学習チェック表
□　夫婦間紛争と DV 問題，その解決の留意点がわかった。
□　親権とそれをめぐる紛争がわかった。
□　面会交流とそれをめぐる紛争がわかった。
□　被虐待児童を守るための施設収容許可がわかった。
□　成年後見制度について理解した。

より深めるための推薦図書
　金子和夫監修，津川律子・元永拓郎編（2016）心の専門家が出会う法律【新版】．誠信書房．
　小田切紀子・野口康彦・青木聡編（2017）家族の心理．金剛出版．
　小田切紀子・町田隆司編著（2020）離婚と面会交流．金剛出版．
　若林昌子・犬伏由子・長谷部由紀子編著（2019）家事事件リカレント講座 離婚と子の監護紛争の実務．日本加除出版．

司法・犯罪分野に関係する法律・制度（3）少年非行

渡邉　悟

⚷━ *Keywords*　少年法，家庭裁判所，審判，少年鑑別所法，鑑別，観護処遇，地域援助，少年院法，矯正教育，更生保護法，保護観察

I　少年非行とその取り扱いの基本

1．少年非行の現状

　読者の皆さんは，少年非行と聞いてどのようなイメージを持たれるであろうか？　少年による凶悪な事件が発生すると，マスコミがこぞって取り上げるため，少年非行は増えている，あるいは減ってはいないといったイメージを持たれるかもしれない。

　『令和 5 年版 犯罪白書』（2023）によれば，目安となる少年の刑法犯等検挙人員については，平成の 30 年間で約 6 分の 1 に激減し，令和になっても減少傾向が続いていたが，2022（令和 4 ）年の刑法犯等検挙人員は，29,897 人で，前年からわずかに増加した（前年比 0.3 ％増）。こうした少年非行の減少の要因としては，母数となる少年人口が大幅に減っていることに加えて，本章で紹介するようなわが国の少年非行に関する取り扱いが奏功し，少年非行そのものが減っている面も大きいと考えられる。

2．対　　　象

　わが国の少年非行に関する基本法は少年法である（第 3 章 図 J 参照）。少年法では，対象となる非行少年（法律上は「審判に付すべき少年」）について，①罪を犯した少年（犯罪少年），② 14 歳に満たないで刑罰法令に触れる行為をした少年（触法少年），③家出，不良交友，不純異性交遊等があり，その性格および環境に照らして，将来，罪を犯し，又は刑罰法令に触れるおそれがある少年（ぐ犯

少年）の3種類と定めている。このように少年法が犯罪少年だけでなく，触法少年やぐ犯少年まで対象としているのは，同法の目指すところが，非行少年を非難し，処罰することにあるのではなく，その可塑性に期待しつつ，非行からの離脱を促し，将来の犯罪を防止することにあるからといわれている。なお，本章で使用する少年には，少女も含む。

3．年　　齢

少年法に規定される少年の年齢は，原則として20歳未満である。年齢の下限を明示する規定はないものの，刑法において責任を問える年齢が14歳以上とされているため，14歳以上と14歳未満ではその取り扱いが異なり，14歳未満の場合，つまり触法少年と14歳未満のぐ犯少年については，要保護児童として児童福祉法による措置が優先される。また，2022（令和4）年4月に改正民法が施行され，成年年齢が20歳から18歳に引き下げられたが，同じく2022（令和4）年4月に施行された改正少年法では，少年の年齢を20歳未満にするという原則が維持された。ただし，18歳，19歳については，「特定少年」として，①原則として検察官送致決定がなされる事件について，従来の殺人等故意に人を死亡させた事件に加え，強盗や不同意性交等法定刑の下限が1年以上の事件も対象になること，②起訴されると，実名を報道することができること，③民法上の成年であることから，ぐ犯の適用から外れることなど，17歳以下とは異なる取り扱いをすることが規定された。

4．関係する法律

少年非行に関する法律には，少年法のほか，少年鑑別所法，少年院法，更生保護法，児童福祉法がある（第3章 図J 参照）。このうち，児童福祉法については，第7章で紹介されるため，本章では，少年法，少年鑑別所法，少年院法，更生保護法について説明し，必要に応じて児童福祉法にも触れることとする。

①少年法

少年法は，1949（昭和24）年に施行された非行少年の基本的な取り扱いを定めた法律である。その第1条において，「少年の健全育成を期し，非行のある少年に対して性格の矯正及び環境の調整に関する保護処分を行う」と規定されているように，非行少年に係る処遇の基本理念として，健全育成を期すという保護主義を掲げている。これにより少年法は教育的機能を有しているといわれるが，その

一方で，同法は，刑事司法制度の一部として，適正手続の保障のほか，場合によっては，少年であっても刑事手続の対象となることを規定するなど，司法的機能も有している。つまり，この2つの機能のバランスの上に立って，わが国の非行少年は適切に取り扱われているのである。

　少年法に基づく具体的な非行少年の取り扱いの流れは図1のとおりである。おおまかに説明すると，非行少年が警察に逮捕・補導された場合，家庭裁判所に事件が係属して調査を受け（詳しく調査する必要があるときは，少年鑑別所に収容される），審判（成人の裁判に当たるもの）によって，保護観察，児童自立支援施設・児童養護施設送致，少年院送致（これらを総称して保護処分という）のいずれかの処分に付され，非行からの離脱，健全な生活への方向付けが図られる。このように少年非行に関しては，家庭裁判所の審判を中心に関係機関がリレー方式によって切れ目なく連携し，実効ある働きかけがなされているのである。

②少年鑑別所法と少年院法

　旧少年院法は，少年法と共に，1949（昭和24）年に施行された少年院の運営を規定する法律であるが，施設運営の透明化，被収容少年の権利・義務と職員の権限の明確化等，時代の要請を踏まえて，2014（平成26年）6月に抜本的に改正され，2015（平成27）年6月から現行の少年院法と少年鑑別所法が施行された。このうち，少年鑑別所法については，少年鑑別所が少年院とは異なる機能を有する独立した施設であるにもかかわらず，旧少年院法に数条の根拠規定があるだけであったことから，独自法の制定が望まれていたところ，開設から60数年を経て念願の独自法が制定されたものである。この後，少年鑑別所法と少年院法については，個別に説明するが，共通する改正点もあるため，それらについては，ここで触れることとする。

　共通する改正点としては，①少年鑑別所の在所者，少年院の在院者の人権に配慮した適正な処遇を実施するため，在所者・在院者の権利義務や職員の権限を明らかにするとともに，在所者・在院者が受けた処遇に対する不服申立の制度が整備されたこと，②少年鑑別所と少年院は，施設運営の透明性を確保するため，施設ごとに有識者や市民から成る視察委員会を設置し，視察委員会の意見を踏まえて施設運営の改善・向上に努めなければならなくなったこと，③地域社会の理解を促進するため，参観の機会を積極的に設けるようになったことなどが挙げられる。このような改正により，少年鑑別所と少年院の業務が一層適切に実施されるようになったといえる。

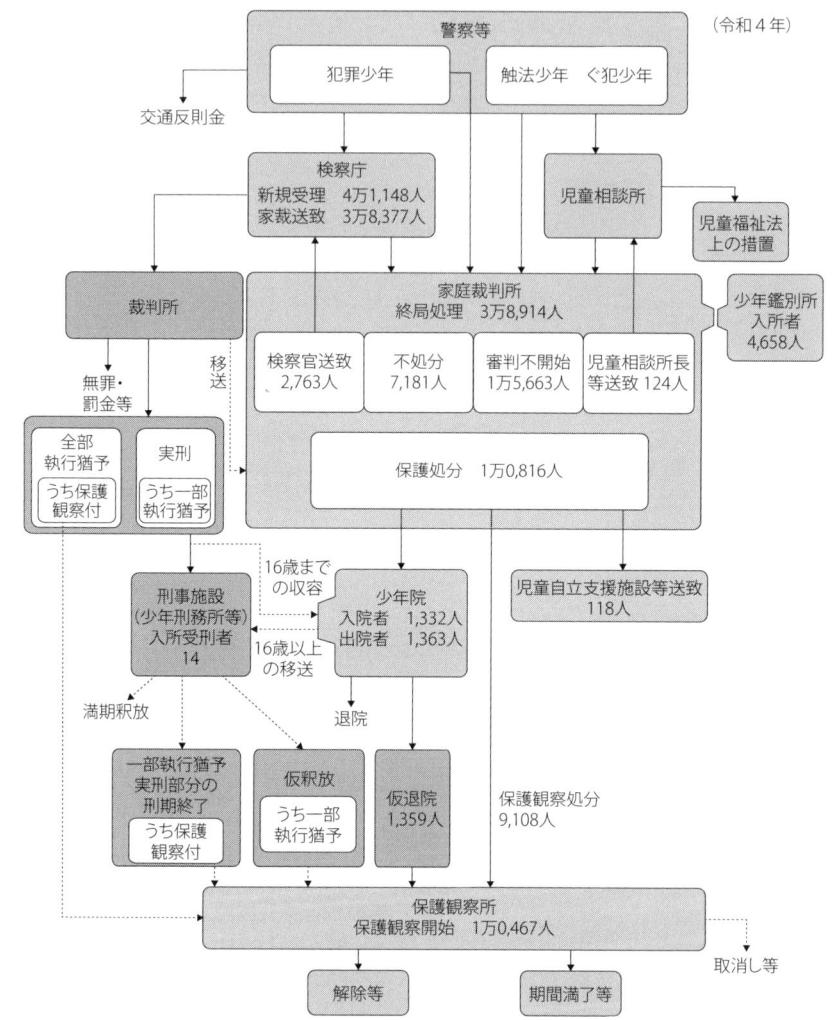

（令和4年）

注1）検察統計年報，司法統計年報，矯正統計年報及び保護統計年報による。

注2）「検察庁」の人員は，事件単位の延べ人員である。例えば，1人が2回送致された場合には，2人として計上している。

注3）「児童相談所長等送致」は，知事・児童相談所長送致である。

注4）「児童自立支援施設等送致」は，児童自立支援施設・児童養護施設送致である。

注5）「出院者」の人員は，出院事由が退院又は仮退院の者に限る。

注6）「保護観察開始」の人員は，保護観察処分少年及び少年院仮退院者に限る。

注7）本図および数値は，2021（令和4）年までは少年法の一部を改正する法律（2020 [令和3] 年法律第47号）施行前の手続により，同年4月以降は同法施行後の手続による。

図1　非行少年の取り扱いの流れ（『犯罪白書（令和5年版)』より）

③更生保護法

　更生保護法は，それまでの犯罪者予防更生法，執行猶予者保護観察法を整理統合し，2008（平成 20）年 6 月から施行された更生保護の新たな基本法である。更生保護とは，犯罪を行った者や非行少年に対し，社会内で適切な処遇を実施することにより，再犯・再非行を防止するとともに，社会的自立と改善更生を支援するための制度のことである。更生保護の具体的な内容には，1）保護観察，2）生活環境調整，3）仮釈放・仮退院，4）緊急更生保護，5）恩赦，6）犯罪予防活動があり，更生保護法はこれら広範な制度の根拠となる法律である。

　なお，社会内での処遇の柱である保護観察については，いったん刑務所や少年院に収容された後，社会に戻る際に行われるものと，そうした施設に収容されずに当初から社会内で行われるものがある。また，少年の保護処分か成人の刑事処分かによっても対象が異なるため，更生保護法では，保護観察の対象者を，1）保護観察処分少年，2）少年院仮退院者，3）仮釈放者，4）保護観察付執行猶予者の 4 種類に規定している。このうち，非行少年を対象とする保護観察は 1）と 2）であり（実務上，1）は 1 号観察，2）は 2 号観察と呼ばれる），本章では，この 2 つの保護観察に焦点を絞って説明することとする。

▌ II　少年法

　非行少年は，少年法に基づき家庭裁判所の審判に付される。ここでは，少年法を具体的に理解していくために，審判とその前後の流れに沿って説明する。

1．審判まで

　非行少年が審判に付される端緒としては，捜査機関である警察・検察からの事件送致がほとんどであるが，一般人からの通告，児童相談所長からの送致というルートもある。警察・検察は，原則として少年事件のすべてを家庭裁判所に送致することになっており，これを全件送致主義という。この全件送致主義は，少年事件を第一次的に家庭裁判所が取り扱うという意味で，保護主義を反映するものといわれている。家庭裁判所は，事件の送致等を受けたときは，家庭裁判所調査官（以下「調査官」）に命じて必要な調査を行わせるとともに，この調査に基づいて，審判の要否を検討し，審判不開始または審判開始の決定をする。なお，調査官の調査は，社会調査と呼ばれ，具体的には，少年やその保護者，教師や雇主等の関係者との面接を通じて，非行の動機や経緯，家庭環境，生育歴，学校や職場

での適応状況等に関する情報を収集し，その結果をまとめた報告書を作成する。

　また，家庭裁判所は，審判を行うために，詳しい心理学的調査（これを鑑別という）が必要と認められたときは，観護措置の決定により，少年を少年鑑別所に送致する。観護措置の期間は，2週間を超えることができないが，特に継続の必要があるときは，決定をもって1回更新することができる。また，否認事件等一定の事件については，さらに2回を限度として更新することができるため，少年鑑別所の収容期間は最大で8週間である。ただし，通常は，1回の更新で，4週間以内に審判を迎えるため，少年鑑別所の収容期間は約1カ月と説明されている。この約1カ月の間に，少年鑑別所では，精密な鑑別を実施し，その結果を「鑑別結果通知書」にまとめて家庭裁判所に提出する。

2．審　　判

　審判は，懇切を旨とし，和やかに行うとともに，少年に対して，自己の非行について，内省を促すように進められる。実際，裁判官は，調査官の社会調査や，少年鑑別所に鑑別を求めた場合は，その結果を参考にするとともに，少年に直接問いかけたり，説諭したりして，更生への動機づけを高めることに意を用いながら，本件非行の内容やこれまでの非行歴，少年の性格・環境の問題等を総合的に勘案して最も適切な処分を決定する。また，審判は，原則として非公開で行われるが，重大事件の被害者等から審判の傍聴の申出があった場合は，傍聴を許すことができることになっている。

3．審判の結果

①保護処分

　前記のとおり保護観察，児童自立支援施設・児童養護施設送致，少年院送致は保護処分と呼ばれるが，家庭裁判所は，審判の結果，保護観察官や保護司による必要な指導を受けることにより，社会内で立ち直りを図ることができると判断した場合は，保護観察の決定をする。また，家庭的な雰囲気の施設で，育て直しを行うことが適当と判断した場合は，児童福祉法に基づいて設置されている児童自立支援施設または児童養護施設への入所措置を決定する。さらに，非行の背景にある少年の問題点を改善するためには，少年院における矯正教育が必要と判断した場合は，少年院送致の決定をする。なお，保護処分を決定した家庭裁判所は，必要があると判断したときは，少年の処遇に関し，保護観察所，児童自立支援施設・児童養護施設，少年院に対して勧告をすることができる。この勧告に法的拘束力はないとされ

るが，例えば，通常2年以内と定められている少年院の処遇期間について，短期間（6カ月以内）または特別短期間（4カ月以内）とする旨の勧告が付された場合は，それに従い，相当長期間の処遇勧告が付された場合は，裁判官の意向を確認して，2年を超える処遇期間を設定することになっている。また，保護観察のうち，一般短期保護観察（6カ月以上7カ月以内）と交通短期保護観察（3カ月以上4カ月以内）については，その旨の勧告が付された者を対象としている。

　ところで，このように従来は，保護処分の処遇期間について，保護処分決定時の処遇勧告による運用であったが，今回の少年法改正により，特定少年については，犯情の軽重を考慮して，①6カ月の保護観察，②2年の保護観察，③最大3年の少年院送致というように上限を設けて決定されることになった。

②その他の処分

　家庭裁判所は，保護処分に付す必要がないと判断したときは，不処分の決定をする。また，児童福祉法上の措置が相当であると判断したときは，事件を都道府県知事または児童相談所長に送致する。そのほか，死刑，懲役または禁錮に当たる罪の事件について，刑事処分を相当と認めるときは，事件を検察官に送致することができ，特に犯行時16歳以上の少年による殺人や傷害致死等故意に人を死亡させたような重大事件等の場合は，原則として事件を検察官に送致することになっている（これを「原則逆送」という）。さらに，前記のとおり今回の少年法改正により，特定少年については，原則逆送の対象事件が拡大されている。

③試験観察

　家庭裁判所は，保護処分を決定するために必要があると判断したときは，決定をもって，相当の期間，少年を調査官の観察に付すことができる。これを試験観察というが，調査官の調査に併せて，適当な施設，団体または個人に補導を委託する措置を執ることもでき，これは補導委託と呼ばれる。試験観察は，いわば中間的な措置であり，一定の観察期間が経過した後，改めて審判が行われ，保護処分に付すかどうかが決められる。

■ III　少年鑑別所法

　少年鑑別所は，主として，家庭裁判所において，鑑別が必要と認められて送致された少年を収容する法務省所管の施設であり，現在，全国に52カ所（分所を

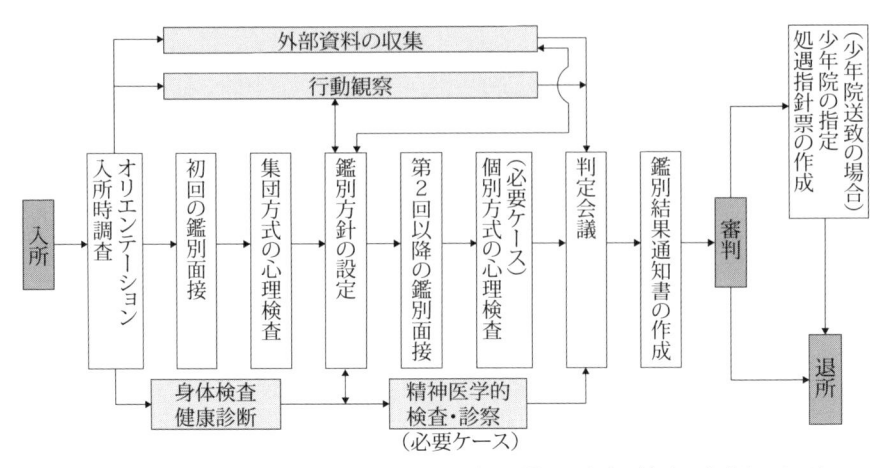

図 2　少年鑑別所に収容して行う鑑別の流れ（『犯罪白書（令和 5 年版）』より）

含む）設置されている。2015（平成 27）年 6 月に施行された少年鑑別所法では，少年鑑別所の管理運営のほか，主たる業務として鑑別，観護処遇，社会における非行および犯罪防止に関する援助（以下「地域活動」）が規定されている。

1．鑑　　別

　鑑別は，心理学等の専門的知識および技術に基づいて，非行・犯罪に影響を及ぼした資質・環境面の事情を明らかにし，その事情を改善するための適切な処遇方針を示すものである。少年鑑別所に収容して行う鑑別の流れは，図 2 のとおりである。

　少年鑑別所では，面接，心理検査，行動観察等の心理学的な方法により，非行の背景にある問題点を分析するとともに，それを改善するための望ましい処分や具体的な処遇の方法等を検討して「鑑別結果通知書」を作成し，審判の資料として家庭裁判所に提出する。この「鑑別結果通知書」は，審判で処分が決定すると，処遇機関（保護観察所や少年院）に送付され，処遇計画や処遇目標の策定にも活用される。

　また，鑑別に関する最近の動きとして，再非行の可能性や教育上の必要性等を定量的に評価するための法務省式ケースアセスメントツール（MJCA）が開発され，2013（平成 25）年から鑑別に活用されており，エビデンスに基づく科学的な鑑別の推進が図られている。

　そのほか，少年鑑別所は，保護観察所，児童自立支援施設・児童養護施設，少年院等の処遇機関からの求めによる鑑別も行っており，処遇方針の再検討や処遇

効果の検証に役立てている。この処遇機関の求めによる鑑別を通じて，少年鑑別所はリレー方式で取り扱われる非行少年の処遇経過を追うとともに，処遇機関の間の橋渡し的な役割も果たしている。

2．観護処遇

観護処遇は，在所中の処遇全般を指す用語であり，情操の保護に配慮しながら，少年の特性に応じた適切な働きかけを行うことにより，健全育成に努めることを原則としている。少年鑑別所は，収容される少年が審判前という立場にあるため，少年院のように非行につながる問題性等を改善するための教育はできないが，健全育成に資する支援として，少年の自主性を尊重しつつ，生活態度に関する助言・指導や学習機会の提供等を行っている。具体的には，季節の行事，伝統工芸の体験，障害者の疑似体験，職員・外部講師による教養講話の実施等各少年鑑別所において，工夫された取り組みがなされている。

3．地域援助

地域援助は，旧少年院法下では，一般少年鑑別という名称により，家庭裁判所の求めによる鑑別等に支障のない範囲で，個別の心理相談等に応じていたものであるが，少年鑑別所法の施行に伴い，本来業務に位置付けられた。地域援助では，個人からの心理相談に加え，従来から少年鑑別所が蓄積してきた非行防止に関する専門的知識やノウハウを生かして，地域の非行問題に関するネットワークへの参画，心理検査の実施，事例検討会への参加，研修会・講演・法教育への講師派遣等関係機関からの幅広い依頼にも応じている。

少年鑑別所は，こうした地域援助業務を行うに当たり，法務少年支援センターという別名を用いることになっており，各法務少年支援センターでは，ホームページを開設するとともに，相談専用ダイヤルを設け，オンラインでの相談も行っている。加えて，全国共通ダイヤル（0570-085-085）に架電すると，最寄りの法務少年支援センターにつながるなど，相談しやすい体制づくりに努めている。

■ IV 少年院法

少年院は，家庭裁判所において，少年院送致決定がなされた少年に対し，その健全な育成を図るため，矯正教育を行う法務省所管の施設であり，現在，全国に44カ所（分院を含む）設置されている。2014（平成26）年6月に改正され，2015

（平成 27）年に施行された少年院法には，①少年院の管理運営に関すること，②矯正教育や社会復帰支援に関すること，③その他の処遇に関することなどが規定されており，旧少年院法下では，訓令・通達等で定められていた事項を法律で明確に規定したところに大きな意義がある。また，今回の少年法改正に伴い，2 年の保護観察中に遵守事項違反が認められた特定少年を収容するための新たな少年院の種別が設けられるなど，少年院法の改正も行われている。

1．少年院の種類

少年院は，年齢や犯罪傾向の進度に応じた効果的な矯正教育を行うために，従来，初等・中等・特別・医療という 4 種類が設けられていた。しかし，2014（平

表 1　矯正教育課程一覧表

少年院の種類	矯正教育課程	符号	在院者の類型	矯正教育重点的な内容	標準的な期間
第 1 種	短期義務教育課程	SE	原則として 14 歳以上で義務教育を終了しない者のうち，その者の持つ問題性が単純又は比較的軽く，早期改善の可能性が大きいもの	中学校の学習指導要領に準拠した短期間の集中した教科指導	6 月以内の期間
	義務教育課程 I	E1	義務教育を終了しない者のうち，12 歳に達する日以後の最初の 3 月 31 日までの間にあるもの	小学校の学習指導要領に準拠した教科指導	2 年以内の期間
	義務教育課程 II	E2	義務教育を終了しない者のうち，12 歳に達する日以後の最初の 3 月 31 日が終了したもの	中学校の学習指導要領に準拠した教科指導	
	短期社会適応課程	SA	義務教育を終了した者のうち，その者の持つ問題性が単純または比較的軽く，早期改善の可能性が大きいもの	出院後の生活設計を明確化するための，短期間の集中した各種の指導	6 月以内の期間
	社会適応課程 I	A1	義務教育を終了した者のうち，就労上，修学上，生活環境の調整上等，社会適応上の問題がある者であって，他の課程の類型には該当しないもの	社会適応を円滑に進めるための各種の指導	
	社会適応課程 II	A2	義務教育を終了した者のうち，反社会的な価値観・行動傾向，自己統制力の低さ，認知の偏り等，資質上特に問題となる事情を改善する必要があるもの	自己統制力を高め，健全な価値観を養い，堅実に生活する習慣を身に付けるための各種の指導	2 年以内の期間
	社会適応課程 III	A3	外国人等で，日本人と異なる処遇上の配慮を要する者	日本の文化，生活習慣等の理解を深めるとともに，健全な社会人として必要な意識，態度を養うための各種の指導	

表1　矯正教育課程一覧表（つづき）

	支援教育課程Ⅰ	N1	知的障害またはその疑いのある者およびこれに準じた者で処遇上の配慮を要するもの	社会生活に必要となる基本的な生活習慣・生活技術を身に付けるための各種の指導	
	支援教育課程Ⅱ	N2	情緒障害もしくは発達障害またはこれらの疑いのある者およびこれに準じた者で処遇上の配慮を要するもの	障害等その特性に応じた，社会生活に適応する生活態度・対人関係を身に付けるための各種の指導	
	支援教育課程Ⅲ	N3	義務教育を終了した者のうち，知的能力の制約，対人関係の持ち方の稚拙さ，非社会的行動傾向等に応じた配慮を要するもの	対人関係技能を養い，適応的に生活する習慣を身に付けるための各種の指導	
第2種	社会適応課程Ⅳ	A4	特に再非行防止に焦点を当てた指導および心身の訓練を必要とするもの	健全な価値観を養い，堅実に生活する習慣を身に付けるための各種の指導	2年以内の期間
	社会適応課程Ⅴ	A5	外国人等で，日本人と異なる処遇上の配慮を要する者	日本の文化，生活習慣等の理解を深めるとともに，健全な社会人として必要な意識，態度を養うための各種の指導	
	支援教育課程Ⅳ	N4	知的障害またはその疑いのあるものおよびこれに準じた者で処遇上の配慮を要するもの	社会生活に必要となる基本的な生活習慣・生活技術を身に付けるための各種の指導	
	支援教育課程Ⅴ	N5	情緒障害もしくは発達障害またはこれらの疑いのある者およびこれに準じた者で処遇上の配慮を要するもの	障害等その特性に応じた，社会生活に適応する生活態度・対人関係を身に付けるための各種の指導	
第3種	医療措置課程	D	身体疾患，身体障害，精神疾患又は精神障害を有する者	心身の疾患，障害の状況に応じた各種の指導	
第4種	受刑在院者課程	J	受刑在院者	個別的事情を特に考慮した各種の指導	―
第5種	保護観察復帰指導課程Ⅰ	P1	保護観察再開に向けた社会適応上の指導を要する者のうち，その者の持つ問題性が比較的軽く，早期改善の可能性が大きいもの	保護観察を再開するための，短期間の集中した各種の指導	3月以内の期間
	保護観察復帰指導課程Ⅱ	P2	保護観察再開に向けた社会適応上の指導を要する者（保護観察復帰指導課程Ⅰに該当する者を除く）	保護観察を再開するための，集中した各種の指導	6月以内の期間

成 26) 年の改正では，名称によるラベリングの弊害を取り除くために，①第 1 種（心身に著しい障害がないおおむね 12 歳以上 23 歳未満の者を収容，以前の初等・中等に相当），②第 2 種（心身に著しい障害がない犯罪的傾向が進んだおおむね 16 歳以上 23 歳未満の者を収容，以前の特別に相当），③第 3 種（心身に著しい障害があるおおむね 12 歳以上 26 歳未満の者を収容，以前の医療に相当），④第 4 種（少年院において刑の執行を受ける者を収容）に改編された。さらに，今回の少年法改正に伴う改正では，第 5 種（2 年の保護観察に付されている特定少年で，保護観察中に遵守事項違反が認められ，その程度が重く，少年院において処遇しなければ改善更生を図ることができないと認められた者を収容）が追加された。

2．矯正教育の計画

　矯正教育とは，少年院が在院者の犯罪的傾向を矯正するとともに，在院者に対し，健全な心身を培わせ，社会生活に適応するのに必要な知識および能力を習得させるために行う体系的かつ組織的な活動のことである。

　この矯正教育を効果的に実施するために，法務大臣は，表 1 のような矯正教育課程を定め，年齢や心身の障害の状況，犯罪的傾向の程度等一定の共通する特性を有する在院者の類型ごとに実施すべき矯正教育の重点的な内容および標準的な期間を明示している。さらに，法務大臣は，各少年院において実施する矯正教育課程を指定し，その指定を受けて，少年院の長は，当該少年院において実施する矯正教育課程（少年院矯正教育課程）を策定している。

　また，少年院の長は，少年院矯正教育課程に即して，在院者ごとにその特性に応じた個人別矯正教育計画を作成し，矯正教育の目標，内容，実施方法および期間その他矯正教育の実施に関する必要な事項を定めて，個別的・計画的に矯正教育を実施することになっている。

3．矯正教育の内容

　少年院の矯正教育は，①生活指導，②職業指導，③教科指導，④体育指導，⑤特別活動指導，の 5 つの分野にわたって行われる。このうち，生活指導が矯正教育の中核をなすものであるが，特に非行につながる問題性等の改善を図るために，①被害者の視点を取り入れた教育，②薬物非行防止指導，③性非行防止指導，④暴力防止指導，⑤家族関係指導，⑥交友関係指導という 6 つの特定生活指導が実施されており，薬物非行防止指導や性非行防止指導においては，認知行動療法をベースとする専門的な処遇プログラムが整備されている。また，今回の少年法改

正の趣旨に鑑み，2022（令和 4）年度から，成年に達した者を対象とする「成年社会参画指導」が特定生活指導に追加された。さらに，2023（令和 5）年 12 月から，申し出のあった被害者や遺族の心情を聴取して，少年に伝達する制度が始まり，被害者等の心情に一層配慮した矯正教育が行われるようになっている。

4．社会復帰支援

少年院では，出院後，自立した生活を営む上で困難が予想される少年に対しては，再非行防止に向け，①適切な住居を得ることやそこに帰住することを助けること，②医療および療養を受けることを助けること，③修学又は就労を助けることなどを内容とする社会復帰支援を行い，円滑な社会復帰を後押しすることになっている。

また，少年院における矯正教育により，一定の教育効果が認められた少年については，地方更生保護委員会の決定により，収容期間の満了前に仮退院を許されるが，仮退院に当たっては，矯正教育の経過をはじめ，特定生活指導の結果等を保護観察に適切に引き継ぐなど，保護観察所との緊密な連携に努めている。そのほか，2014（平成 26）年の改正では，少年院の教官が出院者やその保護者等からの相談に応じることができる制度も導入された。

■ V　更生保護法

更生保護法は，2008（平成 20）年 6 月から施行された更生保護に関する基本法であり，その規定するところは幅広いので，ここでは本章の趣旨を踏まえ，前記のとおり非行少年の保護観察に焦点を絞って説明する。

1．保護観察の実施者

保護観察を実施する機関は，全国に 53 カ所（支所を含む）設置されている法務省所管の保護観察所であり，実際に保護観察を担当するのは，各保護観察所に配置されている保護観察官と法務大臣から委嘱を受けた民間篤志家の保護司である。各保護観察所の保護観察官には担当地域が割り当てられており，その地域の保護司に対象者との面接等を依頼しながら，保護観察を実施していく。そのほか，保護観察には，協力雇用主（非行や犯罪の前歴を承知して非行少年等を雇用し，更生を支援する事業主），BBS 会員（Big Brothers and Sisters Movement の略，兄や姉のような存在として，非行少年の立ち直りを支援する青年ボランティア），更

生保護女性会員（女性の立場から非行少年の立ち直りを支援するボランティア）等多くの民間協力者が関わっている。

2．保護観察の方法

①指導監督と補導援護

　保護観察は，対象者の改善更生を図ることを目的として，指導監督と補導援護を実施するが，特に少年に対しては，その健全な育成を期して行うことが求められている。指導監督は，保護観察の枠組みを守らせるための働きかけ，補導援護は，対象者を支援して立ち直りを図るための働きかけであり，具体的には，対象者ごとに設定される遵守事項を守った健全な生活を維持させることが中心となる。そのために保護司は，対象者と定期的に面接をするなどして，対象者との接触を保ち，生活状況を把握しながら，必要な指導監督と補導援護を行っている。なお，その面接は，従来，保護司宅で行われることが多かったが，保護司の居住環境等の変化により，最近は，各地に設置されている更生保護サポートセンターでも面接ができるような体制が整えられている。

②遵守事項

　遵守事項には，すべての対象者が守るべき一般遵守事項と，対象者ごとに特に定められる特別遵守事項とがある。このうち，特別遵守事項は，対象者の個別の事情に応じて設定されるものであり，非行少年の場合は，専門的処遇プログラムの受講を課したり，社会貢献活動への参加を求めたりするものなどがある。前者は，特に仮退院少年の場合，少年院法の節でも触れたように，少年院の特定生活指導との連続性が重要となるものである。また，後者については，保護観察処分少年の特別遵守事項として設定されることが多く，具体的には，公共の場所での清掃活動や福祉施設での介助活動等が行われている。

3．保護観察の経過と措置

　保護観察については，その経過により，保護観察所長が保護観察を継続しなくとも改善更生することができると認めた場合は，良好措置が執られ，逆に社会内では改善が困難であると認めた場合は，不良措置が執られる。

　保護観察処分少年に対する良好措置には，保護観察の解除があり，不良措置には，警告および施設送致申請がある。また，少年院仮退院者に対する良好措置には，少年院からの退院の申出があり，不良措置には，少年院への戻し収容の申出がある。

　保護観察はリレー方式の非行少年の取り扱いにおいて，よくアンカーにたとえられるが，このように保護観察の経過に応じて，保護処分が継続ないしは終結されるのである。

　なお，今回の少年法改正により，2年の保護観察に付されている特定少年について，遵守事項違反が認められた場合は，家庭裁判所に対し，少年院に収容する旨の決定を申請することができ，その決定を受けた特定少年は，少年院法の節で説明したように，第5種少年院に収容されることになった。

■ VI　おわりに

　最近の再犯防止に関する動きとして，2016（平成28）年12月に「再犯の防止等の推進に関する法律」，いわゆる再犯防止推進法が施行された。同法に基づき，2017（平成29）年12月に再犯防止推進計画（第一次）が閣議決定され，多くの地方自治体が国の再犯防止計画に基づいて地方再犯防止推進計画を策定した。2023（令和5）年3月には，再犯防止推進計画（第二次）が閣議決定され，今後，少年非行の取り扱いにおいても，国の司法機関・行政機関は，民間や地方自治体とのさらなる協働が求められるとともに，従来からのリレー方式のバトンを一層太くして機関相互の連携を緊密にすることが必要になっている。

　一方，こうした施策の中で，司法機関・行政機関において心理的アセスメントや心理支援を担当する心理職は，国の専門職試験により採用されるため，公認心理師の資格が必須というわけではない。ただし，将来的には，公認心理師が心理職の専門性や信頼性を示すものとして広く国民に認知される可能性が高いことを考慮すると，司法機関・行政機関の心理職が，再犯防止に向けて官民さまざまな専門職と連携・協働するに当たり，公認心理師の資格を取得しておくことの意義は大きいといえる。

◆学習チェック表
- □ 非行少年の取り扱いの理念や流れについて理解をした。
- □ 家庭裁判所における審判について理解をした。
- □ 少年鑑別所の鑑別・観護処遇・地域援助について理解をした。
- □ 少年院の矯正教育について理解をした。
- □ 非行少年に対する保護観察について理解をした。

より深めるための推薦図書

　　河原俊也編（2015）ケースから読み解く少年事件．青林書院．

　　河原俊也編（2023）実例　少年法．青林書院．

　　　文　　　献

藤本哲也・生島浩・辰野文理編（2016）よくわかる更生保護．ミネルヴァ書房．

法務省矯正局編（2014）新しい少年院法と少年鑑別所法．矯正協会．

法務省法務総合研究所編（2023）犯罪白書（令和5年版）．

金子和夫 監修，津川律子・元永拓郎編（2016）心の専門家が出会う法律（新版）．誠信書房．

野島一彦・繁枡算男監修，岡本吉生編（2023）司法・犯罪心理学，第2版（公認心理師の基礎
　　と実践⑲）．遠見書房．

澤登俊雄（2015）少年法入門（第6版）．有斐閣．

産業・労働分野に関係する法律・制度

種市康太郎

Keywords　労働基準法，労働安全衛生法，労働契約法，安全配慮義務，労働災害防止計画，心の健康の保持増進のための指針，ストレスチェック制度，職場復帰支援，労働災害の認定基準，ハラスメント防止対策

I　はじめに

　労働力調査によれば 2023 年 12 月現在，日本の労働力人口は 6,910 万人，就業者数は 6,754 万人（完全失業者 156 万人），雇用者は 6,114 万人である。ということは，産業・労働分野における公認心理師の活動は国民の過半数が対象となりうると言える。

　公認心理師の活動等に関する調査（日本公認心理師協会，2021）によれば，公認心理師のうち産業・労働分野を主たる活動の場と答えた者は 6.0%と少ない。産業・労働分野における公認心理師の活動の場は，①組織内の健康管理・相談室が50.5％，②組織外で労働者等の「心理支援」を行う健康管理・相談機関が 33.8％，③障害者職業センター・障害者就業・生活支援センター 4.9％，④③以外の就労支援機関（ハローワーク等）が 11.2％，⑤その他 7.4％である。公認心理師の活動の対象は，労働者の心理支援だけでなく，病欠者・休職者への職場復帰支援や，本人の関係者（上司，人事，家族等）へのコンサルテーション，障害者や求職者の心理支援や就労支援など多岐にわたる。

　この章では，労働に関する多くの法律を総称して「労働法」と呼ぶが（労働関連法規とも呼ばれる），産業・労働分野において公認心理師が活動する上で労働法の理解は重要である。まず，労働者は使用者との労働契約において不利な立場に置かれることがあり，労働者の権利の保護，安全と健康の確保の観点から労働法を理解する必要がある。また，労働者の健康管理などを行う産業医・衛生管理者・産業看護職などの産業保健スタッフは労働法や関連制度に基づき活動をするため，彼らと連携・協働した活動をするためにも法律・制度の理解は重要である。

最後に，公認心理師も労働者であるから，自らの立場や権利を守り，労働上のトラブルを抱えないためにも労働法への理解を深めることは大切と言える（わかりやすい資料として厚生労働省（2023））。

■ II　社会状況の変化と労働法

日本初の労働者保護法は 1911（明治 44 年）年に制定された工場法である。これは当時，社会問題となっていた過酷な工場労働に対して年少者・女子などの職工を保護する目的があった（渡辺，2007）。第二次世界大戦後は，激しい労使対立を背景に，労働者を守る基本的な法律である労働三法が誕生した。労働三法とは労働組合法（1945［昭和 20］年制定。現行の労働組合法は 1949 年制定），労働関係調整法（1946［昭和 20］年制定），労働基準法（1947［昭和 20］年制定）である。労働組合法は労働者の団結権，団体交渉権，団体行動権という，いわゆる労働三権の保証を目的とした法律であり，労働者や労働組合に対する不当労働行為（不利益取扱い，団体交渉の拒否など）を禁じた。労働関係調整法は労使間の労働条件をめぐって行われる労働争議について第三者（労働委員会）による斡旋・調停・仲介よる調整を定め，争議行為（ストライキ等）の予防，解決を目的とした法律である。労働基準法は労働関係において労働者の保護を目的に労働関係の基本原則を定め，労働条件の最低基準を定めた法律である。

この後も，日本の経済情勢や社会状況の変化に応じて労働に関する各法律が制定された。戦後まもなくは労働者の労働条件の改善を目的に最低賃金法（1959［昭和 34］年），高度成長期には労働力不足を背景に雇用対策法（1966［昭和 41］年），1970 年代のオイルショックによる失業者対策から雇用保険法（1974［昭和 49］年），1980 年代のバブル経済期には労働市場の女性参加を背景に男女雇用機会均等法（1985［昭和 60］年），多様な労働力の供給を求めて労働者派遣法（1985［昭和 60］年），パートタイム労働法（1993［平成 5］年）が制定された。2000 年代に入り日本的雇用慣行の変化や就業形態の多様化を背景に労働契約法（2007［平成 19］年）や働き方改革関連法（2018［平成 30］年），障害者への差別的取り扱いの禁止や合理的配慮の提供の義務付けを目的に障害者差別解消法（2013［平成 25］年）や改正障害者雇用促進法（2016［平成 28］年），高年齢者の安定した雇用確保を目的に改正高年齢者雇用安定法（2021［令和 3］年）が制定または施行された。

労働衛生も，戦後から高度成長期には製造業・建設業の雇用者数が全体の 4 割

を超え，石綿，粉じん，鉛，有機溶剤などを取り扱う有害業務による職業性疾病や，建設現場の事故が多発し，1961（昭和 36）年には労働災害による死傷者数は 48 万 1,686 人，死亡者数は 6,712 人とピークを迎えた。このような背景から安全衛生に関する内容をより詳細に規定する目的で労働基準法から派生して労働安全衛生法（1972［昭和 47］年）が制定された。その後は産業構造の変化により第三次産業（サービス業等）の雇用者数が 7 割を超え，職場のストレスによるメンタルヘルス不調，労働者の自殺，過重労働による過労死などに注目が集まるようになり，労働安全衛生法の改正，自殺対策基本法（2006［平成 18］年），過労死等防止対策推進法等（2014［平成 26］年）の制定がなされた。

■ III　労働基準法と労働契約法

1．労働基準法

　労働基準法（以下，労基法と略記）では，労働者と使用者との労働契約における義務・権利を定めている。労働契約は，使用者の指揮管理下で労働者が労働を提供し，使用者がその対価として賃金を支払うことを互いに合意したものである（今井・新井，2017）。労働契約のもとで，使用者は指揮命令権，業務命令権があると同時に賃金支払義務，安全配慮義務があり，労働者も，賃金請求権があると同時に誠実労働義務・職務専念義務，自己保健義務等がある。

　労基法は賃金，労働時間，休憩，休日，時間外・休日労働，深夜労働，年次有給休暇，解雇の制限などについての最低基準を示している。これらは事業主が必ず従わなければならないものであり，違反した場合に当事者間で同意がなされていても契約の効力は無効となる。このように労基法は当事者の意思に関わらず強制的に適用されるため強行法規と呼ばれる。また，労基法を使用者が守らない場合には刑罰が科される場合があり，この点から労基法は取締法規の側面もある。

　労働契約においては労基法の効力が最も強い。次に，会社と労働組合との間で交わされた労働条件に関する「労働協約」，会社で働く従業員に適用されるルールである「就業規則」，会社と従業員が個別に結んだ労働条件に関する約束である「労働契約」の順に効力がある。したがって，効力関係は労働契約＜就業規則＜労働協約＜労基法（他の法令も同様に最上位）である。例えば，「法定労働時間を超えても残業代は払わない」という労働契約を結んでも，労基法に違反するので無効となる。

　しかし，労働者に有利な条件であれば効力関係は逆転する。例えば，就業規則

で住居手当は月2万円と定められているのに，労働契約で月3万円の条件で契約した場合は有効となる。

2．労働契約法

労働契約法は労基法と同様に労働条件に関する規則を定めたものであるが，日本的雇用慣行（終身雇用・年功序列・企業内労働組合）が変化し，正社員以外の契約社員，パートタイマー，アルバイト等の就業形態が多様化し，労働者と使用者間の個別の労働トラブル（紛争）が増加したことを背景に2008（平成20）年に制定された（縣・高田，2008）。

労働契約法第3条では労働契約の原則として，①労使対等の原則，②均衡考慮（働き方の実態を考慮して処遇を決定する）の原則，③仕事と生活の調和（ワーク・ライフ・バランス）への配慮の原則，④（労働者・使用者双方の）労働契約遵守・信義誠実の原則，⑤（労働者・使用者双方の）権利濫用の禁止の原則が定められている。

この他，労働時間，賃金，休暇などの労働条件は書面で明示すること，就業規則が法律的に合理的で労働者に周知されている場合は就業規則が労働条件になること，労働条件の低下などの就業規則の変更は労働者の合意を得ることなどが定められている。

同法第5条では「使用者は，労働契約に伴い，労働者がその生命，身体等の安全を確保しつつ労働することができるよう，必要な配慮をするものとする」という使用者の安全配慮義務も明文化された。

Ⅳ　労働安全衛生法

労基法第42条に「労働者の安全及び衛生に関しては，労働安全衛生法の定めるところによる」とあるように，労基法と労働安全衛生法（以下，安衛法と略記）は一体としての関係にあると規定されている。

安衛法では，安全衛生管理体制，労働災害防止計画，快適な職場環境の形成のための措置，健康の保持増進のための措置，労働者の危険又は健康障害を防止するための措置，機械等並びに危険物及び有害物に関する規制，安全衛生改善計画等について定められている。

1．安全衛生管理体制

　安全衛生管理体制においては業種に関係なく，常時 50 人以上の労働者がいる事業場は衛生管理者を置く必要がある。労働者数によって必要な衛生管理者の人数は定められ，労働者 50 人以上は 1 人，200 人以上を超えて 500 人までは 2 人以上のように規定されている。また，常時 50 人以上の労働者がいる事業場は健康管理等を行うのに必要な医学的知識がある医師を産業医として選任しなければならない。これも常時 1,000 人以上の事業場（または，有害業務に常時 500 人以上の労働者を従事させる事業場）では 1 人以上の専属の産業医が必要である。

　また，衛生管理に関するさまざまな対策を協議するため，業種に関係なく，常時 50 人以上の労働者がいる事業場では衛生委員会を設置しなければならない。業種（例えば建設業等）によっては安全に関する事項を協議する安全委員会を設けなければならないが，この場合は両者の委員会に代えて安全衛生委員会を設置することができる。

　労働衛生においては，作業環境中の有害因子の状態を把握し，コントロールする「作業環境管理」，作業条件の改善を行い，作業関連疾患や作業に伴う精神疾患等の予防を行う「作業管理」，一般健康診断等の実施や事後措置を行う「健康管理」を労働衛生の 3 管理と呼ぶ。つまり，労働衛生における「場」「作業」「人」の管理である。これに「労働衛生教育」「総括管理」を加えて労働衛生の 5 管理と呼ぶこともある（日本産業衛生学会関東産業医部会，2020）。

2．労働災害防止対策

　厚生労働省は安衛法第 6 条に基づき，労働災害を減少させるために国が重点的に取り組む事項を定めた中期計画として「労働災害防止計画」を策定した。この計画は 5 年おきに策定され，2023（令和 5）年 3 月に第 14 次労働災害防止計画（2023 〜 2027［令和 5 〜 9］年度）が策定された。

　計画では 8 つの重点計画を定め，このうちメンタルヘルス対策では「メンタルヘルス対策に取り組む事業場を 80％以上，50 人未満の小規模事業場のストレスチェック実施の割合を 50％以上とする等のアウトプット指標と，自分の仕事や職業生活に関することで強い不安，悩み，ストレスがあるとする労働者を 50％未満とする等のアウトカム指標（アウトカムはアウトプットによって個人や集団に生じる便益を指す）を定めている。

３．快適な職場環境の形成のための措置

安衛法（第71条2項）において「事業者は，事業場における安全衛生の水準の向上を図るため，次の措置を継続的かつ計画的に講ずることにより，快適な職場環境を形成するように努めなければならない」とされ，国はその指針として「事業者が講ずべき快適な職場環境の形成のための措置に関する指針」（1992［平成4］年）を示し，「作業環境」「作業方法」「疲労回復支援施設」「職場生活支援施設」の4つの視点から快適職場づくりのための措置を講じることが望ましいとした。これは「快適職場指針」とも呼ばれ，職場のストレス軽減対策の先駆けとされている（北村，2016）。

４．健康の保持増進のための措置

安衛法第69条1項において「事業者は，労働者に対する健康教育及び健康相談その他労働者の健康の保持増進を図るため必要な措置を継続的かつ計画的に講ずるように努めなければならない」とされ，国はその指針として「事業場における労働者の健康保持増進のための指針」（1988［昭和63］年）を示した。これは労働者の「心とからだの健康づくり」をスローガンとする健康保持増進措置であり，「トータルヘルスプロモーションプラン（THP）」と呼ばれる。THP指針は2023（令和5）年に最新の改正が行われ，①一次予防の推進，②事業者・労働者双方の努力の重視，③労働者の高年齢化を見据えたフレイル，ロコモティブシンドロームの予防，④積極的な健康情報の活用が重要とされている。

■　V　心の健康の保持増進に向けた対策

１．心の健康の保持増進のための指針

近年の労働者の業務上のストレスや心身の負担の現状から，厚生労働省は「事業場における労働者の心の健康づくりのための指針」（2000［平成12］年）を示し，その内容はその後に見直され，安衛法（70条2項）に基づき「事業場における労働者の心の健康の保持増進のための指針」（2006［平成18］年）として示された。

この指針では「心の健康づくり計画」に基づき，「セルフケア」，「ラインによるケア」，「事業場内産業保健スタッフ等によるケア」，「事業場外資源によるケア」という4つのケアを継続的かつ計画的に実施し，メンタルヘルス不調に対する「一

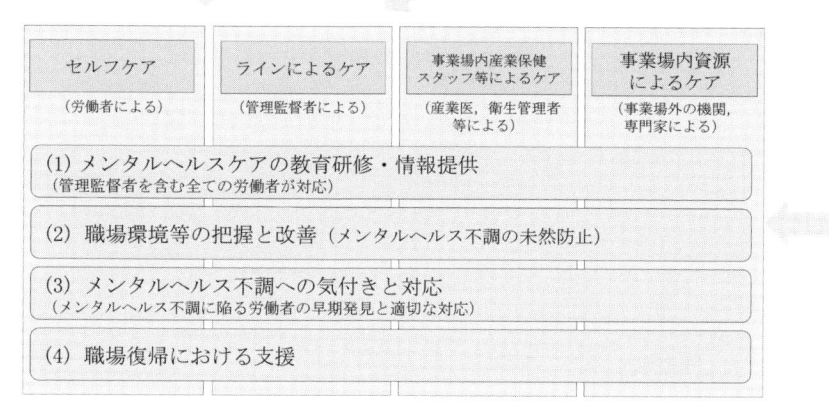

図1　メンタルヘルスケア（４つのケア）の具体的進め方（厚生労働省，2006, p.8）

次予防（未然防止）」「二次予防（早期発見）」「三次予防（職場復帰支援等）」が円滑に行われるようにすることとされた（図１）。

　この指針で示されている「メンタルヘルス不調」とは，精神および行動の障害に分類される精神障害や自殺のみならず，ストレスや強い悩み，不安など，労働者の心身の健康，社会生活および生活の質に影響を与える可能性のある精神的および行動上の問題を幅広く含むものをいう。

　なお，労働者のメンタルヘルス対策に関する最新情報等を得るには、厚生労働省の「こころの耳」が有用である。

2．ストレスチェック制度

　2014（平成26）年に労働安全衛生法が改正され，2015（平成27）年12月からストレスチェック制度が義務化された。制度の主な目的は，労働者自身のストレスへの気づきを促進すること，ストレスの原因となる職場環境の改善につなげることによるメンタルヘルス不調の未然防止（一次予防）である（図２）。

　常時50人以上の労働者を使用する事業場は１年以内ごとに１回，定期的にストレスチェックを行わなければならない。ストレスチェックには事業者，ストレスチェック制度担当者（例えば人事部長など），実施者，実施事務従事者の４者が関わる。実施者には医師，保健師，所定の研修を受けた看護師，精神保健福祉

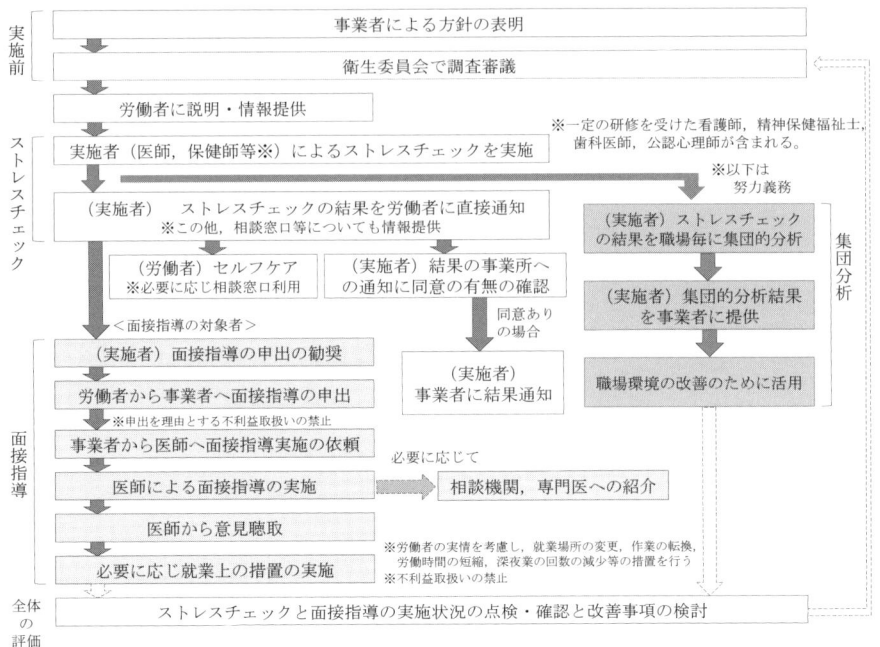

図 2　ストレスチェックと面接指導の実施についての流れ（厚生労働省，2015, p.10）

士，歯科医師，公認心理師がなることができる。

　法律では，ストレスチェックは労働者に対して行う「心理的な負担の程度を把握するための検査」と定められ（労働安全衛生法 66 条 10 項），この中には，①職場における当該労働者の心理的な負担の原因に関する項目（ストレッサー），②当該労働者の心理的な負担による心身の自覚症状に関する項目（心身の不調），③職場における他の労働者による当該労働者への支援に関する項目（社会的サポート）が含まれなければならない（労働安全衛生規則第 52 条 9 項）。

　ストレスチェックの心身の自覚症状の結果等により高ストレスと評価された労働者から申し出があった時は，事業者は医師による面接指導を遅滞なく行うことが義務付けられている。事業者は面接を行った医師から意見を聴取し，必要に応じて就業上の措置を講じる。

　ストレスチェックは個人の結果を一定規模（例えば 10 人以上）の集団ごとに集計・分析し，結果を踏まえて職場環境の改善につなげることができるが，これは現時点では努力義務（行わなくても罰則はない）に留まる。

　公認心理師は高ストレス者に対する「面接」指導はできない。しかし，医師に

よる面接指導を希望しない人の「相談」は可能である。ストレスチェック制度に関する指針（厚生労働省，2018）でも，高ストレス者がその状態で放置されないようにする等適切な対応を行う観点から，相談窓口に関する情報提供，産業医等と連携しつつ心理職を含む産業保健スタッフが相談対応を行う体制を整備することが望ましいとしている。また，集団分析結果に基づく職場環境改善の取り組みにも公認心理師は関わることができ，今後の活躍が期待される。

3．職場復帰支援

メンタルヘルス不調により休業した労働者に対する職場復帰支援について，事業場向けに「心の健康問題により休業した労働者の職場復帰支援の手引き」（2004［平成16］年）が示された。この手引きでは職場復帰支援を，①病気休業開始及び休業中のケア，②主治医による職場復帰可能の判断，③職場復帰の可否の判断及び職場復帰支援及び職場復帰支援プランの作成，④最終的な職場復帰の決定（その後，職場復帰），⑤職場復帰後のフォローアップ，の5つのステップに分け，円滑な職場復帰を支援するために事業者（産業保健スタッフ，管理監職者などを含む）によって行われることが望ましい事項を示している。公認心理師は，これらの各ステップに応じて必要となる心理支援や多職種連携について理解しておく必要がある。

■ VI　労働災害の認定基準とその対応

労働災害（以下，労災と略記）とは「労働者の就業に係る建設物，設備，原材料，ガス，蒸気，粉じん等により，又は作業行動その他業務に起因して，労働者が負傷し，疾病にかかり，又は死亡すること」を指す（労働安全衛生法2条1）。傷病が業務上と判断されるためには，労働者が労働関係のもとにあり（業務遂行性という），業務と疾病等の間に一定の因果関係がある（業務起因性という）場合に「業務上」と認められる（認められない場合は「業務外」）。ここでは精神障害に関する労災認定と，過重労働に伴う脳・心臓疾患に関する労災認定を取り上げる。

1．精神障害に関する労災認定

精神障害に関する労災の請求件数は年々増加し，2022（令和4）年度は請求件数2,683件（うち自殺183件），支給決定件数710件（同67件）となった。

　精神障害の労災認定は「心理的負荷による精神障害の認定基準」によって行われる。業務上と認定されるには，①認定基準の対象となる精神障害（主としてICD-10のF2からF4に分類される精神障害）を発病している，②認定基準の対象となる精神障害の発病前おおむね6カ月の間に，業務による強い心理的負荷が認められる，③業務以外の心理的負荷及び個体側要因により対象疾病を発病したとは認められない，の3点を満たす必要がある。

　認定要件の②は出来事の内容で評価するが，この時の「負荷」は精神障害を発病した労働者がその出来事等を主観的にどう受け止めたかではなく，職種，立場，年齢等が類似する同種の労働者が一般的にその出来事等をどう受け止めるかという観点で評価する。この点で心理的「負荷」と，個人の主観的な受け止めを示す「負担」は区別される。

　具体的には「業務による心理的負荷評価表」を用いて心理的負荷の強度を「弱」「中」「強」と総合評価するが，②の要件を満たすには「強」と認められる必要がある。「強」の条件は，①「生死にかかわる病気やケガをした」などの「特別な出来事」が生じた場合，②発病直前の1カ月におおむね160時間を超えるような極度の長時間労働が認められた場合，③心理的負荷が「強」と判断される具体的出来事（例：「重度の病気やケガをした」「退職を強要された」等）が生じた場合である。

　後述のように改正労働施策総合推進法（2020［令和2］年）においてパワーハラスメントが規定されたのに合わせ，③の「強」の出来事に「上司等からパワーハラスメントを受けた」「同僚等から暴行又はひどいいじめ・嫌がらせを受けた」が加えられた。

　なお，「強」と評価されるには，出来事それ自体の評価に加えて，当該出来事の継続性や事後対応の状況，職場環境の変化などの出来事後の状況なども加味した総合評価が必要であるため，内容に関わらず③の出来事が生じただけで「強」となるわけではない。また，単独では「中」とされる出来事であっても，出来事の前後の恒常的長時間労働も考慮されて総合評価では「強」となる場合もある。

　2023（令和5）年の改正では具体的出来事にカスタマーハラスメント（「顧客や取引先，施設利用者等から著しい迷惑行為を受けた」）が追加された。また，医学意見の収集方法を見直し，特に困難なものを除き1名の専門医の意見で決定（困難なものは3名の合議）できるよう変更し，速やかに労災決定ができるようにした。

　労働者が精神障害に関する労災を請求する場合には，この請求とは別に，使用

者（会社等）を相手に安全配慮義務違反による損害賠償請求を求めることがある。安全配慮義務は前述の通り労働契約法第 5 条に規定されている。死亡災害においては賠償額が 1 億円を超えることがある。

2．過重労働に関する労災認定と過労死等防止対策推進法

　厚生労働省は，2022（令和 3）年に過重労働等による脳・心臓疾患の労災認定基準を改正し，「血管病変等を著しく増悪させる業務による脳血管疾患及び虚血性心疾患等の認定基準」を示した。認定要件となる長期間の過重業務は発症前 1 カ月間におおむね 100 時間，または，発症前 2 カ月間ないし 6 カ月間にわたって 1 カ月当たりおおむね 80 時間を超える時間外労働が認められる場合とした。新しい基準では，これ以外にも，拘束時間が長い業務，出張の多い業務を考慮に加え，労働時間と労働時間以外の負荷要因（勤務間インターバルが短い勤務，身体的負荷を伴う業務）を総合評価して労災認定することを明確化した。さらに，「発症前おおむね 1 週間に継続して深夜時間帯に及ぶ時間外労働を行うなど過度の長時間労働が認められる場合」等，短期間の過重業務・異常な出来事も新たに認定基準に追加した。認定基準の対象疾病には「重篤な心不全」を追加した。

　労基法第 32 条では法定労働時間が定められ，時間外・休日労働は禁じられているが，労基法第 36 条に基づく労使協定（36 条に基づくことから 36 協定と呼ぶ）を結び，行政官庁に届けた場合には，協定の定めにより，時間外・休日労働をさせることができる。ただし，後述する働き方改革関連法により，36 協定で定める時間外労働にも上限が定められ，特別条項を結んだ場合でも時間外労働は年 720 時間（職種により一部異なる），複数月平均 80 時間，月 100 時間未満とされた。この改正によって例えば，トラックドライバーは 2024 年 4 月から年 960 時間という上限規制が始まるが，これが深刻な人手不足を招くとされ，「物流の 2024 年問題」として注目されている。

　過重労働対策としては，安衛法 66 条 8 項において長時間労働者に対する医師による面接指導が義務付けられている。週 40 時間を超えた時間外・休日労働が月 80 時間以上を超える労働者に疲労の蓄積が認められ，本人の申し出がある場合，遅滞なく医師による面接指導を行わなければならないとされている。ストレスチェック制度と同様に事業者は医師から就業上の措置に関する意見を聴取し，必要に応じて就業上の措置（労働時間の短縮など）を講じることになっている。

　過重労働による死亡である過労死（過労自殺を含む）に対する対策については，さらに 2014（平成 26）年に「過労死等防止対策推進法」が制定され，過労死等

の防止のための対策を定めている。政府は「過労死等の防止のための対策に関する大綱」を定めなければならないとし，過労死等の防止のための対策として①調査研究等，②啓発，③相談体制の整備等，④民間団体の活動に対する支援を規定している。

■ VII　その他

1．働き方改革関連法

　働き方改革関連法とは，日本全体の労働環境を大きく改善することを目的に2018（平成30）年に制定され，2019（令和元）年から順次施行されている法律の総称である。労働衛生に関連する内容については，前述の時間外労働の上限規制の他，勤務時間インターバル制度（勤務終了後，翌日の出社まで一定以上の間隔を設けることで労働者の生活時間や睡眠時間を確保する制度）の導入促進，年次有給休暇の確実な取得（一部を会社が時季を指定して付与することで有休を取得しやすくする），月60時間超残業に対する割増賃金引き上げ，産業医の権限強化等がある。

2．ハラスメント対策

　ハラスメントにはパワーハラスメント，セクシャルハラスメント，マタニティ（またはパタニティ）・ハラスメントなど50を超える種類があると言われている。共通するのは行為者から行われるハラスメントが被害者の人権や尊厳を損ねる行為であるということである。現行は，それぞれのハラスメント対策は別々の法律で定められている（わかりやすい説明は厚生労働省の「あかるい職場応援団」を参照）。

　パワーハラスメントは，職場において行われる①優越的な関係を背景とした言動であり，②業務上必要かつ相当な範囲を超えたものにより，③労働者の就業環境が害される，①から③までの3つの要素を全て満たすものであり，身体的侵害，精神的侵害，人間関係からの切り離し，過大な要求，過小な要求，個の侵害という6類型に分けられている。

　改正労働施策総合推進法第30条2項では，事業主はパワーハラスメントに関する労働者からの相談に応じ，適切に対応するために必要な体制の整備その他の雇用管理上必要な措置を講じなければならないとした。セクシャルハラスメントは，職場において行われる性的な言動に対するその雇用する労働者の対応により

当該労働者が労働条件について不利益を受けたり，性的な言動により当該労働者の就業環境が害されることと定義され，男女雇用機会均等法第 11 条において相談対応，必要な体制の整備，雇用管理上必要な措置を講じなければならないとしている。マタニティ・ハラスメントは職場の妊娠・出産・育児休業等ハラスメントに含まれる。男女雇用機会均等法第 9 条 3 項では妊娠，出産等を理由とする不利益取扱いの禁止，育児・介護休業法第 10 条等では育児休業・介護休業等を理由とする不利益取扱いの禁止が定められている。2017（平成 27）年からは男女雇用機会均等法第 11 条 2 項では上司・同僚から妊娠・出産等をした女性労働者へのハラスメントがないよう防止措置を講じること，育児・介護休業法第 25 条では育児・介護休業等に関する同様のハラスメント防止措置が義務付けられている。

■ VIII　公認心理師と産業・労働分野

　冒頭に述べたように，産業・労働分野を主たる活動分野とする公認心理師はまだ少ない。しかし，学校や病院においても企業などと同様にストレスチェック制度が導入されたことにより，保健医療分野や教育分野に関わる公認心理師も労働者の心理支援に関わるようになってきている。今後はますます公認心理師が産業・労働分野に関わるチャンスは増えるだろう。

　事業場には産業医，産業看護職，人事などさまざまな職種が活動していて，彼らと連携・協働するためには，最新の法律や行政の動向を理解しておくことが重要である。そのためには，ここに書かれている労働法についての知識を得るだけではなく，労働者の健康にかかわる社会の動向について常に情報を得る努力を続けることが大切である。

◆学習チェック表
- □ 社会状況の変化と労働法の関係について理解した。
- □ 労働契約における労働者・使用者の義務・権利の関係について理解した。
- □ 安全衛生管理体制について理解した。
- □ 心の健康の保持増進に関する主な制度と関連する法律について理解した。
- □ 精神障害や脳・心臓疾患に関する労働災害の認定基準や関連施策について理解した。
- □ 働き方改革関連法，ハラスメント対策に関連する法律について理解した。

より深めるための推薦図書

　　中央労働災害防止協会（2023）労働衛生のしおり（令和 5 年度）．中央労働災害防止協会．

　　今井慎・新井将司・池田優子（2023）これ一冊でぜんぶわかる！　労働基準法．ナツメ社．

　　金井篤子編（2016）産業心理臨床実践．ナカニシヤ書店．

　　川上憲人（2017）基礎からはじめる職場のメンタルヘルス．大修館書店．

　　種市康太郎・小林由佳・高原龍二・島津美由紀（2023）産業心理職のコンピテンシー．川島書店．

　　　文　　　献

縣昌弘・高田加織（2008）労働トラブルで困らない！　働く人・雇う人の速読！　労働契約法．技術評論社．

堀江正知（2013）産業医と労働安全衛生法の歴史．産業医科大学雑誌，35; 1-26.

今井慎・新井将司・池田優子（2023）これ一冊でぜんぶわかる！　労働基準法．ナツメ社．

厚生労働省 あかるい職場応援団：https://www.no-harassment.mhlw.go.jp/

厚生労働省 こころの耳：https://kokoro.mhlw.go.jp/

厚生労働省（2006）心の健康の保持増進のための指針．https://www.mhlw.go.jp/file/06-Seisakujouhou-11300000-Roudoukijunkyokuanzeneiseibu/0000153859.pdf

厚生労働省（2018）心理的な負担の程度を把握するための検査及び面接指導の実施並びに面接指導　結果に基づき事業者が講ずべき措置に関する指針（公示第 3 号）．https://www.mhlw.go.jp/content/11300000/000346613.pdf

厚生労働省（2021）労働安全衛生法に基づくストレスチェック制度実施マニュアル．https://www.mhlw.go.jp/content/000533925.pdf

厚生労働省（2023）知って役立つ労働法．http://www.mhlw.go.jp/stf/seisakunitsuite/bunya/koyou_roudou/roudouzenpan/roudouhou/index.html

日本公認心理師協会（2021）公認心理師の活動状況等に関する調査．https://www.mhlw.go.jp/content/12200000/000798636.pdf

日本産業衛生学会関東産業医部会編（2020）産業医ガイド（第 3 版）．日本医事新報社．

総務省統計局 労働力調査（基本集計）：https://www.stat.go.jp/data/roudou/sokuhou/tsuki/

渡辺章（2007）工場法史が今に問うもの．日本労働研究雑誌，49(5); 101-110.

法律がいのちの輝きをささえるために
——心の健康・障害・多様性・危機をふまえて

元永拓郎

Keywords　発達障害，犯罪被害者等基本法，ICF，自己決定権，依存，自殺対策基本法，子ども・若者育成支援推進法，オタワ憲章，災害対策基本法，生活困窮者自立支援制度

▌I　「心の健康の保持増進」再考

　世界保健機関（WHO）のオタワ憲章（1986 年）によると，健康増進（ヘルスプロモーション）とは，「人々が自らの健康をコントロールし，改善できるようにするプロセスである」と定義されている。すなわち専門家が要支援者の健康増進をもたらすのではなく，要支援者自らの力で健康増進が図られるその主体性が発揮できるような政治，文化，環境等も含めた広い分野での活動や関心の調整が必要とされている。また憲章の中で，「健康は生きる目的ではなくて毎日の生活のための資源であること，単なる肉体的な能力以上の積極的概念であること」と述べられている（島内ら，2013）。

　このオタワ憲章は，公認心理師法の目的である「国民の健康の保持増進」という条文について考える上でも示唆的である。公認心理師は，要支援者の心の健康の保持増進を目標として活動するのみではなく，心の健康の保持増進に自ら主体的に取り組んでいけるように支援することが重要である。そして，心の健康を資源として，人々がよりよく生きていくことを，深い意味でささえ，生きることの輝きを見出すことに寄りそうことが，肝要であろう。

　そもそも 1948 年の WHO 設立時の WHO 憲章前文の健康概念自体が，「肉体的にも，精神的にも，社会的にも，すべてが満たされた状態にあること」となっており，健康とは狭い意味での心身状態に限定されず，社会的活動の充実も含んだ広義の概念であることは明らかである。しかし社会的活動の充実やよりよく生きるといった考え方は，客観的な指標とはなりにくいため，2000 年の「健康日本 21」や 2002 年の健康増進法などでは，具体的な健康指標が数値目標として重視

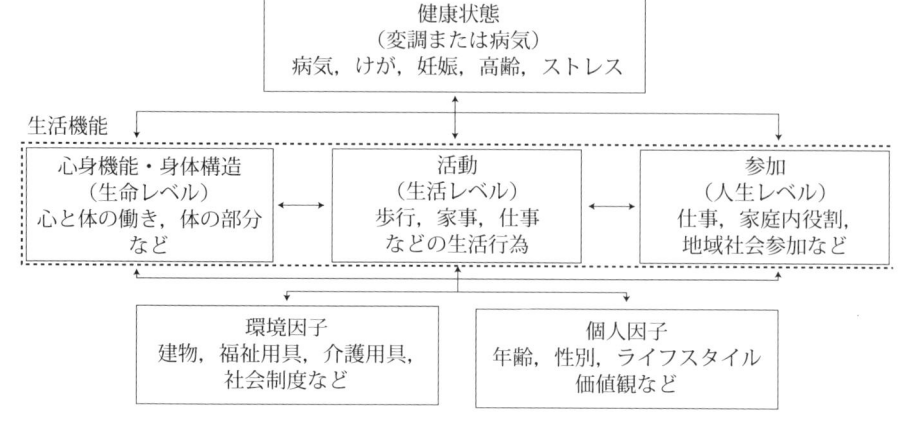

図1　国際生活機能分類（ICF, WHO［2001］から作成）

されることとなった。その結果として，ヘルスプロモーション（健康増進）の考え方自体が，狭義の心身状態の改善に焦点が当てられる傾向にあるのではないかと危惧している。

　本巻は関係行政論ということで，心の健康に関連する法律や制度を論じているが，それらの歴史を追いながら，基盤にある理念に存在する心の健康の本来的な意味について見出す作業も重要な使命と考える。健康およびヘルスプロモーション（健康増進）の持つ狭義と広義の意味を読み取りながら，公認心理師法の目的に掲げられている「心の健康の保持増進」の本来の意味，すなわちそれは深い意味でよく生きるということであるが，それをまた深い意味でささえる営みについて，公認心理師は考え続けることが重要であろう。そしてその営みこそが，公認心理師が資質向上の責務として自らに課したテーマでもあるのではないだろうか。

■　II　障害概念をめぐって

　第8章でもふれたが，世界保健機関（WHO）による国際障害分類（ICIDH）は，障害を，機能障害（impairment），能力障害（disability），社会的不利（handicap）の3次元に分けて整理した（WHO, 1980）。その後，健康状態や環境因子，個人因子などに影響を受ける障害の特徴を含め，2001年に国際生活機能分類（ICF；International Classification of Functioning, Disability & Health）をWHOは発表した。ICFは，生活機能とその障害をICIDHと同じく3つの次元で捉える。図1にあるように，生活機能を，心身機能・身体構造（body functioning & structure）の

レベル，活動（activity）のレベル，参加（participation）のレベルで捉え，これが健康状態や環境因子・個人因子と相互に影響を及ぼしあうとしている。ICIDHは障害を固定的なものととらえる傾向にあり医学モデルに近かったが，ICF は人間と環境との相互作用に視点をおいており，社会モデルによる障害観とされている（河野，　2017）。

　障害を個人が背負っているもので「その障害の有無・程度は医学的に判定され得るという従来の障害観（個人モデル）」（河野，2017）か，社会的障壁によって参加が妨げられている部分に着目し，その除去は障害者の権利の正当性を意味すると考えるか（社会モデル）は，大きな障害観の違いである。2006 年に国連において採択された障害者の権利に関する条約は，前文において，「障害が発展する概念であることを認め，また，障害が，機能障害を有する者とこれらの者に対する態度及び環境による障壁との間の相互作用であって，これらの者が他の者との平等を基礎として社会に完全かつ効果的に参加することを妨げるものによって生ずることを認め」とし，障害が社会的障壁によって生じる流動的なものであることに注目し，社会モデルに基づく捉え方を全面的に採用している。

　障害者の権利に関する条約の批准にむけて 2011 年に改正された障害者基本法では，第 2 条の障害者の定義において，「……障害及び社会的障壁により継続的に日常生活又は社会生活に相当な制限を受ける状態にあるもの」となっており，社会モデルの考え方が反映されることとなった。しかしながら，障害を持った人（障害者）が社会的障壁によって制限を受けていることには言及しているが，障害そのものがもつ流動的側面には直接にはふれていない。

　障害者雇用促進法においては，第 2 条において「……長期にわたり，職業生活に相当の制限を受け，又は職業生活を営むことが著しく困難な者をいう」となり，社会的障壁への言及はあいまいとなっている。また障害者総合支援法においては，第 1 条には障壁になるものの除去について言及は存在する。一方で，第 4 条における障害者の定義は，「身体障害者福祉法第 4 条に規定する身体障害者」「知的障害者福祉法にいう知的障害者のうち 18 歳以上である者」「精神保健福祉法第 5 条に規定する精神障害者（発達障害者支援法に規定する発達障害者を含み，知的障害者を除く）」等となっており，社会的障壁による制限といった記載よりも，操作的な医学モデル（すなわち「個人モデル」）による定義に近くなっている点に注目したい。

　このように，国際条約が示されその批准のための国内法の整備が行われる過程において，障害の捉え方が，医学モデルから社会モデルに転換するという大きな

変更が，近年行われた。一方で，雇用促進や障害福祉サービスの提供に関する法律においては，その障害観の変更がややあいまいではと感じられるところがある。もっとも法律の趣旨として，「障害者の範囲」の限定が運用上必要といった現実的な要請もあるのかもしれないが，「障害」の定義という根幹的な概念に関することだけに，注視し続けたいところである。

　障害者の権利に関する条約に関して，国連の障害者権利委員会が日本に対して審査を行い，総括所見（勧告）を 2022 年に公表した。そこでは，優生思想や能力主義をなくすこと，障害女性の複合的な差別をなくすこと，障害のある人への否定的な固定観念や偏見，好ましくない慣行をなくすための国家的な対応，精神障害のある人に関する強制入院制度や強制治療の廃止，などが示されている。

　公認心理師含め心理専門職は，障害をどちらかというと個人の資質や能力としてアセスメントしがちであり，心理検査の実施等で固定的な能力として捉える立場に立たされやすい。もちろんこのような医学モデルないしは個人モデルで障害をとらえることも重要なのではあるが，本人の持つ健康な面に着目しその力が発揮できるように寄り添い，その健康面が有益な形で発揮できるような社会環境整備にも，心理専門職としての視野を広げておきたい。

　この考え方は，社会モデルを重視したものであり，ICF の理念と合致する。特に医療分野において，医学的診断は当然医学モデルの影響を色濃く受けるが，その医学モデルに基づく治療について熟知しそのチーム医療の一端を担いつつも，一方で社会モデルに基づいた本人中心の支援を展開することが，公認心理師の重要な役割であろう。

　また，社会的障壁に関連して，本人の内界に取り込まれてしまった「内的障壁」といったものも存在する。自分自身の障害に対する偏見やより弱い者への攻撃性，自尊心や自己効力感の低下などである。これらは社会的障壁とは異なるものであるが，その形成過程において，社会的な偏見や価値観が個人内に取り込まれた面も考えられる。公認心理師が本人の自己決定を尊重しながら支援する過程において，このような「内的障壁」について充分に寄り添い，ともにみつめ直すことが求められる局面もあろう。

■ III　発達障害概念と法律

　障害者と法律との関係において，1993（平成 5）年の障害者基本法による障害種別に関係ない施策の推進，措置から障害福祉サービスの契約という考え方への

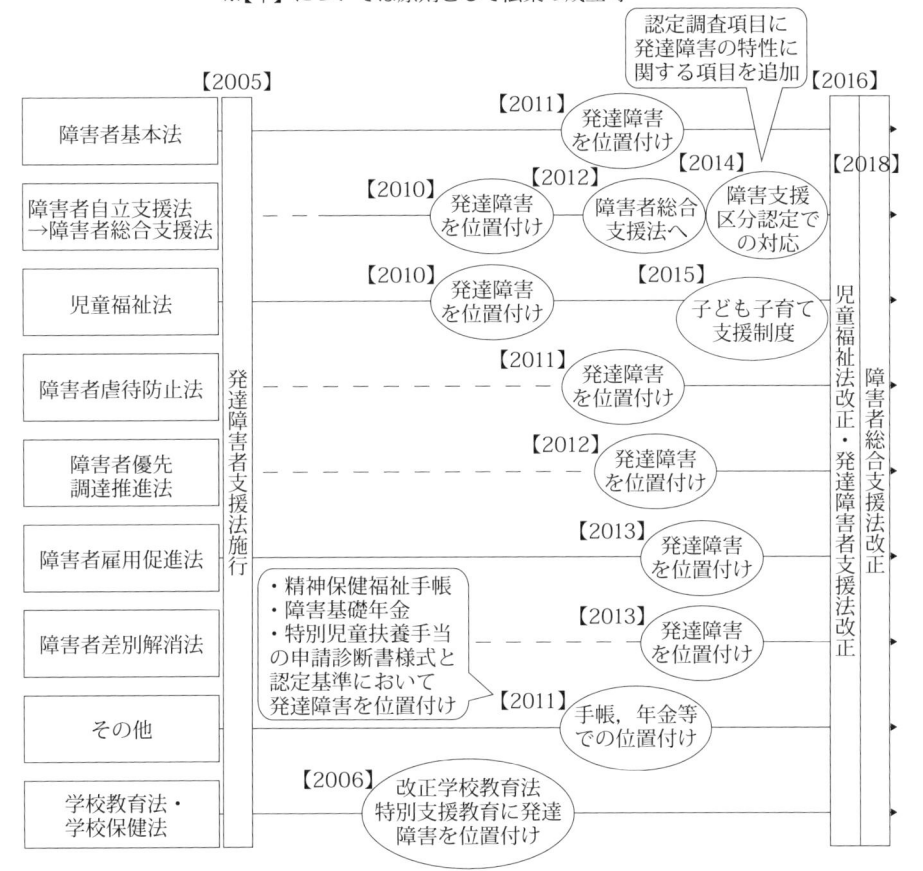

図2　関連する各種法制度における発達障害の位置づけ（厚生労働省資料を一部改変）

移行，そして障害者の権利に関する条約（2006 年）の批准のための国内法の整備（障害者差別解消法の 2013 年成立）という大きな流れの中で，もうひとつ重要な概念の導入に着目したい。それは発達障害概念についてである。

　発達障害概念は，2004（平成 16）年成立の発達障害者支援法第 2 条において，「自閉症，アスペルガー症候群その他の広汎性発達障害，学習障害，注意欠陥多動性障害その他これに類する脳機能の障害であってその症状が通常低年齢において発現するもの」と定義された。しかしながら，社会的障壁に関する議論が熟して

いない段階での定義であったためか，医学モデル的な性格が色濃く出ている定義であることに留意したい。発達障害をどうとらえるかは心理専門職にとっても実践上の大きな課題であるが，その定義おける社会的障壁の影響について，充分な検討が必要であろう。

　この法律の成立後，図2に示すように，2010年に児童福祉法及び障害者自立支援法（後に障害者総合支援法）において発達障害が位置づけられ，2011年には障害者基本法および障害者虐待防止法，2013年には障害者差別解消法にて位置づけられるなど，福祉分野の諸施策に発達障害支援が次々と組み込まれた。教育分野では，2006年の学校教育法改正（施行は2007年）で言及されることとなった（厚生労働省資料［一部変更］）。

　発達障害概念の登場により，発達特性のアセスメントを丁寧に行い，それを支援現場で共有することにより，保健医療・福祉分野はもちろん，教育，司法・犯罪，産業・労働の各分野において，本人のニーズにそった支援の質が向上しているのではないだろうか。発達特性のアセスメントや支援方法に関する公認心理師の役割はますます高まるものと考えられる。いずれにせよ，発達障害概念の「発達」，環境要因や個人要因との相互作用（ICFにある通り），そして切れ目のない支援の中での本人の持つ健康面の成長を，しっかりと保証する社会制度上の枠組みが整備されつつある。公認心理師は，本人の持つ発達していこうとする力を信じ，待ち，見い出し，保護者や関係者と語り合う，そして本人と分かち合う存在でありたい。

　一方で繰り返しになるが，法律上で定義された発達障害概念がやや医学モデルよりであることに留意し，発達特性が，環境因子や個人因子の影響を大きく受けることを熟知した上で，発達特性に合った支援を行うと同時に，保護者への支援や環境整備等への働きかけを大切にすることが，公認心理師の役割として求められていることを強調したい。

■IV　出生前後からの切れ目ない支援

　発達特性について踏みとどまって考えるならば，いのちの誕生，また誕生前，そして誕生後にわたって，切れ目ないかつ総合的な発達支援を行うことが重要となる。本来，いのちはその時いのちが求めている方向に力強く発達する存在であるだろうから，いのちの自らの発達を慈しみ尊重するための環境作りとしての支援が，公認心理師には求められる。

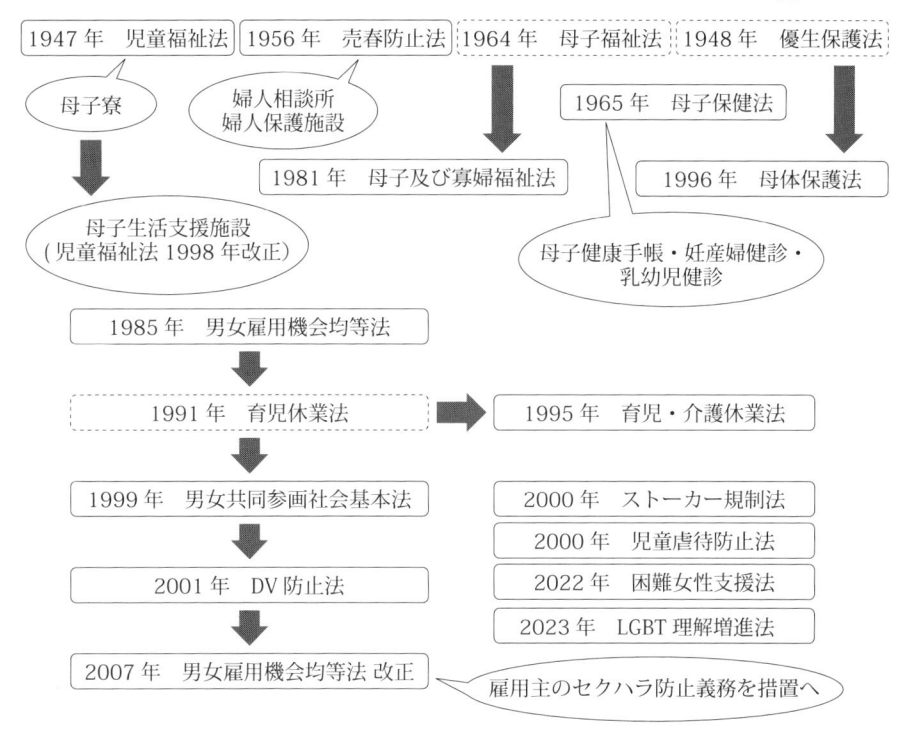

図L　女性福祉

　すでに図E（第3章参照）でみたように，このような支援の整備は戦後の児童福祉法制定により本格的に始まったのであるが，図L（女性福祉等）に示すように，優生保護法（1996［平成8］年改正で母体保護法と名称変更），売春防止法なども関連しよう。そして1964（昭和39）年の母子福祉法（1981［昭和56］年に母子及び寡婦福祉法に改正）に続き，1965（昭和40）年の母子保健法により，母子健康手帳や妊産婦検診，乳幼児健診の施策が整備されるにいたった。

　その後は，女性の社会参加に関連する立法が続くことになるが，1985（昭和60）年の男女雇用機会均等法，1992（平成4）年の育児休業法（1995［平成7］年に育児・介護休業法に改正），1999（平成11）年の男女共同参画社会基本法が重要な法律であり，女性の社会参加への法的な整備が進んでいる。

　このような子育て環境，女性の社会参加に関する法的整備に加え，生殖補助医療の技術進歩も大きな影響をもたらしている。生殖補助医療には，人工授精や体外受精，精子バンク等から夫以外のドナーからの精液で人工授精をめざす非配偶者間人工授精（Donor Insemination: DI）などがある。また夫の精子を依頼した女

性（代理母）の子宮に注入し妊娠後出産した子どもを依頼した夫婦が受け取り育てる「人工授精型代理出産」や，依頼夫婦の精子と卵子を体外受精させ，それを代理母の子宮に着床させる「体外受精型代理出産」が技術的に可能となっているが，「代理出産」に関しては倫理的な課題もあり日本では原則禁止とされ法的整備が待たれる状況である（日本学術会議，2008）。

このような状況の中，妊娠時から出産，産褥期，その後の子育て期間にわたって，切れ目ない総合的な支援を行うための環境整備が進んでいる。第7章でふれた通り，2014（平成26）年策定の「すこやか親子21（第2次）」により，「切れ目ない妊産婦・乳幼児への支援」等の課題が挙げられる中，2016（平成28）年の母子保健法・児童福祉法改正により，子育て世代包括支援センターの市町村設置が努力義務となった。そして2022（令和4）年の児童福祉法改正によって，こども家庭センターが市町村に設置されることになっている。心理面でのアセスメント，そして発達支援に関する公認心理師の活躍が期待される実践現場である。

なお近年の動向では，2022（令和4）年に，困難な問題を抱える女性への支援に関する法律（困難女性支援法）が成立した（施行は，2024（令和6）年）。この法律は，性的な被害，家庭の状況，地域社会との関係性その他のさまざまな事情により，日常生活または社会生活を円滑に営む上で困難な問題を抱える女性（そのおそれのある女性を含む）を困難な問題を抱える女性と定義し，国や地方公共団体に，困難な問題を抱える女性への支援に必要な施策を講じる責務を明記している。女性相談支援センター（旧「婦人相談所」），女性相談支援員（旧「婦人相談員」），女性自立支援施設（旧「婦人保護施設」）を定め，女性の福祉，人権の尊重や擁護，男女平等の理念を明確にしている。これまでの売春防止法の枠を超えた幅広い支援を行うことを目指している。

■ V　若者支援

従来若者の支援は，教育分野，産業・労働分野，司法・犯罪分野，保健医療分野等での支援が中心であったが，近年どの分野でも支援が届かない層が出現している。いわゆる「ひきこもり」層への対応である。また子どもの貧困が連鎖し学力や健康上の支援が充分に届かない事態も生まれている。これらの課題に対応するために，2009（平成21）年に子ども・若者育成支援推進法，2013（平成25）年には子どもの貧困対策推進法が制定された。

子ども・若者育成支援推進法は第11章において言及したが，縦割りでない総

合的な育成支援施策の推進を目指し，2016（平成 28）年には，新しい子ども・若者育成支援推進大綱を国が定めた。また都道府県や市町村による「子ども・若者計画」策定を努力目標とした。

　若者支援は，法律の整備に前後して，さまざまな施策が展開されている状況にある。たとえば，若年無業者等の就労を支援するものとして，地域若者サポートステーション事業がある（全国約 17 カ所；厚生労働省委託事業，2006 年開始）。また，ひきこもりに特化した相談窓口として，ひきこもり地域支援センターの設置（2009 年開始），そして訪問支援等を行うひきこもりサポーターの育成・支援事業（アウトリーチ活動，2013 年開始）があり，どちらも厚生労働省のひきこもり対策推進事業で，都道府県・市町村が実施主体となっている。なおこの事業は，2018 年からは生活困窮者自立支援制度（生活困窮者自立支援法）での訪問支援等の取り組みと連動させ，支援を充実させる方向となっている。

　それ以外にも，子ども・子育て支援法，少子化社会対策大綱，放課後子ども総合プラン，チーム学校，教育機会確保法，青少年インターネット環境整備法，法務少年支援センター，少年サポートセンターなども関係する。そのように多様な施策が展開される若者支援において，それらをワンストップで連携し活用するという趣旨で，子ども・若者総合相談センターの設置が，子ども・若者育成支援推進法で進められることとなった。

　2022 年には，こども基本法が成立し，2023 年にはこども家庭庁が設置された。なお，こども基本法の対象は，18 歳とか 20 歳とか年齢で区切ることなく，必要な支援が行われるよう，心と身体の発達の過程にある人を「こども」としている。こども基本法に基づき，「こども施策に関する大綱（こども大綱）」が定められる。こども大綱は，これまであった「少子化社会対策大綱」「子ども・若者育成支援推進大綱」「子どもの貧困対策に関する大綱」が一元化され，総合的に「こども施策」が推進されることになる。

■ VI　貧困対策

　図 B（第 3 章参照）にみるように，国民皆保険制度と生活保護制度を中心にして，貧困に対する施策は展開されていた。生活保護法は 1950（昭和 25）年に制定された。第 1 条（目的）に，「日本国憲法第 25 条に規定する理念に基き，国が生活に困窮するすべての国民に対し，その困窮の程度に応じ，必要な保護を行い，その最低限度の生活を保障するとともに，その自立を助長することを目的とする」

と記されている。厚生労働大臣が定める基準で計算される最低生活費と収入を比較して，収入が最低生活費に満たない場合に，最低生活費から収入を差し引いた差額が保護費として支給される。近年生活保護受給世帯数は増加傾向で，約 164 万世帯（2019 年 2 月）となっている。単身高齢者の受給世帯が増えているためということである。生活保護の相談・申請窓口は福祉事務所となる。

　1974（昭和 49）年に雇用保険法が整備され，失業者に対する給付や職業訓練などに対する給付などが行われることとなった。また，2002（平成 14）年には，ホームレス自立支援特別措置法（ホームレス自立支援法）が成立した。いわゆる「ホームレス」は，一定の居住地を持たず，生活保護層とは異なった支援が必要となる。ホームレスに対する就労支援，社会福祉サービス，保健医療サービス，住居提供サービスなど，さまざまな支援が行われる必要があるが（佐藤，2009），いわゆるネットカフェ利用など潜在的な若年ホームレスの存在や，高齢化による問題の複雑化など，課題は大きい。若年者に関して，在宅でのひきこもり者は，親に経済的に生活を依存できている間は事例化しないが，親の高齢化や死亡によって援助が途切れると，すぐに貧困への対応が求められる。

　そのような場合も含め，急激な環境変化で貧困に陥る状況への緊急の支援を行うための生活困窮者自立支援制度が，2013（平成 25）年成立の生活困窮者自立支援法によって整備された（施行 2015 年）。この制度は，「経済的に困窮し，最低限度の生活を維持することができなくなるおそれのある者（第 2 条）」に対して，地域の窓口で支援員が個別の支援プランを作成し，住宅確保給付金，就労準備支援，就労訓練，子どもへの学習支援などの種々の支援を，本人の自己決定を大切にし，個人の尊厳を尊重しながら行い，本人の経済的自立のみならず日常生活自立や社会生活自立など，本人の状態に応じた自立を支援するものである。

　心理的不調は，離職や失業とつながることもあり，貧困によって自尊心の低下が起き，それが心理的不調を進めることになったり，社会的な孤立が深刻化することもある。また家庭での余裕のなさから子どもへの虐待が誘発されたり，教育環境の不安定化などが生じ，子どもの心理的不調が誘発されたり，結果として子どもも成人後貧困の状態に陥るといったいわゆる貧困の連鎖が生じることもある。社会制度としての貧困対策と協働しながら，心理的支援が求められることも多いと考えられる。

　なお子どもの貧困に対しては，2013（平成 25）年に子どもの貧困対策推進法が成立し，国は「子どもの貧困対策に関する大綱」を定めた。この大綱では，教育費負担の軽減や学習支援等（教育の支援）や子どもの居場所づくり等（生活の

支援），生活困窮者への支援等（保護者の就労に対する支援）が定められている。またスクールソーシャルワーカーやスクールカウンセラーの学校への配置率への言及もあり，この配置率を高めることが施策の重要な評価指標となっている点に着目したい（元永, 2016b）。先に述べたように，「子どもの貧困対策に関する大綱」は，「こども大綱」に一元化される。

■ VII　多様性をめぐって

性的違和・性的役割については，「性同一性障害の性別の取扱いの特例に関する法律「（性同一性障害特例法）が 2003（平成 15）年に成立した。この法律は，家庭裁判所が，性同一性障害者の請求により，性別の取り扱いの変更の審判をすることができる，としており，民法上性別を変更できることとなった。この法律は，日本精神神経学会のガイドライン『性同一性障害に関する診断と治療のガイドライン（第 4 版)』（最新改訂 2018 年）に基づき，性同一障害の診断と治療が行われており，性別適合手術も医学的かつ法的に適正な治療として実施されていることを背景としている。

文部科学省では，2015（平成 27）年に「性同一性障害に係る児童生徒に対するきめ細かな対応の実施等について」という通知を出し，学校における配慮や支援体制の整備を進めてきた。その内容は，文部科学省（2016）の「性同一性障害や性的指向・性自認に係る，児童生徒に対するきめ細かな対応等の実施について（教職員向け）」にわかりやすく説明されている。

なお性の多様性と関連して，渋谷区では「男女平等及び多様性を尊重する社会を推進する条例」を 2015（平成 27）年に定め，性が同じである 2 人のパートナーシップ証明書を発行し，性的少数者の権利の尊重を進める施策を行っている。同様の制度は，2020 年 4 月現在 270 カ所を超える自治体で実施との報告もある。2023 年には，「性的指向及びジェンダーアイデンティティの多様性に関する国民の理解の増進に関する法律」（LGBT 理解増進法）が成立し，「その性的指向又はジェンダーアイデンティティにかかわらず，等しく基本的人権を享有するかけがえのない個人として尊重されるものであるとの理念にのっとり，性的指向及びジェンダーアイデンティティを理由とする不当な差別はあってはならないものであるとの認識の下に，相互に人格と個性を尊重し合いながら共生する社会の実現」（第 1 条）を目的としている。

多様性に関する法律では，異文化との関連で，出入国管理及び難民認定法（1951

［昭和26］年成立）がある。入国および出国に関する管理と，難民の地位に関する条約（難民条約）の適用を受けた難民への対応を規定している。ちなみに2018（平成30）年の法務省の報告によると，難民認定者は42名で，日本では難民認定がされにくい状況が続いている。

■ VIII　死と自己決定権

　自分の死期を自分の納得のいくように迎えるために，終末期医療に対する自らの意思を表明するための文書（リビング・ウィル）を残すという方法がある。これは法律では位置づけられていない。一方，脳死判定を受け脳死と判定された場合において臓器移植の意思表示を行うことができる（臓器移植法［1997（平成9）年成立］）。臓器移植法は2010（平成22）年に改正され，本人の意思が不明な場合でも，家族の承諾により脳死による臓器移植が可能となった。また15歳未満の子どもからの臓器移植も，家族の承諾のみで脳死判定後に可能となった。

　死期が近づいてきた時に，自らの死をどのように受け止めていくかは，大きな問題である。もちろん家族や医療スタッフに語りたいこともあろう。中には，そのような関係者ではなく，まったく中立で利害関係も発生しない立場の人に，たとえばカウンセラーはそのような存在でもあるだろうが，語りたいと思う人もいるであろう。延命治療についてどうしたいのか，自分の人生はどういうものだったのか，やり残したと考えていることや，残していく家族に対して思っていることなど，限られた時間の中で自らの心の中をじっくりみつめていきたいと渇望する人もいるであろう。実は死を迎えるにあたっての医療のあり方について，法律的な取り決めはあまりない。安楽死もどこまで認められるか法的にはあいまいな部分もある（恩田，2005）。あいまいさの中で何もできないことに心理専門職も耐えながら，支援を行わなければならない局面もある。このような時に，「心の健康の保持増進」という言葉だけではとらえられない，公認心理師の重要な使命が存在するのではないかと思う。

■ IX　自己決定権について

　自己決定権という言葉は，今を生きる私たちにとって重要なキーワードである。そして，私たち心理職は，生き方を自ら窮屈なものにしてしまっていたり，自分自身にとって大切な価値を見失ってしまう生活になってしまう人々とも出会う。

　彼らとの語り合いの中で，本当の意味での自己決定とはどういうことなのかがテーマとなることも多いであろう。「真の意味での自己決定とは？」「自らのいのちを輝かせる自らの選択とは？」という問いに対して，臨床実践を行う私たちは多くのことを考えるであろう。

　一方で，まったく制限のない自由に選択できる状況に思えても，さまざまな法律や制度という大きな枠組みの中で，私たちは自らの人生を生きていることは，この巻で繰り返し強調してきたことである。「関係行政論」という学び（科目）が，心理職に問いかけている重要なテーマは，法律や制度という大きな枠組みが，クライエントの生き方や感じ方，そして悩みにどのような影響を及ぼしているか，俯瞰しそして深く考えていこうという点にもあろう。また，クライエントが自らの生を生きるために選択するために，法律や制度という大きな枠組みが，どのように影響してくるのか，それを深く感じ考えるためにも，この巻の学びは重要となる。そして，カウンセラーがクライエントとよい関係を作っていく上においても，二者関係の構築に及ぼす法律や制度の影響を考察することは意義深いことであろう。

　これらのことを前提としながら，ここで，自己決定権についてその本質について考えるためのあるテーマを提示したい。それは，法律や制度によって，自己決定権が制限されるという国や社会の行いについてである。といっても特殊なことではない。未成年者（20歳未満）は，民法やその他さまざまな法律や制度によって，自己決定権が制限される。そして親権によって「適切な」保護がなされることとなる。この具体的内容については第7章（児童福祉）や第13章（家事）おいても取り上げた。このような判断が不充分な人に対して，健康や生命を守るためことが必要と考え，本人の自己決定を制限し保護することを，パターナリズム（父権主義）という（熊倉, 2009）。このパターナリズムの考え方によって，代理判断が導かれる。

　精神障害者の治療に関する非自発的入院（第5章），犯罪者の処遇や責任無能力者への対応（第12章），成年後見（第13章）などは，まさにパターナリズムと代理判断に関することでもある。そして心理職は心理査定などでアセスメントに関与することになる。

　関与する職種であるからなおさらであるが，このようなテーマに関して，法律や制度は，パターナリズムの対象となる人の人権や自己決定権をどのように保障するかについて，さまざまな努力を行っていることを充分に理解する必要がある。児童（未成年者）においては，児童憲章や児童の権利条約，児童福祉法の改正の

流れがある（第3章 図E参照）。精神障害者においては，精神保健福祉法や心神喪失者等医療観察法（第3章 図C参照），そして障害者基本法，障害者総合支援法，障害者権利条約の流れ（第3章 図F参照）を把握したい。犯罪者については，刑法や更生保護法など（第3章 図Ⅰ参照），そして成年後見については高齢者においては図G（第3章 図G参照）がある。これらは自己決定権の制限と代理判断，そして人権の保障の大きな営みとして概観することができる。

　これらの法律や制度の流れをみると，パターナリズムかそうでないかという二者択一の考え方から，本人の自己決定権を限りなく尊重するという流れになっていることがわかる。その流れにおいて，インフォームド・コンセントが重視されていることも明らかであろう。そして人が自己決定する力を有していることを前提に，その自己決定する主体性が発揮できるように支援することの重要性が強調されるようになった。熊倉（2009）も指摘するように，その考え方を健康サービスの分野で打ち出したのが，前述のオタワ憲章（1986年）である。心理専門職にとって基本理念と言ってもよい「本人の主体性に徹底して寄りそう」という考え方が，健康増進（ヘルスプロモーション）の理念と合致していることが興味深い。図D（第3章参照）に示す健康増進に関する法律や制度の営みは，まさに自らの健康を主体的に得ている力が発揮できるように支援する姿勢の重視の歴史である。付け加えるならば，主体性を重視する理念がありながら，いつでも支援する・されるの関係に陥りやすい実践現場の実情の中での取り組みの歴史とも言える。

■ Ⅹ　自己決定と依存

　「支援する・されるの関係」について，法律や制度との関連でもうひとつ課題を示したい。それは自己決定と依存との関係である。そもそも自己決定権という概念は，人が独立した存在であり冷静に総合的に自らの判断を表明し，行動への責任も取ることができる，という考え方に基づいているが，そのような人間は果たして存在するのだろうか。私たちは，家族や周囲の密にかかわり合っている関係者，また時には過去の大切な人々，自分の心に残る恩人，いまお世話になっている人など，多くの対人関係の中でバランスをとりながら自らの選択をするであろう。

　それらの多くの関係を客観的に眺め，自らにとって大切な価値を見出し，自らを大切にする行動が選択できればよいが，時に特定の価値観が極端に優先されたり，特定の人間関係にしばられてしまうこともある。何らかの依存関係が生じる

事態である。そのような依存関係が発生している状況における自己決定は，本当に自らの自己決定と言えるのであろうか。私たち心理職にとって，それは支援する相手にとっての問いであると同時に，いま行っている支援そのものが依存関係を生じさせていないかという自らの問いにもなる。法律の考え方で述べるならば，依存関係を考察する上で，契約という視点は重要である。また，社会制度を俯瞰しチームで支援するという立場を再確認することも有益であろう。

　依存について法律との関係をみるならば，アルコール健康障害対策基本法や麻薬及び向精神薬取締法を挙げることができる。近年課題となっている IT については，青少年インターネット環境整備法（2008［平成 20］年成立）が関係しよう。また 2018（平成 30）年に成立したギャンブル依存症対策基本法も重要である。このあたりは，社会制度の変化（IT の進歩やカジノの解禁など）によって，人の有する依存性が刺激され問題が発生するということを考えると，発生した状態への対応（治療）に力を注ぐと同時に，社会全体での包括的な予防的対策の充実が求められている。その意味でも，公認心理師は，問題が起こった後の対応（事後対応；postvention）とともに，問題が起こる前の対応（事前対応；prevention）にも，社会から期待されていることは把握しておきたい。公認心理師法第 2 条第 4 項の「心の健康に関する知識の普及」には，そのような社会ニーズへの対応が求められていると考えるべきであろう。近未来の予測としては，AI（人工知能；artificial intelligence）への依存といった問題にも，私たち社会は取り組む必要が出てくるのかもしれない。

XI　自殺をめぐって

　警察庁の統計によると，日本の自殺者数は 1998 年に年間 3 万人を超え（2012年に 3 万人を切る），自殺対策は喫緊の課題となった。まず健康増進の対策として，「健康日本 21」（2000 年）において，自殺者の減少が数値目標として示された。また 2002 年には「自殺予防にむけての提言」，翌 2003 年には自治体関係者を対象にした「うつ対策推進方策マニュアル」が示された。しかし関係省庁が一体的に施策を推進する体制には至らなかった。そのような状況において，2006（平成 18）年，自殺対策基本法が成立した。自殺対策基本法の基本理念は，「自殺を単に個人の問題として片づけず，社会的に取り組むべき課題として位置づける」「精神保健的問題のみならず，自殺の背景にある多様かつ複雑な要因にも着目する」など，個人の責任に帰す「個人モデル」やうつ病に着目する「医学モデ

ル」から，社会の複雑な要因にもまなざしを向ける「社会モデル」への転換がある。

　この法律により，2007年には自殺総合対策大綱を国が定めた。この大綱では，「国民一人ひとりの気づきと見守りを促す」「早期対応の中心的役割を果たす人材を育成する」「心の健康づくりを進める」「適切な精神科医療を受けられるようにする」「社会的な取組みで自殺を防ぐ」などの重点施策が示されている。2012年には大綱は改定され，「生活困窮，児童虐待，性被害暴力，ひきこもり，性的マイノリティ等」の分野のネットワークとの連携体制を整備し，「包括的な生きる支援」を行うとしている（元永, 2017）。児童虐待防止法（2000［平成12］年成立），性同一性障害特例法（2003［平成15］年成立），犯罪被害者等基本法（2004［平成16］年成立），子ども・若者育成支援推進法（2009［平成21］年成立），生活困窮者自立支援法（2013［平成25］年成立），過労死等防止対策推進法（2014［平成26］年成立）などの法律が密接に関係することとなる。

　自殺対策基本法は，2016（平成28）年に改正され，都道府県や市町村の責務を明確にし，それぞれに自殺対策計画を策定することを義務付けている。また，職域，学校，地域等において，心の健康の保持に係る教育および啓発の推進並びに相談体制の整備を行うこととしている。2019（平成31）年には，新しい自殺総合対策大綱が定められ，地域レベルの実践的な取組の更なる推進が示されている。多分野で働く公認心理師ならではの活動が期待されるところである。

XII　災害等をめぐって

　日本における自然災害に対する基本的考え方は，災害対策基本法（災対法，1961［昭和36］年成立）に記され，想定外の災害の発生にあわせ改正を何度も繰り返してきた。この法律は，「防災計画の策定」「災害予防」「災害応急対策」「災害復旧」など，災害対策に必要とされる基本的事項を定めているが，特に国レベルで策定する防災基本計画は重要である。防災には，災害予防，災害応急対策，災害復旧・復興の3段階があるが，防災基本計画はその段階に沿って基本的な事柄を定めている。災害派遣精神医療チーム（DPAT）が防災基本計画に言及されていることは，第6章ですでにふれた。

　この防災基本計画にそって，文部科学省は防災業務計画を策定しているが，その中で，児童生徒等および教職員の健康管理の項目で，「災害後，外傷性ストレス障害等児童生徒等や教職員の心身の健康状態を把握するとともに，心身の健康

が保てるよう，関係機関に対し，指導及び助言を行う」とし，「心の健康相談活動支援体制の整備に関し，関係機関に対し，指導及び助言等の措置を行う」としている（元永，　2016a）。なお，文部科学省が定める「スクールカウンセラー等活用事業実施要領」では，「（3）災害時緊急スクールカウンセラー活用事業」として，被災した児童生徒等の心のケア，教職員・保護者等への助言・援助等を行うため，スクールカウンセラー等を学校等に緊急配置する，とされている点に注目したい。2024（令和6）年1月に発生した令和6年能登半島地震においても，スクールカウンセラーの緊急配置が行われている。

　災害対策基本法のほか，災害救助法（1947［昭和22］年）や被災者生活再建支援法（1998［平成10］年）などの法律もある。災害救助法は，国や地方公共団体，日本赤十字社（日本赤十字社法），その他の団体等による災害救助や被災者の保護，秩序の保全等が定められている。また10世帯以上の住宅全壊被害といった基準に応じて，被災者生活再建支援法の適用により，長期間住宅に居住できない世帯等への被災者生活再建支援金が支給されることもある。これらのいわゆるハード面での支援に加えて，国レベルで心理的支援をどのように行うか，充分な準備が求められよう。

　災害とは異なるが，戦争または戦闘が発生した場合に国民の生命や財産を守る法律として，国民保護法（2004［平成16］年成立）がある。この法律は「武力攻撃から国民の生命，身体及び財産を保護し，並びに武力攻撃の国民生活及び国民経済に及ぼす影響が最少となるよう」（第1条），国や地方公共団体等の責務，国民の協力，国民の避難等について定めている（元永，2016a）。この法律と関連する国際条約として，ジュネーブ条約（1949［昭和24］年締結，日本は1953年に加入）がある。戦争はもちろん絶対に避けなければならない事態であるが，自然災害と同じく，もしもの時の基礎的知識としてふれておきたい。

　新型コロナウイルス感染症が社会に大きな影響を及ぼし，公認心理師の活動にもさまざまな課題を投げかけている。この感染症に対応する法律は，1998（平成10）年に成立した「感染症の予防及び感染症の患者に対する医療に関する法律」（感染症法）である。この法律は，新型インフルエンザウイルスの発生を受けて2008（平成20）年に改正され迅速な社会的対応がなされる仕組みが整備された。新型コロナウイルスは，2020（令和2）年に出された政令によって，指定伝染病と位置付けられた。

　この法律の第1条には，「この法律は，感染症の予防及び感染症の患者に対する医療に関し必要な措置を定めることにより，感染症の発生を予防し，及びそのま

ん延の防止を図り，もって公衆衛生の向上及び増進を図ることを目的とする」と目的が記されている。また基本理念として第2条に，「感染症の発生の予防及びそのまん延の防止を目的として国及び地方公共団体が講ずる施策は，これらを目的とする施策に関する国際的動向を踏まえつつ，保健医療を取り巻く環境の変化，国際交流の進展等に即応し，新感染症その他の感染症に迅速かつ適確に対応することができるよう，感染症の患者等が置かれている状況を深く認識し，これらの者の人権を尊重しつつ，総合的かつ計画的に推進されること」としており，患者や家族，関係者等への人権をどう守るかも重視されていることに着目したい。

　また，新型インフルエンザ等対策特別措置法によって，内閣に政府対策本部を設置できる。そして新型インフルエンザ等が国内で発生し，その全国的かつ急速なまん延により国民生活及び国民経済に甚大な影響を及ぼし，又はそのおそれがある事態事態なった場合，政府対策本部長（内閣総理大臣）は「新型インフルエンザ等緊急事態宣言」をして，緊急の措置を講じることができるとしている。2020年4月7日に，この緊急事態宣言がなされることになった。

■ XIII　事故・犯罪被害

　自然災害に対する防災や復興と異なり，事故や事件被害に関する心のケアについては，被害者としての感情への充分な配慮や，加害者への適正な責任追及等が求められることとなる。

　運輸上の重大な事故に対しては，運輸安全委員会設置法（2011［平成23］年）によって設立された運輸安全委員会が，航空機，鉄道，船舶の重大事故に対する調査を開始し，事故の原因の究明や事故防止策について検討を行う。また警察も当然業務上の重大な過失がなかったか等について捜査を行うこととなる。また責任者に対して充分な安全配慮義務がなされていたかを問うため，損害賠償請求といった民事上の責任追及が当事者または遺族によってなされることもある。

　いわゆる犯罪被害に対する補償は，犯罪加害者によって行われるのが原則であるが，加害者に支払い能力がない場合，被害者への経済的支援を行うために，1980（昭和55）年に，犯罪被害者等給付金支給法が成立した（第3章図Ⅰの右下）。この法律で定める遺族・障害給付金はその後増額されている。

　1985年には国連被害者人権宣言が出され，「司法へのアクセス及び公正な扱い」「被害補償」「被害者援助」などを定めている。特に被害者援助については，「医療サービスや社会福祉サービス，その他の関連援助について知らせ，すぐに利

用できるようにしておかなければならない」としている（国際連合，1985）。

　この宣言をふまえ，1996（平成8）年には被害者対策要綱を警察庁が定め，被害者対策が警察の業務であると位置づけし，捜査過程での被害者の人権の尊重などを示した。警察での犯罪被害者支援としては，被害者への捜査状況の情報提供やカウンセリング体制の整備，病院への付き添いや自宅への送迎等を警察職員が行うなどがある。

　また検察においては，被害者支援員による法廷への案内や裁判記録の閲覧，証拠品の返還手続きへの支援，支援関係諸機関への紹介等がある。法廷における犯罪被害者の保護（証人出廷時のつい立てや映像参加など）も工夫されてきている。また検察における事件の処分結果，刑事裁判の結果，刑務所における処遇状況，刑務所からの出所時期等の情報を，被害者等に提供する被害者等通知制度も1999年から整備されている。2000（平成12）年成立の犯罪被害者保護法では，犯罪被害者や遺族の心情に配慮した裁判手続き等に関して定め，被害者等の公判の傍聴や公判記録の閲覧および謄写を可能とした。また被害者等が裁判に出廷し被告人に質問する等の被害者参加制度は，2008（平成20）年の刑事訴訟法の一部改正によって創設された（卜部ら，2016）。

　このようにさまざまな施策が整備されているが，それらを総合的に整理する形で，2004（平成16）年に犯罪被害者等基本法が成立した。この法律では，犯罪被害者の権利を明文化し，その尊厳の保障と支援等を，国や地方公共団体，国民の責務と定め，犯罪被害者等基本計画を策定するとした。2016（平成28）年に策定された，第4次犯罪被害者基本計画（2021年4月～2026年3月）では，①尊厳にふさわしい処遇を権利として保障すること，②個々の事情に応じて適切に行われること，③途切れることなく行われること，④国民の総意を形成しながら展開されること，が基本方針として示された。

　また，重点課題として，①損害回復・経済的支援等への取組，②精神的・身体的被害の回復・防止への取組，③刑事手続への関与拡充への取組，④支援等のための体制整備への取組，⑤国民の理解の増進と配慮・協力の確保への取組，が定められている。

　特に，犯罪被害者の精神的被害の回復に資する施策として，各都道府県警察に対し，公認心理師・臨床心理士の資格等を有する警察部内カウンセラーの確実な配置に努めることと，警察庁および都道府県警察において，カウンセリング費用の公費負担制度の全国展開を図るとした。また，被害少年等に対する学校におけるカウンセリング体制の充実等ということで，文部科学省において，犯罪被害者

等を含む児童生徒の相談等に的確に対応できるよう，スクールカウンセラーやスクールソーシャルワーカー等の適正な配置や犯罪等の被害に関する研修等を記載している。

　また犯罪被害者等に関する専門的知識・技能を有する専門職の養成等として，警察庁，文部科学省及び厚生労働省が連携し，一般社団法人日本公認心理師協会等に働き掛け，犯罪被害者等に関する専門的な知識・技能を有する公認心理師の養成及び研修の実施を促進する，としており，心理専門職の役割への期待が記述されている。

　なお犯罪被害者への支援は，DV 防止法（2001（平成 13）年成立）においても重視され，国および地方公共団体が，被害者の保護および自立支援への責務を持つことを定め，相談機関として，配偶者暴力相談センター等の整備を促している。

■ XIV　公認心理師の未来

　2017 年 9 月の公認心理師法の施行，2018 年 9 月の公認心理師試験の実施，そして公認心理師の登録が 2019 年 2 月から開始となった。2023 年 9 月末時点で71,648 人が登録している。すでに心理専門職による心理支援は長年行われており，この巻でふれた内容は，そのような臨床実践の中で積み上げられてきた事柄を，横断的にまた俯瞰的に述べたにすぎないのかもしれない。しかしながら，その範囲は膨大で，多くの法律や制度が重層的に織り込まれながら，多様な課題に取り組んでいることを，感じ取っていただけたであろうか。

　公認心理師に関する動向を挙げると，医療分野では，2018 年 4 月の診療報酬改定において，「診療報酬上評価する心理職については，経過措置を設けた上で，『公認心理師』に統一する」という方針が示された。2020 年 4 月改定では，「小児特定疾患カウンセリング料」において，公認心理師の実施による算定が新設された。福祉分野でも，2018 年 4 月の障害福祉サービス等報酬改定において，福祉専門職員配置等加算において，「精神障害者に対してより高度で専門的な支援を行うために，公認心理師を評価する加算を創設」となった。教育領域でも，2018年 4 月付で，スクールカウンセラー等活用事業実施要領において，スクールカウンセラーの選考において，公認心理師が採用対象となることが明記され，2022年の生徒指導提要改訂では，公認心理師の活用が強調されている。司法・犯罪分野では，第 4 次犯罪被害者等支援計画や第 2 次再犯防止基本計画において，公認

心理師の活用への言及がなされている。産業・労働分野では，公認心理師がストレスチェックの実施者となれるよう，2018 年 8 月に労働安全衛生規則が改正された。

　このような分野別のさまざまな活動を熟知し，5 分野での支援の構造や心理職への役割をしっかりと担うことが重要である。またライフサイクルを見据え途切れのないかかわりを意識し，5 分野にとどまらない憲法の理念をふまえながらの横断的かつ俯瞰的な立ち位置をとることや，多職種との協働を大切にすることも，公認心理師には求められている。

　しかしながら，繰り返し述べていることであるが，心理学的支援の本質的意味を自覚し，クライエントの生きていくことを深い意味でささえる心理職であること，そして自らの生を自分で生きるという深いところでの自己決定を徹底して支援することが，または支援できないところにふみとどまり寄り添い続けられることが，公認心理師の本質であり，国民が真に求めている願いでもあると考える。そのような本質的な考え方や姿勢を表現することは難しいが，日本公認心理師協会（2022）ではコンピテンシー・モデルを示しており，本質的な姿勢を考える上で参考になる。

　「関係行政論」の科目とは，社会の動向といった広い視野を持ちつつ，また広い視野から，改めて心理臨床活動・心理実践活動をみつめ，その営みの本質を心に刻む，そのようなダイナミックな学びの場であるということが，この科目を担当している私からの結びにおけるメッセージである。ぜひとも各自の臨床実践が深まる機会として，社会の多様な機能とどのように協働していくと心理支援が充実するのかという観点から見つめなおす機会として，この科目を活用していただければ幸いである。

◆学習チェック表
- □ 心の支援に関する全体像を，法律や制度の観点から把握し，国民からの期待や社会的使命を自覚できる。
- □ 公認心理師が活動する上で出会う，特に 5 分野における法律や制度を把握し，具体的な役割を認識できる。
- □ 公認心理師が重要かつ難しい臨床判断をする上で，必要な法律や制度の知識や理念を有効に活用できる。
- □ 法律や制度の知識や制度を活用し，多職種の専門家や行政，国民と，意義深い協働をすることができる。
- □ リスク管理や安全配慮に関する法的考え方を通して，要支援者の安全や安心を確保

し，かつ周囲の人や支援者自身のリスクを回避または軽減する。
□　現状の法律や制度を熟知した上で，心理学的支援の本質である，要支援者への心情
　や自己決定への寄り添いを，支援のコアなものとして深く認識できる。

より深めるための推薦図書

金子和夫監修・津川律子・元永拓郎編著（2016a）心の専門家が出会う法律［新版］.
　誠信書房.

文　献

河野正輝（2017）障害とは何か―法における障害と障害者の定義を中心に. 法学セミナー, 62;
　26-29.
熊倉伸宏（2009）自己決定と社会参加. In：佐藤進監修・津川律子・元永拓郎編著：心の専門
　家が出会う法律［第3版］. 誠信書房, pp.210-216.
国際連合（1985）犯罪およびパワー濫用の被害者のための司法の基本原則宣言. 警察庁犯罪被
　害者支援室. https://www.npa.go.jp/higaisya/shiryou/sengen.html
文部科学省（2016）性同一性障害や性的指向・性自認に係る，児童生徒に対するきめ細かな対
　応等の実施について（教職員向け）周知資料. http://www.mext.go.jp/b_menu/houdou/28/
　04/__icsFiles/afieldfile/2016/04/01/1369211_01.pdf
元永拓郎（2016a）災害における心のケア. In：金子和夫監修・津川律子・元永拓郎編著：心の
　専門家が出会う法律［新版］. 誠信書房, pp.24-29.
元永拓郎（2016b）コミュニティと法. In：金子和夫監修・津川律子・元永拓郎編著：心の専門
　家が出会う法律［新版］. 誠信書房, pp83-93.
元永拓郎（2017）いのちを支える法と倫理. In：津川律子・元永拓郎編著：心理臨床における
　法と倫理. 放送大学教育振興会, pp.22-38.
日本学術会議（2008）代理懐胎を中心とする生殖補助医療の課題―社会的合意に向けて. http://
　www.scj.go.jp/ja/info/kohyo/pdf/kohyo-20-t56-1.pdf
日本公認心理師協会（2022）コンピテンシー・モデル. https://www.jacpp.or.jp/pdf/
　competency_model_jaccp.pdf
恩田裕之（2005）安楽死と終末医療. 調査と情報, 472; 1-10.
佐藤進（2009）ホームレス自立支援法と心身の支援. In：佐藤進監修・津川律子・元永拓郎編
　著：心の専門家が出会う法律［第3版］. 誠信書房, pp.181-182.
島内憲夫・鈴木美奈子（2013）ヘルスプロモーション―WHO: オタワ憲章. 垣内出版.
卜部明・卜部貴子（2016）犯罪被害者支援に関する法律. In：佐藤進監修・津川律子・元永拓
　郎編：心の専門家が出会う法律［第3版］. 誠信書房, pp.162-167.
WHO（1980）国際障害分類（ICIDH: International Classification of Impairment, Disability and
　Handicaps）. http://apps.who.int/iris/handle/10665/227725
WHO（2001）国際生活機能分類（ICF：International Classification of Functioning, Disability &
　Health）. http://www. who. int/classifications/icf/en/

索　引

用語索引

付録：公認心理師法

第一章　総則

（目的）

第一条　この法律は，公認心理師の資格を定めて，その業務の適正を図り，もって国民の心の健康の保持増進に寄与することを目的とする。

（定義）

第二条　この法律において「公認心理師」とは，第二十八条の登録を受け，公認心理師の名称を用いて，保健医療，福祉，教育その他の分野において，心理学に関する専門的知識及び技術をもって，次に掲げる行為を行うことを業とする者をいう。

一　心理に関する支援を要する者の心理状態を観察し，その結果を分析すること。

二　心理に関する支援を要する者に対し，その心理に関する相談に応じ，助言，指導その他の援助を行うこと。

三　心理に関する支援を要する者の関係者に対し，その相談に応じ，助言，指導その他の援助を行うこと。

四　心の健康に関する知識の普及を図るための教育及び情報の提供を行うこと。

（欠格事由）

第三条　次の各号のいずれかに該当する者は，公認心理師となることができない。

一　心身の故障により公認心理師の業務を適正に行うことができない者として文部科学省令・厚生労働省令で定めるもの

二　禁錮以上の刑に処せられ，その執行を終わり，又は執行を受けることがなくなった日から起算して二年を経過しない者

三　この法律の規定その他保健医療，福祉又は教育に関する法律の規定であって政令で定めるものにより，罰金の刑に処せられ，その執行を終わり，又は執行を受けることがなくなった日から起算して二年を経過しない者

四　第三十二条第一項第二号又は第二項の規定により登録を取り消され，その取消しの日から起算して二年を経過しない者

第二章　試験

（資格）

第四条　公認心理師試験（以下「試験」という。）に合格した者は，公認心理師となる資格を有する。

（試験）

第五条　試験は，公認心理師として必要な知識及び技能について行う。

（試験の実施）

第六条　試験は，毎年一回以上，文部科学大臣及び厚生労働大臣が行う。

（受験資格）

第七条　試験は，次の各号のいずれかに該当する者でなければ，受けることができない。

一　学校教育法（昭和二十二年法律第二十六号）に基づく大学（短期大学を除く。以下同じ。）において心理学その他の公認心理師となるために必要な科目として文部科学省令・厚生労働省令で定めるものを修めて卒業し，同法に基づく大学院において心理学その他の公認心理師となるために必要な科目として文部科学省令・厚生労働省令で定めるものを修めてその課程を修了した者その他その者に準ずるものとして文部科学省令・厚生労働省令で定める者

二　学校教育法に基づく大学において心理学その他の公認心理師となるために必要な科目として文部科学省令・厚生労働省令で定めるものを修めて卒業した者その他その者に準ずるものとして文部科学省令・厚生労働省令で定める者であって，文部科学省令・厚生労働省令で定める施設において文部科学省令・厚生労働省令で定める期間以上第二条第一号から第三号までに掲げる行為の業務に従事したもの

三　文部科学大臣及び厚生労働大臣が前二号に掲げる者と同等以上の知識及び技能を有すると認定した者

（試験の無効等）

第八条　文部科学大臣及び厚生労働大臣は，試験に関して不正の行為があった場合には，その不正行為に関係のある者に対しては，その受験を停止させ，又はその試験を無効とすることができる。

2　文部科学大臣及び厚生労働大臣は，前項の規定による処分を受けた者に対し，期間を定めて試験を受けることができないものとすることができる。

（受験手数料）

第九条　試験を受けようとする者は，実費を勘案して政令で定める額の受験手数料を国に納付しなければならない。

2　前項の受験手数料は，これを納付した者が試験を受けない場合においても，返還しない。

（指定試験機関の指定）

第十条　文部科学大臣及び厚生労働大臣は，文部科学省令・厚生労働省令で定めるところにより，その指定する者（以下「指定試験機関」という。）に，試験の実施に関する事務（以下「試験事務」という。）を行わせることができる。

2　指定試験機関の指定は，文部科学省令・厚生労働省令で定めるところにより，試験事務を行おうとする者の申請により行う。

3　文部科学大臣及び厚生労働大臣は，前項の申請が次の要件を満たしていると認めるときでなければ，指定試験機関の指定をしてはならない。

一　職員，設備，試験事務の実施の方法その他の事項についての試験事務の実施に関する計画が，試験事務の適正かつ確実な実施のために適切なものであること。

二　前号の試験事務の実施に関する計画の適正かつ確実な実施に必要な経理的及び技術的な基礎を有するものであること。

4　文部科学大臣及び厚生労働大臣は，第二項の申請が次のいずれかに該当するときは，指定試験機関の指定をしてはならない。

一　申請者が，一般社団法人又は一般財団法人以外の者であること。

二　申請者がその行う試験事務以外の業務により試験事務を公正に実施することができないおそれがあること。

三　申請者が，第二十二条の規定により指定を取り消され，その取消しの日から起算して二年を経過しない者であること。

四　申請者の役員のうちに，次のいずれかに該当する者があること。

イ　この法律に違反して，刑に処せられ，その執行を終わり，又は執行を受けることがなくなった日から起算して二年を経過しない者

ロ　次条第二項の規定による命令により解任され，その解任の日から起算して二年を経過しない者

（指定試験機関の役員の選任及び解任）

第十一条　指定試験機関の役員の選任及び解任は，文部科学大臣及び厚生労働大臣の認可を受けなければ，その効力を生じない。

2　文部科学大臣及び厚生労働大臣は，指定試験機関の役員が，この法律（この法律に基づく命令又は処分を含む。）若しくは第十三条第一項に規定する試験事務規程に違反する行為をしたとき又は試験事務に関し著しく不適当な行為をしたときは，指定試験機関に対し，当該役員の解任を命ずることができる。

（事業計画の認可等）

第十二条　指定試験機関は，毎事業年度，事業計画及び収支予算を作成し，当該事業年度の開始前に（指定を受けた日の属する事業年度にあっては，その指定を受けた後遅滞なく），文部科学大臣及び厚生労働大臣の認可を受けなければならない。これを変更しようとするときも，同様とする。

2　指定試験機関は，毎事業年度の経過後三月以内に，その事業年度の事業報告書及び収支決算書を作成し，文部科学大臣及び厚生労働大臣に提出しなければならない。

（試験事務規程）

第十三条　指定試験機関は，試験事務の開始前に，試験事務の実施に関する規程（以下この章において「試験事務規程」という。）を定め，文部科学大臣及び厚生労働大臣の認可を受けなければならない。これを変更しようとするときも，同様とする。

2　試験事務規程で定めるべき事項は，文部科学省令・厚生労働省令で定める。

3　文部科学大臣及び厚生労働大臣は，第一項の認可をした試験事務規程が試験事務の適正かつ確実な実施上不適当となったと認めるときは，指定試験機関に対し，これを変更すべきことを命ずることができる。

（公認心理師試験委員）

第十四条　指定試験機関は，試験事務を行う場合において，公認心理師として必要な知識及び技能を有するかどうかの判定に関する事務については，公認心理師試験委員（以下この章において「試験委員」という。）に行わせなければならない。

2　指定試験機関は，試験委員を選任しようとするときは，文部科学省令・厚生労働省令で定める要件を備える者のうちから選任しなければならない。

3　指定試験機関は，試験委員を選任したときは，文部科学省令・厚生労働省令で定めるところにより，文部科学大臣及び厚生労働大臣にその旨を届け出なければならない。試験委員に変更があったときも，同様とする。

4　第十一条第二項の規定は，試験委員の解任について準用する。

（規定の適用等）

第十五条　指定試験機関が試験事務を行う場合における第八条第一項及び第九条第一項の規定の適用については，第八条第一項中「文部科学大臣及び厚生労働大臣」とあり，及び第九条第一項中「国」とあるのは，「指定試験機関」とする。

2　前項の規定により読み替えて適用する第九条第一項の規定により指定試験機関に納められた受験手数料は，指定試験機関の収入とする。

（秘密保持義務等）

第十六条　指定試験機関の役員若しくは職員（試験委員を含む。次項において同じ。）又はこれらの職にあった者は，試験事務に関して知り得た

秘密を漏らしてはならない。

2　試験事務に従事する指定試験機関の役員又は職員は，刑法（明治四十年法律第四十五号）その他の罰則の適用については，法令により公務に従事する職員とみなす。

（帳簿の備付け等）

第十七条　指定試験機関は，文部科学省令・厚生労働省令で定めるところにより，試験事務に関する事項で文部科学省令・厚生労働省令で定めるものを記載した帳簿を備え，これを保存しなければならない。

（監督命令）

第十八条　文部科学大臣及び厚生労働大臣は，この法律を施行するため必要があると認めるときは，指定試験機関に対し，試験事務に関し監督上必要な命令をすることができる。

（報告）

第十九条　文部科学大臣及び厚生労働大臣は，この法律を施行するため必要があると認めるときは，その必要な限度で，文部科学省令・厚生労働省令で定めるところにより，指定試験機関に対し，報告をさせることができる。

（立入検査）

第二十条　文部科学大臣及び厚生労働大臣は，この法律を施行するため必要があると認めるときは，その必要な限度で，指定試験機関の事務所に立ち入り，指定試験機関の帳簿，書類その他必要な物件を検査させ，又は関係者に質問させることができる。

2　前項の規定により立入検査を行う職員は，その身分を示す証明書を携帯し，かつ，関係者の請求があるときは，これを提示しなければならない。

3　第一項に規定する権限は，犯罪捜査のために認められたものと解釈してはならない。

（試験事務の休廃止）

第二十一条　指定試験機関は，文部科学大臣及び厚生労働大臣の許可を受けなければ，試験事務の全部又は一部を休止し，又は廃止してはならない。

（指定の取消し等）

第二十二条　文部科学大臣及び厚生労働大臣は，指定試験機関が第十条第四項各号（第三号を除く。）のいずれかに該当するに至ったときは，その指定を取り消さなければならない。

2　文部科学大臣及び厚生労働大臣は，指定試験機関が次の各号のいずれかに該当するに至ったときは，その指定を取り消し，又は期間を定めて試験事務の全部若しくは一部の停止を命ずることができる。

一　第十条第三項各号の要件を満たさなくなったと認められるとき。

二　第十一条第二項（第十四条第四項において準用する場合を含む。），第十三条第三項又は第十八条の規定による命令に違反したとき。

三　第十二条，第十四条第一項から第三項まで又は前条の規定に違反したとき。

四　第十三条第一項の認可を受けた試験事務規程によらないで試験事務を行ったとき。

五　次条第一項の条件に違反したとき。

（指定等の条件）

第二十三条　第十条第一項，第十一条第一項，第十二条第一項，第十三条第一項又は第二十一条の規定による指定，認可又は許可には，条件を付し，及びこれを変更することができる。

2　前項の条件は，当該指定，認可又は許可に係る事項の確実な実施を図るため必要な最小限度のものに限り，かつ，当該指定，認可又は許可を受ける者に不当な義務を課することとなるものであってはならない。

（指定試験機関がした処分等に係る審査請求）

第二十四条　指定試験機関が行う試験事務に係る処分又はその不作為について不服がある者は，文部科学大臣及び厚生労働大臣に対し，審査請求をすることができる。この場合において，文部科学大臣及び厚生労働大臣は，行政不服審査法（平成二十六年法律第六十八号）第二十五条第二項及び第三項，第四十六条第一項及び第二項，第四十七条並びに第四十九条第三項の規定の適用については，指定試験機関の上級行政庁とみなす。

（文部科学大臣及び厚生労働大臣による試験事務の実施等）

第二十五条　文部科学大臣及び厚生労働大臣は，指定試験機関の指定をしたときは，試験事務を行わないものとする。

2　文部科学大臣及び厚生労働大臣は，指定試験機関が第二十一条の規定による許可を受けて試験事務の全部若しくは一部を休止したとき，第二十二条第二項の規定により指定試験機関に対し試験事務の全部若しくは一部の停止を命じたとき又は指定試験機関が天災その他の事由により試験事務の全部若しくは一部を実施することが困難となった場合において必要があると認めるときは，試験事務の全部又は一部を自ら行うものとする。

（公示）

第二十六条　文部科学大臣及び厚生労働大臣は，次の場合には，その旨を官報に公示しなければならない。

一　第十条第一項の規定による指定をしたとき。

二　第二十一条の規定による許可をしたとき。

三　第二十二条の規定により指定を取り消し，又は試験事務の全部若しくは一部の停止を命じたとき。

四　前条第二項の規定により試験事務の全部若しくは一部を自ら行うこととするとき又は自ら行っていた試験事務の全部若しくは一部を行わないこととするとき。

（試験の細目等）

第二十七条　この章に規定するもののほか，試験，指定試験機関その他この章の規定の施行に関し必要な事項は，文部科学省令・厚生労働省令で定める。

第三章　登録
（登録）
第二十八条　公認心理師となる資格を有する者が公認心理師となるには，公認心理師登録簿に，氏名，生年月日その他文部科学省令・厚生労働省令で定める事項の登録を受けなければならない。
（公認心理師登録簿）
第二十九条　公認心理師登録簿は，文部科学省及び厚生労働省に，それぞれ備える。
（公認心理師登録証）
第三十条　文部科学大臣及び厚生労働大臣は，公認心理師の登録をしたときは，申請者に第二十八条に規定する事項を記載した公認心理師登録証（以下この章において「登録証」という。）を交付する。
（登録事項の変更の届出等）
第三十一条　公認心理師は，登録を受けた事項に変更があったときは，遅滞なく，その旨を文部科学大臣及び厚生労働大臣に届け出なければならない。
２　公認心理師は，前項の規定による届出をするときは，当該届出に登録証を添えて提出し，その訂正を受けなければならない。
（登録の取消し等）
第三十二条　文部科学大臣及び厚生労働大臣は，公認心理師が次の各号のいずれかに該当する場合には，その登録を取り消さなければならない。
一　第三条各号（第四号を除く。）のいずれかに該当するに至った場合
二　虚偽又は不正の事実に基づいて登録を受けた場合
２　文部科学大臣及び厚生労働大臣は，公認心理師が第四十条，第四十一条又は第四十二条第二項の規定に違反したときは，その登録を取り消し，又は期間を定めて公認心理師の名称及びその名称中における心理師という文字の使用の停止を命ずることができる。
（登録の消除）
第三十三条　文部科学大臣及び厚生労働大臣は，公認心理師の登録がその効力を失ったときは，その登録を消除しなければならない。
（情報の提供）
第三十四条　文部科学大臣及び厚生労働大臣は，公認心理師の登録に関し，相互に必要な情報の提供を行うものとする。
（変更登録等の手数料）
第三十五条　登録証の記載事項の変更を受けようとする者及び登録証の再交付を受けようとする者は，実費を勘案して政令で定める額の手数料を国に納付しなければならない。

（指定登録機関の指定等）
第三十六条　文部科学大臣及び厚生労働大臣は，文部科学省令・厚生労働省令で定めるところにより，その指定する者（以下「指定登録機関」という。）に，公認心理師の登録の実施に関する事務（以下「登録事務」という。）を行わせることができる。
２　指定登録機関の指定は，文部科学省令・厚生労働省令で定めるところにより，登録事務を行おうとする者の申請により行う。
第三十七条　指定登録機関が登録事務を行う場合における第二十九条，第三十条，第三十一条第一項，第三十三条及び第三十五条の規定の適用については，第二十九条中「文部科学省及び厚生労働省に，それぞれ」とあるのは「指定登録機関に」と，第三十条，第三十一条第一項及び第三十三条中「文部科学大臣及び厚生労働大臣」とあり，並びに第三十五条中「国」とあるのは「指定登録機関」とする。
２　指定登録機関が登録を行う場合において，公認心理師の登録を受けようとする者は，実費を勘案して政令で定める額の手数料を指定登録機関に納付しなければならない。
３　第一項の規定により読み替えて適用する第三十五条及び前項の規定により指定登録機関に納められた手数料は，指定登録機関の収入とする。
（準用）
第三十八条　第十条第三項及び第四項，第十一条から第十三条まで並びに第十六条から第二十六条までの規定は，指定登録機関について準用する。この場合において，これらの規定中「試験事務」とあるのは「登録事務」と，「試験事務規程」とあるのは「登録事務規程」と，第十条第三項中「前項の申請」とあり，及び同条第四項中「第二項の申請」とあるのは「第三十六条第二項の申請」と，第十六条第一項中「職員（試験委員を含む。次項において同じ。）」とあるのは「職員」と，第二十二条第二項第二号中「第十一条第二項（第十四条第四項において準用する場合を含む。）」とあるのは「第十一条第二項」と，同項第三号中「，第十四条第一項から第三項まで又は前条」とあるのは「又は前条」と，第二十三条第一項及び第二十六条第一号中「第十条第一項」とあるのは「第三十六条第一項」と読み替えるものとする。
（文部科学省令・厚生労働省令への委任）
第三十九条　この章に規定するもののほか，公認心理師の登録，指定登録機関その他この章の規定の施行に関し必要な事項は，文部科学省令・厚生労働省令で定める。

第四章　義務等
（信用失墜行為の禁止）
第四十条　公認心理師は，公認心理師の信用を傷

つけるような行為をしてはならない。

（秘密保持義務）

第四十一条　公認心理師は，正当な理由がなく，その業務に関して知り得た人の秘密を漏らしてはならない。公認心理師でなくなった後においても，同様とする。

（連携等）

第四十二条　公認心理師は，その業務を行うに当たっては，その担当する者に対し，保健医療，福祉，教育等が密接な連携の下で総合的かつ適切に提供されるよう，これらを提供する者その他の関係者等との連携を保たなければならない。

2　公認心理師は，その業務を行うに当たって心理に関する支援を要する者に当該支援に係る主治の医師があるときは，その指示を受けなければならない。

（資質向上の責務）

第四十三条　公認心理師は，国民の心の健康を取り巻く環境の変化による業務の内容の変化に適応するため，第二条各号に掲げる行為に関する知識及び技能の向上に努めなければならない。

（名称の使用制限）

第四十四条　公認心理師でない者は，公認心理師という名称を使用してはならない。

2　前項に規定するもののほか，公認心理師でない者は，その名称中に心理師という文字を用いてはならない。

（経過措置等）

第四十五条　この法律の規定に基づき命令を制定し，又は改廃する場合においては，その命令で，その制定又は改廃に伴い合理的に必要と判断される範囲内において，所要の経過措置（罰則に関する経過措置を含む。）を定めることができる。

2　この法律に規定するもののほか，この法律の施行に関し必要な事項は，文部科学省令・厚生労働省令で定める。

第五章　罰則

第四十六条　第四十一条の規定に違反した者は，一年以下の懲役又は三十万円以下の罰金に処する。

2　前項の罪は，告訴がなければ公訴を提起することができない。

第四十七条　第十六条第一項（第三十八条において準用する場合を含む。）の規定に違反した者は，一年以下の懲役又は三十万円以下の罰金に処する。

第四十八条　第二十二条第二項（第三十八条において準用する場合を含む。）の規定による試験事務又は登録事務の停止の命令に違反したときは，その違反行為をした指定試験機関又は指定登録機関の役員又は職員は，一年以下の懲役又は三十万円以下の罰金に処する。

第四十九条　次の各号のいずれかに該当する者は，三十万円以下の罰金に処する。

一　第三十二条第二項の規定により公認心理師の名称及びその名称中における心理師という文字の使用の停止を命ぜられた者で，当該停止を命ぜられた期間中に，公認心理師の名称を使用し，又はその名称中に心理師という文字を用いたもの

二　第四十四条第一項又は第二項の規定に違反した者

第五十条　次の各号のいずれかに該当するときは，その違反行為をした指定試験機関又は指定登録機関の役員又は職員は，二十万円以下の罰金に処する。

一　第十七条（第三十八条において準用する場合を含む。）の規定に違反して帳簿を備えず，帳簿に記載せず，若しくは帳簿に虚偽の記載をし，又は帳簿を保存しなかったとき。

二　第十九条（第三十八条において準用する場合を含む。）の規定による報告をせず，又は虚偽の報告をしたとき。

三　第二十条第一項（第三十八条において準用する場合を含む。）の規定による立入り若しくは検査を拒み，妨げ，若しくは忌避し，又は質問に対して陳述をせず，若しくは虚偽の陳述をしたとき。

四　第二十一条（第三十八条において準用する場合を含む。）の許可を受けないで試験事務又は登録事務の全部を廃止したとき。

附　則　抄

（施行期日）

第一条　この法律は，公布の日から起算して二年を超えない範囲内において政令で定める日から施行する。ただし，第十条から第十四条まで，第十六条，第十八条から第二十三条まで及び第二十五条から第二十七条までの規定並びに第四十七条，第四十八条及び第五十条（第一号を除く。）の規定（指定試験機関に係る部分に限る。）並びに附則第八条から第十一条までの規定は，公布の日から起算して六月を超えない範囲内において政令で定める日から施行する。

（受験資格の特例）

第二条　次の各号のいずれかに該当する者は，第七条の規定にかかわらず，試験を受けることができる。

一　この法律の施行の日（以下この項及び附則第六条において「施行日」という。）前に学校教育法に基づく大学院の課程を修了した者であって，当該大学院において心理学その他の公認心理師となるために必要な科目として文部科学省令・厚生労働省令で定めるものを修めたもの

二　施行日前に学校教育法に基づく大学院に入学した者であって，施行日以後に心理学その他の公認心理師となるために必要な科目として文部科学省令・厚生労働省令で定めるものを修めて当該大学院の課程を修了したもの

三　施行日前に学校教育法に基づく大学に入学し，

かつ，心理学その他の公認心理師となるために
必要な科目として文部科学省令・厚生労働省令
で定めるものを修めて卒業した者その他その者
に準ずるものとして文部科学省令・厚生労働省
令で定める者であって，施行日以後に同法に基
づく大学院において第七条第一号の文部科学省
令・厚生労働省令で定める科目を修めてその課
程を修了したもの

四　施行日前に学校教育法に基づく大学に入学し，
かつ，心理学その他の公認心理師となるために
必要な科目として文部科学省令・厚生労働省令
で定めるものを修めて卒業した者その他その者
に準ずるものとして文部科学省令・厚生労働省
令で定める者であって，第七条第二号の文部科
学省令・厚生労働省令で定める施設において同
号の文部科学省令・厚生労働省令で定める期間
以上第二条第一号から第三号までに掲げる行為
の業務に従事したもの

2　この法律の施行の際現に第二条第一号から第
三号までに掲げる行為を業として行っている
者その他その者に準ずるものとして文部科学省
令・厚生労働省令で定める者であって，次の各
号のいずれにも該当するに至ったものは，この
法律の施行後五年間は，第七条の規定にかかわ
らず，試験を受けることができる。

一　文部科学大臣及び厚生労働大臣が指定した講
習会の課程を修了した者

二　文部科学省令・厚生労働省令で定める施設に
おいて，第二条第一号から第三号までに掲げる
行為を五年以上業として行った者

3　前項に規定する者に対する試験は，文部科学
省令・厚生労働省令で定めるところにより，そ
の科目の一部を免除することができる。

（受験資格に関する配慮）

第三条　文部科学大臣及び厚生労働大臣は，試験
の受験資格に関する第七条第二号の文部科学省
令・厚生労働省令を定め，及び同条第三号の認
定を行うに当たっては，同条第二号又は第三号
に掲げる者が同条第一号に掲げる者と同等以上
に臨床心理学を含む心理学その他の科目に関す
る専門的な知識及び技能を有することとなるよ
う，同条第二号の文部科学省令・厚生労働省令
で定める期間を相当の期間とすることその他の
必要な配慮をしなければならない。

（名称の使用制限に関する経過措置）

第四条　この法律の施行の際現に公認心理師とい
う名称を使用している者又はその名称中に心理
師の文字を用いている者については，第四十四
条第一項又は第二項の規定は，この法律の施行
後六月間は，適用しない。

（検討）

第五条　政府は，この法律の施行後五年を経過し
た場合において，この法律の規定の施行の状況
について検討を加え，その結果に基づいて必要
な措置を講ずるものとする。

（試験の実施に関する特例）

第六条　第六条の規定にかかわらず，施行日の属
する年においては，試験を行わないことができ
る。

附　則　（令和元年六月一四日法律第三七号）　抄

（施行期日）

第一条　この法律は，公布の日から起算して三月
を経過した日から施行する。ただし，次の各号
に掲げる規定は，当該各号に定める日から施行
する。

一　第四十条，第五十九条，第六十一条，第七十五
条（児童福祉法第三十四条の二十の改正規定に
限る。），第八十五条，第百二条，第百七条（民
間あっせん機関による養子縁組のあっせんに係
る児童の保護等に関する法律第二十六条の改正
規定に限る。），第百十一条，第百四十三条，第
百四十八条，第百五十四条（不
動産の鑑定評価に関する法律第二十五条第六号
の改正規定に限る。）及び第百六十八条並びに次
条並びに附則第三条及び第六条の規定　公布の
日

二　第三条，第四条，第五条（国家戦略特別区域
法第十九条の二第一項の改正規定を除く。），第
二章第二節及び第四節，第四十一条（地方自治
法第二百五十二条の二十八の改正規定を除く。），
第四十二条から第四十八条まで，第五十条，第
五十四条，第五十七条，第六十条，第六十二
条，第六十六条から第六十九条まで，第七十五
条（児童福祉法第三十四条の二十の改正規定を
除く。），第七十六条，第七十七条，第七十九条，
第八十条，第八十二条，第八十四条，第八十七
条，第八十八条，第九十条（職業能力開発促進
法第三十条の十九第二項第一号の改正規定を除
く。），第九十五条，第九十六条，第九十八条か
ら第百条まで，第百四条，第百八条，第百九条，
第百十二条，第百十三条，第百十五条，第百十六
条，第百十九条，第百二十一条，第百二十三条，
第百三十三条，第百三十五条，第百三十八条，第
百三十九条，第百六十一条から第百六十三条ま
で，第百六十六条，第百六十九条，第百七十条，
第百七十二条（フロン類の使用の合理化及び管
理の適正化に関する法律第二十九条第一項第一
号の改正規定に限る。）並びに第百七十三条並び
に附則第十六条，第十七条，第二十条，第二十一
条及び第二十三条から第二十九条までの規定
公布の日から起算して六月を経過した日

（行政庁の行為等に関する経過措置）

第二条　この法律（前条各号に掲げる規定にあっ
ては，当該規定。以下この条及び次条において
同じ。）の施行の日前に，この法律による改正前
の法律又はこれに基づく命令の規定（欠格条項
その他の権利の制限に係る措置を定めるものに
限る。）に基づき行われた行政庁の処分その他の
行為及び当該規定により生じた失職の効力につ

いては，なお従前の例による。

（罰則に関する経過措置）

第三条　この法律の施行前にした行為に対する罰則の適用については，なお従前の例による。

（検討）

第七条　政府は，会社法（平成十七年法律第八十六号）及び一般社団法人及び一般財団法人に関する法律（平成十八年法律第四十八号）における法人の役員の資格を成年被後見人又は被保佐人であることを理由に制限する旨の規定について，この法律の公布後一年以内を目途として検討を加え，その結果に基づき，当該規定の削除その他の必要な法制上の措置を講ずるものとする。

附　則　（令和三年五月一九日法律第三七号）　抄

（施行期日）

第一条　この法律は，令和三年九月一日から施行する。ただし，次の各号に掲げる規定は，当該各号に定める日から施行する。

一　第二十七条（住民基本台帳法別表第一から別表第五までの改正規定に限る。），第四十五条，第四十七条及び第五十五条（行政手続における特定の個人を識別するための番号の利用等に関する法律別表第一及び別表第二の改正規定（同表の二十七の項の改正規定を除く。）に限る。）並びに附則第八条第一項，第五十九条から第六十三条まで，第六十七条及び第七十一条から第七十三条までの規定　公布の日

二から九まで　略

十　第二十八条，第三十四条，第三十六条，第四十条，第五十六条及び第六十一条の規定　公布の日から起算して四年を超えない範囲内において政令で定める日

（罰則に関する経過措置）

第七十一条　この法律（附則第一条各号に掲げる規定にあっては，当該規定。以下この条において同じ。）の施行前にした行為及びこの附則の規定によりなお従前の例によることとされる場合におけるこの法律の施行後にした行為に対する罰則の適用については，なお従前の例による。

（政令への委任）

第七十二条　この附則に定めるもののほか，この法律の施行に関し必要な経過措置（罰則に関する経過措置を含む。）は，政令で定める。

（検討）

第七十三条　政府は，行政機関等に係る申請，届出，処分の通知その他の手続において，個人の氏名を平仮名又は片仮名で表記したものを利用して当該個人を識別できるようにするため，個人の氏名を平仮名又は片仮名で表記したものを戸籍の記載事項とすることを含め，この法律の公布後一年以内を目途としてその具体的な方策について検討を加え，その結果に基づいて必要な措置を講ずるものとする。

附　則　（令和四年六月一七日法律第六八号）　抄

（施行期日）

1　この法律は，刑法等一部改正法施行日から施行する。ただし，次の各号に掲げる規定は，当該各号に定める日から施行する。

一　第五百九条の規定　公布の日

執筆者一覧

元永　拓郎（もとながたくろう：帝京大学文学部心理学科）＝編者

大御　　均（おおみひとし：公徳会佐藤病院 ）

林　　直樹（はやしなおき：西ヶ原病院）

小泉　典章（こいずみのりあき：長野大学社会福祉学部）

菅野　　恵（かんのけい：和光大学現代人間学部心理教育学科）

米山　　明（よねやまあきら：全国療育相談センター児童精神科）

小野寺敦志（おのでらあつし：国際医療福祉大学赤坂心理・医療福祉マネジメント学部心理学科）

佐藤由佳利（さとうゆかり：北海道教育大学名誉教授／ 心理相談オフィス る〜しっど）

福田　修治（ふくだしゅうじ：佐々木医院）

町田　隆司（まちだりゅうじ：東京家庭裁判所）

渡邉　　悟（わたなべさとる：徳島文理大学人間生活学部心理学科）

種市康太郎（たねいちこうたろう：桜美林大学リベラルアーツ学群心理学プログラム）

監修　野島一彦（のじまかずひこ：九州大学名誉教授・跡見学園女子大学名誉教授）
　　　繁桝算男（しげますかずお：東京大学名誉教授）

編者略歴
元永拓郎（もとながたくろう）
　　　1963年，宮崎県生まれ，帝京大学文学部心理学科教授，帝京大学心理臨床センター長，公
　　　認心理師・臨床心理士。1991年，東京大学大学院医学系研究科保健学（精神衛生学）専攻
　　　博士課程修了，博士（保健学）。1991年より，駿台予備校，日本外国語専門学校で活動，
　　　帝京大学医学部精神科学教室助手，帝京大学文学部心理学科専任講師，准教授を経て，2013
　　　年から現職。日本公認心理師協会常務理事，日本公認心理師養成機関連盟理事，日本精神衛
　　　生学会理事，日本心理臨床学会評議員
　　　主な著書：『サイコセラピーは統合を希求する』（遠見書房，2021），『心の専門家が出会う法律』
　　　（共著，誠信書房，2003），『受験生，こころのテキスト』（共著，角川学芸出版，2006），
　　　『新しいメンタルヘルスサービス』（新興医学出版，2010），『明解！スクールカウンセリン
　　　グ』（共著．金子書房，2013），『学校メンタルヘルスハンドブック』（編集委員・日本学校
　　　メンタルヘルス学会編，大修館書店，2017）

黒川達雄（くろかわたつお・法律監修）
黒川達雄法律事務所所長・弁護士

公認心理師の基礎と実践㉓　［第23巻］

関係行政論　第3版

2018年5月31日　第1版　第1刷
2020年4月30日　第2版　第1刷
2024年4月10日　第3版　第1刷
2025年3月20日　第3版　第3刷

監修者　野島一彦・繁桝算男
編　者　元永拓郎
発行人　山内俊介
発行所　遠見書房
製作協力　ちとせプレス（http://chitosepress.com）

tomi shobo
遠見書房

〒181-0001 東京都三鷹市井の頭2-28-16
TEL 0422-26-6711　FAX 050-3488-3894
tomi@tomishobo.com　https://tomishobo.com
遠見書房の書店　https://tomishobo.stores.jp/

印刷・製本　モリモト印刷

ISBN978-4-86616-185-3　C3011

※心と社会の学術出版　遠見書房の本※

離婚・別居後の共同養育実践マニュアル
別れたふたりで子育てをするためのケーススタディ 30　　しばはし聡子著
離婚した元夫婦がふたりで子育てに関わる方法やコツを伝える一冊。著者は，離婚後の共同養育を模索した経験を持ち，現在は共同養育を手助けする「りむすび」を立ち上げています。1,870 円，四六並

そもそも心理支援は，精神科治療とどう違うのか？──対話が拓く心理職の豊かな専門性（東京大学名誉教授）下山 晴彦著
公認心理師の誕生で，心理支援のアイデンティティは失われてしまった。そんなテーマから生まれた対談集です。信田さよ子，茂木健一郎，石原孝二，東畑開人，黒木俊秀など。2,420 円，四六並

天才の臨床心理学研究──発達障害の青年と創造性を伸ばすための大学教育
名古屋大学創造性研究会（代表 松本真理子）編
ノーベル賞級の「天才」研究者たちの創造性の原点とは？　才能をつぶすのも，広げさせるのも大学教育にかかっている現在，天才たちの個性と周囲のあり方を考えた 1 冊です。2,200 円，四六並

学校における自殺予防教育のすすめ方［改訂版］
だれにでもこころが苦しいときがあるから
　　　　窪田由紀・シャルマ直美編
痛ましく悲しい子どもの自殺。食い止めるには，予防のための啓発活動をやることが必須。本書は，学校の授業でできる自殺予防教育の手引き。資料を入れ替え，大改訂をしました。2,860 円，A5 並

スピノザの精神分析
『エチカ』からみたボーダーラインの精神療法
　　（精神分析家・精神科医）川谷大治著
フロイトにも影響を与えた哲学者スピノザ。同じ精神分析家によるスピノザの哲学を真っ向から扱った一冊。長年の治療経験と思索から，「エチカ」と精神分析の世界を解き明かす。3,300 円，四六並

読んで学ぶ・ワークで身につける
カウンセラー・対人援助職のための面接法入門
会話を「心理相談」にするナラティヴとソリューションの知恵　　　龍島秀広著
初心者大歓迎の心理相談面接のコツをぎゅっと凝縮した一冊を刊行しちゃいました。お仕事，うまく出来てますか？空回りしてません？　1,870 円，四六並

心理療法・カウンセリングにおけるスリー・ステップス・モデル
「自然回復」を中心にした対人援助の方法
若島孔文・鴨志田冴子・二本松直人編著
3 つの次元で進める心理支援法スリー・ステップス・モデルを詳しく解説した 1 冊。個人でもコミュニティでもさまざまな場面で活用できる。2,860 円，A5 並

オープンダイアローグとコラボレーション
家族療法・ナラティヴとその周辺
　　浅井伸彦・白木孝二・八巻 秀著
オープンダイアローグを多方面から見てみることで，オープンダイアローグと，その周辺の支援理論，哲学などを解説し，オープンダイアローグ実践のための基本をまとめたものです。3,080 円，A5 並

エンカウンター・グループの理論と実践
出会いと成長のグループ体験を学ぶ
　　（九州大学名誉教授）野島一彦 著
エンカウンター・グループを 50 年以上にわたって実践と研究を牽引してきた著者による論集。グループのダイナミズムや特長を描き出し，理論と方法を余すところなく伝えます。3,080 円，A5 並

事例で学ぶ生徒指導・進路指導・教育相談
中学校・高等学校編　第 4 版
　　長谷川啓三・佐藤宏平・花田里欧子編
思春期特有の心理的課題への幅広い知識や現代社会における家庭の状況等の概観，解決にいたったさまざまな事例検討など，生きた知恵を詰めた必読の 1 冊が第 4 版になりました。3,080 円，B5 並

価格は税込です

心拍変動バイオフィードバック
こころを「見える化」するストレスマネジメント技法
　　　　（愛知学院大学教授）榊原雅人編著
心を"見える化"し，自律神経の調節機能を向上させるストマネ技法・心拍変動バイオフィードバック。この第一人者である編者らの一冊。3,080 円，A5 並

心理アセスメントの常識
心構えからフィードバックまで基礎と実践の手引き
　　　　（東海学院大学教授）内田裕之 著
心構えから行動観察，ロールシャッハ，バウム，SCT，知能検査，質問紙等のアセスメント手法のコツ，解釈，バッテリー，フィードバックまで，心理アセスメントの教科書です。2,200 円，四六並

家族理解のためのジェノグラム・ワークブック
私と家族を知る最良のツールを学ぶ
　　　　I・ガリンドほか著／柴田健監訳
本書は，ステップ・バイ・ステップで学べるジェノグラム（家族樹）作りのワークブック。プロが行う家族支援サービスでの活用だけではなく，家族を知りたい多くの方にも。2,750 円，A5 並

描画連想法──ラカン派精神分析に基づく描画療法の理論と実践
　　　　（中部大学准教授）牧瀬英幹 著
紙を交換する新しい描画療法「描画連想法」。この技法について，多くの事例を交えながら理論から実践まで語り尽くした一冊。スクィグルや風景構成法についての論考も収録。3,080 円，A5 並

週1回精神分析的サイコセラピー
実践から考える
　　　　高野　晶・山崎孝明編著
多くの臨床家の知見と工夫に満ちた本書は，週1回の精神分析的サイコセラピーの現在の到達点。精神分析的な志向をもつ臨床家ばかりではなく，多くのサイコセラピスト必読の書。4,290 円，A5 並

AI はどこまで脳になれるのか
心の治療者のための脳科学
　　　　（京都大学名誉教授）岡野憲一郎 著
AI と意識と心の問題に，精神分析と脳科学の分野を横断する臨床家・岡野憲一郎が挑む。不思議な症例や最新の脳科学研究から脳と心のメカニズムを明らかにし人間存在に迫る。2,420 円，四六並

社会的事件の法社会学──日本の伝統社会とグローバルな法のはざまで
　　　　（前 横浜桐蔭大学教授）河合幹雄 著
2023 年に急逝した法社会学者・河合幹雄。社会の闇と法の接点を探求し，2011 年から亡くなる前年まで寄稿し続けた社会事件についての思索・考察をまとめた一冊。1,980 円，四六並

ダイアロジカル・スーパービジョン
リフレクションを活用した職場文化のつくりかた
　　　　カイ・アルハネンほか著／川田・石川・石川・片岡監訳
本書は，スーパービジョン文化とオープンダイアローグ哲学との合算で，リフレクションからダイアローグを育て，チームビルドや職業人生の確立にどう生かすかをまとめた。3,300 円，A5 並

動作法の世界：動作法の基本と実践①
動作法と心理臨床：動作法の基本と実践②
大野博之・藤田継道・奇恵英・服巻豊 編
動作法の入門から，他のアプローチとの異同，心理学的な位置づけ，スポーツ動作法，発達障害，思春期，PTSD，身体障害，さまざまな場面で生きる動作法を描く。
① 2,420 円／② 2,750 円（共に四六並）

N: ナラティヴとケア
ナラティヴがキーワードの臨床・支援者向け雑誌。第 16 号：ナラティヴの政治学──対人支援実践のために（安達映子編）年 1 刊行，1,980 円

価格は税込です